クリーンクラフトマンシップ

Clean Craftsmanship

規律、基準、倫理

Robert C. Martin 著

角 征典 訳

ASCII
DWANGO

Clean Craftsmanship

DISCIPLINES, STANDARDS, AND ETHICS

Robert C. Martin

✦ Addison-Wesley

Boston • Columbus • New York • San Francisco • Amsterdam • Cape Town
Dubai • London • Madrid • Milan • Munich • Paris • Montreal • Toronto • Delhi • Mexico City
São Paulo • Sydney • Hong Kong • Seoul • Singapore • Taipei • Tokyo

推薦の言葉

　本書は、アジャイルにおける技術プラクティスの目的について、どのように生まれたのかという歴史的根拠と、なぜ重要なのかという位置づけを見事に説明している。アジリティの歴史と成立における彼の関与、プラクティスの理解、プラクティスの目的が、本書全体にいきいきと反映されている。

——ティム・オッティンガー、有名なアジャイルコーチおよび著者

　ボブの文体は素晴らしい。文章は読みやすく、概念が詳細に説明されているので、新人プログラマーでも理解できるだろう。楽しい部分も用意されているので、気分転換にもなる。本書の価値は、変化を求めているところ、上達を求めているところ、プログラマーをプロにしたいと思っているところ、ソフトウェアが至るところに存在すると認識しているところにある。また、ボブが教えてくれる歴史にも価値がある。現在の我々がこのような状況になってしまった原因を追求しないところもよかった。ボブは行動を呼びかけている。たとえ反発を招くとしても、自らの基準とプロ意識のレベルを高め、責任を果たすことを我々に求めているのである。

——ヘザー・カンザー

　ソフトウェア開発者である我々は、雇用主、顧客、同僚、将来の自分のために、重要な問題を解決し続けなければならない。アプリを動かすことも大変だが、それだけでは不十分である。クラフトマンにはなれない。アプリが動いたということは、**アプリ適性**（app-titude）テストには合格した。クラフトマンになる適正はあるが、まだまだ習得すべきことがある。本書では、**ボブがアプリ適性**テストの先へ行くための技術と責任を明確に説明し、本格的なソフトウェアクラフトマンになるまでの道を示してくれる。

——ジェームス・グレニング、『テスト駆動開発による組み込みプログラミング』著者
およびアジャイルソフトウェア開発宣言の共同策定者

　ボブは私がプロジェクトで一緒に働きたい、数少ない著名な開発者のひとりである。それは、彼が優秀な開発者だからでも、有名だからでも、コミュニケーション能力が高いからでもない。私を優れた開発者やチームメンバーにしてくれるからだ。ボブは他の人たちより何年も前に開発の主要なトレンドを見つけ、その重要性を説明してくれる。そのおかげで、私は学習意欲を高めることができた。私が仕事を始めた頃は（正直者や善人は別として）この業界にはクラフ

トマンシップや倫理は存在していなかった。現在では、プロの開発者が学ぶべき最も重要なこととして、コーディングよりも重要視されている。ボブが再び道を示してくれることを嬉しく思う。彼の意見に耳を傾け、自分のプラクティスに取り入れることが待ち遠しい。

　　　　　　　　——ダニエル・マーカム、Bedford Technology Group, Inc. プリンシパル

マイク・ビードルとの思い出に

目　次

第4章　テスト設計 ……………………………… **145**

第5章　リファクタリング ……………………… **187**

第6章　シンプルな設計 ………………………… **209**

第7章　協力的プログラミング ………………… **223**

序文

アンクル・ボブには 2003 年の春に出会った。そのときのことを今でも覚えている。所属していた会社と技術チームにスクラムが導入された直後だった。懐疑的な新米スクラムマスターだった私は、ボブから TDD や FitNesse などのツールについて教えてもらいながら、「どうして失敗するテストを**先に書く必要があるのか？　**テストはコーディングの**あとにやるもんじゃ****ないのか？**」と疑問に思っていたのを記憶している。

私とチームメンバーはいつも頭を抱えていた。だが、ボブのクラフトマンシップに対する情熱は、今でも昨日のことのように覚えている。ある日、ボブが我々のバックログを見ながら、どうして不適切な意思決定をするのかと質問してきたことがあった。「このシステムは**会社の資****産**であって、みなさんの**個人的な資産**ではないですよね」。彼の情熱が我々を動かした。1 年半後、リファクタリングによって自動テストのカバレッジが 80%になり、クリーンなコードベースになった。ピボットも容易になった。結果として、顧客が幸せになった。チームも幸せになった。それからというもの、常に襲いかかるコードの怪物から、**完成**の定義の鎧で身を守りながら、光速のように動いた。つまり、自分たちで身を守る方法を身に付けたのだ。

時間が経つにつれて、我々のアンクル・ボブに対する思い入れが高まった。ボブは本当のおじさんのようだった。温かくて、決断力があり、勇気のある人で、我々が自分たちで正しいことができるように見守ってくれた。子どもたちに自転車の乗り方や魚釣りを教えるように、我々にはインテグリティ（誠実さ）を持ちながら妥協しないことを教えてくれた。いかなる状況でも勇気と好奇心を持って立ち向かう能力と意欲を持つことが、今でも私のキャリアのなかで最高の教訓になっている。

ボブの教訓を大切にしながら、私はアジャイルコーチとして世界に出た。それからすぐに、最高のプロダクト開発チームは業界や顧客に合わせてベストプラクティスを組み合わせていることに気づいた。世界最高の開発ツールであっても、それを使う人間（自分たちのドメインにツールを**適用する**ことを考えているチーム）以上の性能は出ないという状況を目の当たりにしたとき、ボブの教訓を思い出した。チェックボックスにチェックを入れ、指標を満たすためだけにユニットテストのカバレッジを達成しているチームは、いくらカバレッジが高くても意味がない。つまり、指標を満たしていても、価値を提供していないのだ。最高のチームは指標を気にしない。彼らは、目的、規律、誇り、責任を持っている。すべてにおいて、指標がそれを裏付けていた。本書は、そうした教訓や原則を実践的なコード例や経験にまとめており、納期を守るために書くことと、将来に向けて持続可能なものを作ることの違いを説明している。

　本書は、**恐れを知らない能力**を持ち、妥協せずに歩み続けることを思い出させてくれる。古い友人のように、何が重要で、何が重要ではなく、何がうまくいき、何がうまくいかず、何がリスクを生み、何がリスクを減少させるのかを思い出させてくれるだろう。これらの教訓は時を超える。あなたがすでに実践しているテクニックもあるだろう。新しい発見もあるだろう。以前は実践していたが、納期などのプレッシャーに負けて失ってしまったものもあるだろう。開発の世界に（ビジネス側であれ技術側であれ）入ったばかりの人にとっては最高の教材となる。経験を積んで戦いに疲れた人にとっても、自分を向上させる方法を見つけることができるだろう。本書を読むことによって、これからどのような障害物に直面しようとも、情熱を取り戻し、技術を向上させたいという思いを新たにし、完璧を追い求めるエネルギーを回復させることができるだろう。

　ソフトウェア開発者が世界を支配している。アンクル・ボブはそのような力を持つ人たちにプロとしての規律を思い出させてくれる。彼は『Clean Code』で触れていなかった部分を語っている。ソフトウェア開発者は人間社会のルールを書いているのだから、我々は厳格な倫理規定を遵守しながら、コードの動作、人々がどのように使うのか、どこが壊れているのかを把握する責任がある。アンクル・ボブはそうしたことを思い出させてくれる。ソフトウェアのミスは人々の生活（さらには人生）に悪影響を与える。ソフトウェアは我々の考え方や意思決定に影響を与える。人工知能や予測分析の結果は社会や群集行動に影響を与える。したがって、我々は責任を持ち、細心の注意と共感を持って行動しなければならない。そこには人々の健康と幸福がかかっている。我々がこうした責任に向かい合い、**社会から求められるプロになること**をアンクル・ボブが手伝ってくれるのである。

　これを書いている時点で、アジャイルソフトウェア開発宣言ができてから20年になろうとしているが、本書は「基本に立ち戻る」絶好の機会だろう。プログラミングの世界がますます複雑化するなかで、人類の遺産（と我々自身）のために、倫理的な開発を実践することをタイムリーかつ謙虚に思い出させてくれる。時間をかけて本書を読んでほしい。原則を自分のなかに浸透させてほしい。そして、実践しよう。改善しよう。誰かをメンタリングしよう。本書を本棚に入れておこう。これから好奇心と勇気を持って世界を進んでいくときに、本書をあなたの古い友人（**あなたのアンクル・ボブ、あなたのガイド**）にしてほしい。

　　　　　　——スタシア・ハイムガルトナー・ヴィスカルディ、CST、アジャイルメンター

はじめに

　親愛なる読者のみなさんに本書の理論を理解してもらうために、最初に2つの論点を扱う必要がある。

「クラフトマンシップ」という言葉について

　21世紀になってから言葉に関する議論が巻き起こっている。ソフトウェア業界も例外ではない。「クラフトマンシップ」も包摂的ではないと批判される言葉のひとつだ。

　私はこの問題について真剣に考え、さまざまな意見を持つ多くの人たちと話をしてきたが、本書の文脈で使う言葉としては、これ以上のものはないという結論に達した。

　代替案としては「クラフトパーソン」「クラフトフォーク」「クラフター」などが考えられる。だが、どれも「クラフトマン」が持つ歴史的な重みがない。この歴史的な重みが、メッセージとして重要なのである。

「クラフトマン」とは、特定の分野に関する高度なスキルを持ち、物事を成し遂げる人である。道具や業界に精通しており、仕事に誇りを持ち、仕事に対する尊厳とプロ意識を持って行動できると信頼されている人である。

　反対意見もあるだろう。その理由は理解している。だが、このことを排他的だと捉えないでもらいたい。私には、決して、そのような意図はない。

たったひとつの道

　本書を読むと、これこそが「クラフトマンに到達するたったひとつの道」だと感じるかもしれない。だが、**私にとっては**そうであっても、あなたにとっては必ずしもそうではないかもしれない。本書はあくまでも**私の道**を示したものだ。あなたは、もちろん、あなた自身の道を選択する必要がある。

　いずれ「たったひとつの道」が必要になるのだろうか。私にはわからない。だが、そうなるかもしれない。本書で説明しているが、ソフトウェアのプロを厳密に定義すべきという圧力が高まっている。開発しているソフトウェアが重要なものでなければ、他の道に逃れることも可

能だろう。だが、ソフトウェアが重要かどうかを見分けるのは、それほど簡単なことではない。

ひとつだけ確かなことがある。「士師[1]」の時代は終わった[2]。プログラマーが自分で正しさを決めるだけでは不十分である。これからは、規律、基準、倫理が必要になるはずだ。我々は、それらをプログラマーである自分たちで定義するべきなのか、それとも知らない誰かに強制されるべきなのかを決めなければならない。

■本書の紹介

本書は、プログラマーとプログラマーのマネージャーのために書かれている。だが、ある意味では、人間社会全体のために書かれているとも言える。我々プログラマーは、いつの間にか自分たちが社会の中心にいることに気づいてしまったからだ。

■あなた自身のために

プログラマーとして数年間の経験があれば、システムが動作したときの満足感を知っているはずだ。仕事の一端を担ったことに対して、ある種の誇りを感じているのだろう。システムを世の中に出したことに対して、誇りを持っているのだろう。

だが、システムを世の中に出した**やり方**に誇りを持っているだろうか？ あなたの誇りは、仕事が終わったことに対するものだろうか？ それとも、職人としての誇りだろうか？ システムをデプロイできたことに対する誇りだろうか？ それとも、システムを構築したやり方に対する誇りだろうか？

仕事から家に帰ったとき、鏡に映った自分を見て「今日はいい仕事をした」と言うだろうか？ それとも、すぐにシャワーを浴びるだろうか？

あまりにも多くの人たちが、一日の終わりに心残りを感じている。あまりにも多くの人たちが、標準以下の仕事をしていると感じている。あまりにも多くの人たちが、品質を犠牲にして速度が求められていると感じている。あまりにも多くの人たちが、生産性と品質は反比例すると考えている。

本書では、そうした考え方を打ち破る。本書は**より良く働く**ための本だ。良い仕事をするための本だ。仕事を速くして、生産性を高め、毎日自分が書いたものに誇りが持てるように、すべてのプログラマーが知るべき規律とプラクティスについて書いた本だ。

---

1 旧約聖書『士師記』より。
2 訳注：プログラマーが特別な存在だった時代は終わった。

社会のために

　21 世紀は、社会が規律や制御を持たない技術に依存するようになった、人類史上はじめての時代である。朝のコーヒーづくりから夜の娯楽に至るまで、洋服の洗濯から洗車に至るまで、世界を結ぶネットワークの接続から社会的・政治的な分断に至るまで、ソフトウェアが現代生活のあらゆる側面に浸透している。現代社会においては、ソフトウェアに支配されていない生活は考えられない。だが、そうしたソフトウェアを作っている我々は、自分が何をしているかをわかっていない。行きあたりばったりのことをしている寄せ集めと大差がない。

　プログラマーが自分が何をしているかをわかっていたら、2020 年のアイオワ州党員集会の集計が間違っていただろうか？　737 MAX の墜落事故で 346 人が亡くなっていただろうか？ナイトキャピタルグループは 45 分間で 4 億 6,000 万ドルの損失を出しただろうか？　トヨタの自動車の急加速が原因で 89 人が命を落としていただろうか？

　世界のプログラマーの人数は 5 年で 2 倍になる。そのプログラマーたちは自分たちの職業について何も教えられていない。ツールを見せられ、おもちゃのようなプロジェクトを与えられ、指数関数的に増加するソフトウェアの需要に応えるために、指数関数的に増加する労働力として放り込まれるのである。トランプのカードで作られた「ソフトウェア」という名の建物が、我々のインフラ、組織、政府、生活に深く入り込んでいる。日を追うごとに、大惨事のリスクが高まっている。

「大惨事」とは何だろうか？　文明の崩壊ではない。ソフトウェアシステムが突然壊れることでもない。トランプのカードで作られた今にも崩壊しそうな建物は、ソフトウェアシステムそのもので作られているわけではない。リスクにさらされているのは、国民の信頼という脆弱な基盤なのである。

　737 MAX の墜落事故、トヨタの自動車の急加速、フォルクスワーゲンの排ガス規制の不正問題、アイオワ州党員集会の不具合など、注目を集めるソフトウェアの不具合や不正行為が多発すると、不信感と怒りに満ちた国民が「規律、基準、倫理の欠如」に気づいてしまう。そして、規制がかかるようになるだろう。我々が望まない規制だ。ソフトウェア開発の自由を奪う規制だ。技術や経済の成長を厳しく制限する規制だ。

　本書の目的は、ソフトウェアの急速な導入を止めることではない。ソフトウェアの生産速度を遅らせることでもない。そうしたことはムダだ。我々の社会はソフトウェアを必要としている。何があろうともソフトウェアを手に入れようとするだろう。そうしたニーズを抑えようとしても、迫り来る国民の信頼の崩壊を止めることはできない。

　本書の目的は、ソフトウェア開発者とそのマネージャーたちに、規律の必要性を印象づけること、そして、堅牢で、耐障害性のある、実用性のあるソフトウェアを構築するために最も効果

的な「規律、基準、倫理」を教えることである。規律、基準、倫理を向上させ、プログラマー
が働き方を変えなければ、トランプのカードで作られた建物の崩壊を防ぐことはできない。

本書の構成

　本書は3つのレベル「規律」「基準」「倫理」を示す3つのパートで構成されている。

　規律は、最も低いレベルである。このパートは、実践的、技術的、規定的な内容になっている。あらゆる種類のプログラマーがこのパートから恩恵を受けることができるだろう。また、このパートではビデオを参照している。ビデオでは、テスト駆動開発やリファクタリングの規律のリズムをリアルタイムで示している。本文でもリズムを伝えようとしているが、ビデオのほうが伝わりやすいだろう。

　基準は、中間レベルである。世界が我々の職業に期待していることを説明している。このパートはマネージャーが読むのに適している。プロのプログラマーに何を期待すればいいのかを理解できるだろう。

　倫理は、最も高いレベルである。プログラマーという職業の倫理的背景について説明している。倫理は「誓い」や「約束」という形で表されている。また、歴史的・哲学的な議論が盛り込まれている。プログラマーにもマネージャーにも読んでもらいたい。

マネージャーに向けて

　本書にはマネージャーにとって有益な情報が含まれている。ただし、マネージャーには必要のないであろう技術的な情報も多く含まれている。各章のイントロダクションを読んでから、専門的な内容だと思えば読み飛ばして、次の章へ進むといいだろう。

　ただし、第II部と第III部と、5つの規律のイントロダクションは必ず読んでほしい。

ビデオの視聴方法について

　InformIT のサイトで本書（の原書）を登録しておくと、補足ビデオ、更新情報、正誤表などにアクセスできる。登録を開始するには、http://informit.com/register にアクセスして、ログインまたはアカウントを新規作成する。次に、本書（の原書）の ISBN (9780136915713) を入力してから [Submit] をクリックする（訳注：このあとに図表の単語を入力するように言われたときは、以下の一覧から該当する部分を入力してほしい）。[Registered Products] タブにある書籍情報の [Access Bonus Content] のリンクをクリックすれば、補足ビデオにアクセスできる。

謝辞

　勇敢なレビューアである Damon Poole、Eric Crichlow、Heather Kanser、Tim Ottinger、Jeff Langr、Stacia Viscardi に感謝する。何度もくじけそうになった私を救ってくれた。

　本書のために尽力してくれた、Julie Phifer、Chris Zahn、Menka Mehta、Carol Lallier、それから Pearson 社のすべての人たちに感謝する。

　いつものように、クリエイティブで才能のあるイラストレーターの Jennifer Kohnke に感謝する。彼女のイラストはいつも私を笑顔にしてくれる。

　それから、もちろん、私の愛すべき妻と素晴らしい家族に感謝する。

著者について

Robert C. Martin（アンクル・ボブ）は、1964年の12歳のときにはじめてコードを書いた。1970年からプログラマーとして働いている。cleancoders.com の共同創業者であり、ソフトウェア開発者向けの学習用ビデオをオンラインで提供している。また、Uncle Bob Consulting LLC. を設立し、世界中の大企業を対象としたソフトウェアコンサルティング、トレーニング、スキル開発を行っている。シカゴに本拠地を置くコンサルティングファーム 8th Light, Inc. では、Master Craftsman を務めていた。

さまざまな業界誌に寄稿し、国際的なカンファレンスや展示会でも頻繁に講演している。また、評価の高い教育ビデオシリーズ（cleancoders.com）の作者でもある。

以下に挙げる書籍の執筆や編集も手掛けている。

- 『Designing Object Oriented C++ Applications Using the Booch Method』
- 『Pattern Languages of Program Design 3』
- 『More C++ Gems』
- 『Extreme Programming in Practice（邦訳：XP エクストリーム・プログラミング実践記 ― 開発現場からのレポート）』

- 『Agile Software Development（邦訳：アジャイルソフトウェア開発の奥義)』
- 『UML for Java Programmers（邦訳：Java プログラマのための UML)』
- 『Clean Code（邦訳：Clean Code ― アジャイルソフトウェア達人の技)』
- 『The Clean Coder（邦訳：Clean Coder ― プロフェッショナルプログラマへの道)』
- 『Clean Architecture（邦訳：Clean Architecture ― 達人に学ぶソフトウェアの構造と設計)』
- 『Clean Agile（邦訳：Clean Agile ― 基本に立ち戻れ)』

ソフトウェア開発の業界のリーダーとして、「C++ Report」の編集長を 3 年間務め、Agile Alliance の初代委員長でもあった。

第1章

クラフトマンシップ

　空を飛ぶ夢は人類の歴史と同じくらい古い。紀元前1550年頃にダイダロスとイカルスが空を飛んだとする古代ギリシャ神話までさかのぼる。その後の数千年間、実に多くの勇敢な（あるいは愚かな）人たちが、空を飛ぶ夢を追い求めながら、奇妙な装置を身体に装着し、崖や塔から飛び降りて死んでいった。

　だが、約500年前に状況が変わり始めた。レオナルド・ダ・ヴィンチが空飛ぶ機械をスケッチに描いたのだ。実際に飛ぶことはできなかったが、空を飛ぶ仕組みが描かれていた。空気抵抗が上下に作用することで飛行が可能になる。そのことに気づいたのがダ・ヴィンチだった。空気を押し下げる力が同じだけの揚力を生み出す。これが現代の飛行機が飛ぶ基本的な仕組みである。

　だが、ダ・ヴィンチのアイデアは18世紀半ばまでに失われてしまった。その後、飛行の可能性を模索する狂気のような探求が始まった。18世紀と19世紀は飛行の研究と実験が激しい時代だった。電力を使用しないプロトタイプが作成、試行、破棄、改良されていった。この頃に航空学が生まれた。揚力、抵抗、推力、重力が発見され、理解されるようになった。勇敢な人たちが試行錯誤を繰り返した。

そして、墜落して命を落とした者もいた。

18 世紀末から半世紀かけて「航空学の父」ジョージ・ケイリー卿が、実験装置、プロトタイプ、実物大のモデルを製作し、グライダーによる世界初の有人飛行を達成した。

そして、墜落して命を落とした者もいた。

その後、蒸気の時代と有人動力飛行の可能性が訪れた。いくつものプロトタイプが作られ、何度も実験が繰り返された。科学者も愛好家も、飛行を追い求める群れに参加した。1890 年、クレマン・アデルが蒸気動力のツインエンジンで 50m を飛行した。

そして、墜落して命を落とした者もいた。

本当のゲームチェンジャーは内燃機関だった。1901 年、グスターヴ・ホワイトヘッドが世界初の有人動力飛行に成功したとされる。だが、空気より重いマシンを持続的に制御した世界初の有人動力飛行を成功させたのはライト兄弟だ。1903 年 12 月 17 日、ノースカロライナ州キルデビルヒルズにおいてのことである。

そして、墜落して命を落とした者もいた。

世界は一夜にして変わった。それから 11 年後の 1914 年、ヨーロッパ上空で複葉機が空中戦を繰り広げることになった。

敵から攻撃を受けて墜落死した人が大勢いた。だが、訓練を受けただけで墜落死した人も大勢いた。飛行の原理を習得しても、飛行の**技術**を理解していなかったのである。

さらに 20 年後、第二次世界大戦における戦闘機と爆撃機が、フランスとドイツに大惨事をもたらした。かなりの高度を飛行するものだった。銃器を搭載していた。破滅的で破壊的なパワーを持っていた。

戦争中、65,000 機もの米軍機が失われた。戦闘で失われたのは 23,000 機だけだった。多くのパイロットが戦闘で空を飛び、命を失った。それよりも多かったのは、誰も撃っていないときに命を落とした者たちだ。彼らは**飛ぶ方法**を知らなかったのである。

さらに 10 年後、ジェット機が登場し、音速の壁が破られ、民間航空会社が誕生し、飛行機を使った旅行が爆発的に普及した。ジェット機時代の始まりである。裕福な人たち（「ジェット族」と呼ばれた）は、数時間で都市から都市、国から国を移動した。

そして、恐ろしい数のジェット機が墜落した。航空機の製造や飛行については、まだまだわからないことがたくさんあった。

1950 年代には、ボーイング 707 が世界中を飛行するようになった。さらに 20 年後、世界初のワイドボディのジャンボジェット機である 747 が登場した。

航空学と空の旅は、世界の歴史のなかで最も安全で、最も効率的な旅行手段となった。長い時間と多くの犠牲を払ったが、ついに我々は航空機を安全に作り、安全に飛ぶ方法を学んだの

である[1]。

　チェズレイ・サレンバーガーは、1951年にテキサス州デニソンで生まれた。彼はジェット時代の子どもである。16歳で飛ぶことを覚え、やがて空軍でF4ファントムを操縦するようになる。1980年には、USエアウェイズのパイロットになった。

　2009年1月15日、彼の操縦するエアバスA320は、155人の乗客を乗せてラガーディア空港を出発した。その直後、鳥の群れに突っ込み、両方のジェットエンジンが故障した。2万時間を超える飛行経験のあるサレンバーガー機長は、故障した機体をハドソン川に着水させ、不屈の精神で155人全員を救出した。サレンバーガー機長は卓越した技術を持っていた。サレンバーガー機長はクラフトマンだった。

　高速で信頼性の高い計算とデータ管理の夢は人類の歴史と同じくらい古い。数千年前から人類は、指、棒、玉などを使って数を数えていた。4000年前にはソロバンが作られた。2000年前には星や惑星の動きを予測する機械装置が使われていた。400年前には計算尺が発明された。

　19世紀初頭には、チャールズ・バベッジがクランク式の計算機を作り始めた。これは、メモリと演算処理を備えた本物のデジタルコンピューターだった。だが、当時の金属加工技術では作ることが難しく、いくつかのプロトタイプは製作されたが、商業的な成功を収めることはできなかった。

　19世紀半ばには、バベッジはさらに強力な機械を作り始めた。それは蒸気機関で動き、真のプログラムを実行できるものだった。彼はそれを**解析機関**と名付けた。

　バイロン卿の娘エイダ（ラブレス伯爵夫人）は、バベッジの講演の記録を翻訳しながら、当時誰も思いつかなかった事実を発見した。それは「コンピューターの内部の数値は数値を表す必要はなく、現実世界にあるものも表現できる」というものだった。その洞察力から彼女は「世界初のプログラマー」と呼ばれるようになった。

　金属加工技術の問題はバベッジを悩ませ続けた。結果として、彼のプロジェクトは失敗に終わった。その後の19世紀と20世紀初頭にかけて、デジタルコンピューターの進歩はなかった。だが、その間に機械式**アナログ**コンピューターは全盛期を迎えた。

　1936年、アラン・チューリングはディオファントス方程式[2]が解を持つことを証明する一般的な方法が存在しないことを示した。彼は、シンプルな無限のデジタルコンピューターを想像し、コンピューターが計算できない数が存在することによって証明した。この証明の結果、彼は有限状態機械、機械語、記号言語、マクロ、原始的なサブルーチンを発明した。彼は（現代で言うところの）ソフトウェアを発明したのである。

　同時期にアロンゾ・チャーチが同じ問題に対してまったく異なる証明を構築し、ラムダ計算を開発した。これは関数型プログラミングの中心概念である。

1　737 MAXは除く。

2　整数の方程式

　1941 年、コンラート・ツーゼが世界初のプログラム可能な電気機械式デジタルコンピューター「Z3」を構築した。2,000 個以上のリレーで構成され、5〜10Hz のクロックレートで動作した。また、22 ビットのワードで構成されたバイナリ演算が可能だった。

　第二次世界大戦中、チューリングはブレッチリー・パークで、ドイツのエニグマ暗号を解読する「専門技術者」として雇用された。エニグマ暗号機は、無線電信機で送信するテキストメッセージをランダム化するデジタルコンピューターである。チューリングは暗号の鍵を見つけるための電気機械式デジタル検索エンジンの構築に協力した。

　戦後、チューリングは世界初の真空管式コンピューター「Automatic Computing Engine（ACE）」の開発とプログラミングに貢献した。オリジナルのプロトタイプは 1,000 本の真空管を使用し、1 秒間に 100 万ビットの速度で 2 進数を処理できた。

　1947 年、このマシンのプログラムを書きながら性能を研究していたチューリングは、講演のなかで以下のような予言をしている[3]。

　これからは（問題を）計算可能な形にする能力のある数学者がかなりの人数必要になるはずだ。
　困難となるのは、我々が何をしているのかを見失わないために、適切な規律を維持することである。

　そして、世界は一夜にして変わった。

　数年のうちにコアメモリが開発されたのである。数十万ビットのメモリにマイクロ秒単位でアクセスできる可能性が出てきた。また、真空管の大量生産により、コンピューターが安くて信頼性の高いものになった。限定的ではあるが、大量生産が現実的になってきたのである。1960 年までに IBM は「700 シリーズ」を 140 台販売した。これは数百万ドルする巨大な真空管マシンだった。

　チューリングはマシンをバイナリでプログラムしていたが、それが実用的ではないことは誰もが理解していた。1949 年にグレース・ホッパーが**コンパイラー**という言葉を作り、1952 年には世界初の「A-0」を開発した。1953 年末にジョン・バッカスが最初の FORTRAN の仕様を提出した。1958 年には ALGOL と LISP が続いた。

　1947 年、ジョン・バーディーン、ウォルター・ブラッテン、ウィリアム・ショックレーが、世界初の実用的なトランジスタを開発した。1953 年にはコンピューターに搭載された。真空管からトランジスタへの移行はゲームを完全に変えた。コンピューターはさらに小さく、高速で、安価になり、信頼性の高いものとなった。

　1965 年までに IBM は「1401」を 1 万台製造した。そして、月額 2,500 ドルで貸し出した。これなら中小企業でも十分に手が届く。企業はプログラマーを必要とするようになり、プログラ

3　A.M. Turing's ACE Report of 1946 and Other Papers – Vol. 10, "In the Charles Babbage Institute Reprint Series for the History of Computing", (B.E. Carpenter, B.W. Doran, eds.). The MIT Press, 1986.

マーの需要が急速に高まった。

　これらのマシンを誰がプログラミングするのか？　当時は大学の講義などない。1965 年当時は、プログラミングを学ぶために学校に行く人などいなかった。プログラマーは企業から集められた。実務経験のある熟練者たちだ。いずれも 30 代、40 代、50 代である。

　1966 年、IBM は「360」を毎月 1,000 台製造した。企業は夢中になっていた。このマシンのメモリサイズは 64KB 以上だった。1 秒間に数十万の命令を実行できた。

　同じ年、ノルウェー計算センターで UNIVAC 1107 を使用していたオルヨハン・ダールとクリステン・ニガードが ALGOL を拡張した Simula 67 を開発した。最初のオブジェクト指向言語である。

アラン・チューリングの講演からわずか20 年後のことである！

　その 2 年後の 1968 年 3 月、エドガー・ダイクストラが CACM（Communications of the ACM）に有名なレター論文を書いた。エディターはその論文に「Go To Statement Considered Harmful（Go To 文は有害）[4]」というタイトルを付けた。構造化プログラミングの誕生である。

　1972 年、ニュージャージー州にあるベル研究所では、ケン・トンプソンとデニス・リッチーがプロジェクトとプロジェクトの合間にいた。彼らは別のチームから PDP-7 の時間を借りて、UNIX と C 言語を発明した。

　ペースが最高潮に達したようだ。これから先は重要な年代のみを紹介する。それぞれの年代について、世界にあるコンピューターの台数を考えてほしい。プログラマーは何人いるだろうか？　そのプログラマーはどこから来たのだろうか？

- 1970 — Digital Equipment Corporation は 1965 年から「PDP-8」を 5 万台製造。
- 1970 — ウィンストン・ロイスがウォーターフォールの論文である「Managing the Development of Large Software Systems」を執筆。
- 1971 — Intel がシングルチップマイクロコンピューター「4004」を発表。
- 1974 — Intel がシングルチップマイクロコンピューター「8080」を発表。
- 1977 — Apple が「Apple II」を発表。
- 1979 — Motorola が 16 ビットシングルチップマイクロコンピューター「68000」を発表。
- 1980 — ビャーネ・ストラウストラップが「C with Classes」（C 言語を Simula のようにするプリプロセッサー）を発明。
- 1980 — アラン・ケイが「Smalltalk」を発明。
- 1981 — IBM が「IBM PC」を発表。
- 1983 — Apple が「Macintosh 128K」を発表。
- 1983 — ストラウストラップが「C with Classes」を「C++」に改名。

4　Edsger W. Dijkstra, "Go To Statement Considered Harmful," *Communications of the ACM* 11, no. 3 (1968).

- 1985 — 米国国防総省がウォーターフォールを公式のソフトウェアプロセスとして採用（DDD-STD-2157A）。
- 1986 — ストラウストラップが『The C++ Programming Language』（Addison-Wesley）を出版。
- 1991 — グラディ・ブーチが『Object-Oriented Design with Applications』（Benjamin/Cummings）を出版。
- 1991 — ジェームス・ゴスリングが Java を発明（当時は「Oak」と呼ばれていた）。
- 1991 — グイド・ヴァンロッサムが Python をリリース。
- 1995 — 『Design Patterns: Elements of Reusable Object-Oriented Software』が出版された。著者はエリック・ガンマ、リチャード・ヘルム、ジョン・ブリシディース、ラルフ・ジョンソン。
- 1995 — まつもとゆきひろが Ruby をリリース。
- 1995 — ブレンダン・アイクが JavaScript を開発。
- 1996 — Sun Microsystems が Java をリリース。
- 1999 — Microsoft が C#/.NET（当時は「Cool」と呼ばれていた）を発明。
- 2000 — Y2K 問題！　ミレニアムバグ。
- 2001 — アジャイルソフトウェア開発宣言。

1970 年から 2000 年にかけて、コンピューターのクロックレートは 3 桁増えた。密度は 4 桁上がった。ディスク容量は 6〜7 桁増えた。RAM の容量は 6〜7 桁増えた。コストは 1 ビットあたり 1 ドルから、1 ギガビットあたり数ドルまで低下した。ハードウェアの変化は可視化が難しいが、これらの桁数を合計すると、性能が約 30 桁アップしたことになる。

アラン・チューリングの講演からわずか 50 年後のことである。

現在、プログラマーは何人いるだろうか？　何行のコードが書かれたのだろうか？　コードの出来栄えはどうだろうか？

この年表を航空学のものと比較してほしい。似ているところがわかっただろうか？　理論が積み重なり、熱狂者が殺到して失敗を重ね、少しずつ能力が上がっていることがわかるだろうか？　何をしているかがわからない状態が数十年続いていたのである。

現在、社会は我々のスキルに依存している。だが、社会が必要とするサレンバーガー機長はいるだろうか？　現代のパイロットと同じように、自らの技術を深く理解したプログラマーを育成することができているだろうか？　必要とされるクラフトマンがいるだろうか？

クラフトマンシップとは、何かをうまくやる方法を知っている状態である。それは、優れた指導と豊富な経験の結果である。最近までソフトウェア業界にはそのどちらもなかった。プログラマーはマネージャーになるまでの足がかりであり、プログラマーに長くとどまる者は少な

かった。つまり、技術を教えられる豊富な経験を持ったプログラマーが少なかった。さらに悪いことに、新人プログラマーの人数が5年ごとに倍増しているため、経験者の比率が大きく低下しているのである。

その結果、ほとんどのプログラマーは、自らの仕事を規定する規律、基準、倫理を学んでいない。彼らは見習い経験のない初心者のままコードを書いている。つまり、経験不足のプログラマーが作るコードの多くが、構造化されておらず、基準以下であり、安全ではなく、バグの多い、めちゃくちゃなものであることを意味している。

本書では、仕事で本当に必要とされる知識とスキルを習得できるように、すべてのプログラマーが従うべき規律、基準、倫理について説明する。

規律 <small>第</small> I <small>部</small>

　規律とは何か？　規律とは「本質的な部分」と「任意の部分」で構成される一連のルールである。本質的な部分は、規律にパワーを与える。規律が存在する理由となる。任意の部分は、規律に形と実体を与える。任意の部分がなければ、規律は存在できない。

　たとえば、外科医は手術前に手を洗う。我々が普段やっているように、水を流しながら手に石鹸をつけるだけではない。外科医は厳格な規律に従って手を洗っている。私が目にしたのは、以下のようなルーチンだ。

・適切な石鹸を使う
・適切なブラシを使う
・指ごとに以下を実行する

　　・上部を 10 回洗う
　　・左部を 10 回洗う
　　・下部を 10 回洗う
　　・右部を 10 回洗う

・爪を 10 回洗う

・繰り返す

規律の本質的な部分は明らかだ。外科医の手は清潔にしなければならない。だが、規律の任意の部分に気づいただろうか？　どうして指を洗う回数が 10 回なのだろうか？　8 回や 12 回ではダメなのだろうか？　どうして指の部位は 5 つなのだろうか？　3 つや 7 つではダメなのだろうか？

これらに明確な根拠はない。「十分だと思われる」以外に理由はない。

本書では、ソフトウェアクラフトマンシップの 5 つの規律を見ていく。50 年前から存在する規律もあれば、わずか 20 年前からの規律もある。数十年という年月をかけて、いずれも有用であることがわかっている。これらの規律がなければ、ソフトウェア・アズ・ア・クラフト（作品としてのソフトウェア）の概念は考えられないだろう。

これらの規律には、本質的な要素と任意の要素がある。規律に反論したくなることもあるだろうが、それが本質的な要素に対するものか、任意の要素に対するものかを認識してほしい。任意の要素に惑わされる必要はない。本質的な要素を重視しよう。規律の本質がわかれば、任意の部分の重要性は低下するはずだ。

例を示そう。1861 年、センメルヴェイス・イグナーツが、医師に手洗いの規律を適用した研究結果を発表した。それは驚くべきものだった。妊婦を診察する前に医師が塩素系漂白剤で手を徹底的に洗うことで、敗血症による死亡率が 10% 以上からほぼゼロになることが示されていたのである。

だが、当時の医師たちは、センメルヴェイスの規律の本質と任意の部分を区別できなかった。塩素系漂白剤は任意の部分であり、本質は手を洗うことだった。だが、漂白剤で手を洗うという不便さを受け入れることができず、手を洗うという本質のエビデンスまで否定したのである。

実際に医者が手を洗い始めたのは、それから数十年後のことだった。

エクストリームプログラミング

1970 年、ウィンストン・ロイスがウォーターフォールを開発プロセスの主流にした論文を発表した。その間違いを正すために約 30 年かかった。

1995 年までにソフトウェアの専門家たちは、さまざまな漸進的アプローチを検討していた。そして、スクラム、FDD、DSDM、クリスタルなどの開発プロセスが提案された。だが、業界に大きな変化は見られなかった。

　その後、1999 年にケント・ベックが『Extreme Programming Explained』（Addison-Wesley）
（邦訳『XP エクストリーム・プログラミング入門』ピアソンエデュケーション）を発表した。
エクストリームプログラミング（XP）はそれまでのプロセスの考えに基づいて構築されていた
が、そこには新しいものが追加されていた。**エンジニアリングプラクティス**である。

　1999 年から 2001 年にかけて、XP の熱意が飛躍的に高まった。この熱意がアジャイル革命を
生み出し、推進したのである。今日に至るまで、XP は最も適切に定義され、最も完全なアジャ
イル手法として君臨している。規律の章では、その中核にあるエンジニアリングプラクティス
を取り上げる。

サークルオブライフ

　図 1-1 は、ロン・ジェフリーズが XP のプラクティスを表した**サークルオブライフ**である。
本書でカバーする規律は、中央にある 4 つと左端にある 1 つだ。

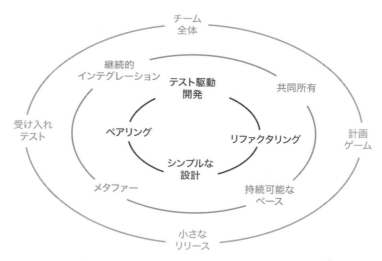

図 1-1　サークルオブライフ：XP のプラクティス

　中央にある「テスト駆動開発（TDD）」「リファクタリング」「シンプルな設計」「ペアリング
（**協力的プログラミング**と呼ぶことにする）」は、XP のエンジニアリングプラクティスである。
左端にある「受け入れテスト」は、XP のビジネスプラクティスのなかで最も技術的であり、エ
ンジニアリングにフォーカスしたものである。これら 5 つのプラクティスが、ソフトウェアク
ラフトマンシップの基本的な規律である。

テスト駆動開発

TDD はリンチピン（要）となる規律だ。TDD がなければ、他の規律は不可能あるいは無力になる。したがって、次の2つの章では、TDD について説明する。非常に技術的な内容であり、本書のほぼ半分のページ数に相当する。バランスが悪いと思われたかもしれない。私もそう思う。どうにかしようとしてみたが、これは業界のバランスが悪いからだと結論づけた。TDD の規律を熟知しているプログラマーが少なすぎるのである。

TDD はプログラマーの作業を秒単位で管理する規律だ。事前の規律でもなければ、事後の規律でもない。TDD は進行形の規律であり、挑戦的な規律である。TDD を部分的に実行することはできない。やるかやらないかの規律だ。

TDD の規律の本質はシンプルである。テストと小さなサイクルだ。テストがすべての先に来る。テストを先に書く。テストを先にクリーンにする。すべての活動でテストが先に来る。すべての活動は小さなサイクルに分解されている。

サイクル時間は秒で計測する。分ではない。サイクル時間は文字単位で計測する。行単位ではない。フィードバックループは開いたあとすぐに閉じられる。

TDD のゴールは、心の底から信頼できるテストスイートを作ることだ。テストスイートをパスすれば、安心してコードをデプロイできる。

すべての規律のなかで、TDD が最も面倒で、最も複雑である。最も面倒なのは、TDD がすべてを支配しているからだ。最初に考えることであり、最後に考えることである。あなたがやることすべてに重くのしかかる制約だ。プレッシャーや周囲からのストレスに関係なく、ペースを一定に維持する統治者である。

TDD が複雑なのは、コードが複雑だからだ。コードの形式によって、対応する TDD の形式も違ってくる。TDD が複雑なのは、コードに合わせてテストを設計する必要があるからだ。コードと結合させることなく、ほぼすべてを網羅しながら、数秒以内に実行する必要がある。TDD は精巧で複雑なスキルであり、習得するにはかなり苦労するだろうが、計り知れないほどやりがいがある。

リファクタリング

リファクタリングは、クリーンなコードを書くための規律だ。TDD がなければ、リファクタリングは不可能ではないにしても困難である[1]。したがって、TDD がなければ、クリーンな

---

[1] TDD 以外にもリファクタリングをサポートする規律は存在する。たとえば、ケント・ベックの「test && commit || revert」がそうだろう。ただし、本書執筆時点では、まだあまり導入されておらず、学術的な関心事にとどまっている。

コードを書くことは不可能あるいは困難である。

　リファクタリングとは、構造化されていないコードの**振る舞いに影響を与えることなく**、構造を改善する規律である。強調した部分が重要だ。コードの振る舞いに影響がなければ、構造の改善が**安全**であることが保証される。

　コードをクリーンにしない理由（システムが腐敗する理由）は、振る舞いを壊してしまうかもしれないという不安があるからだ。だが、コードを安全にクリーンにできる方法があれば、我々はコードをクリーンにするし、システムも腐敗しないだろう。

　変更が振る舞いに影響を与えないことをどうすれば保証できるのだろうか？　我々には TDD のテストがある。

　リファクタリングも複雑な規律である。構造化されていないコードを生み出す方法はいくらでもあるからだ。つまり、コードをクリーンにする戦略も数多く存在する。さらには、こうした戦略を（テストが先に来る）TDD のサイクルにぴったりと合わせる必要がある。TDD とリファクタリングは深く結び付いており、切り離すことはまずできない。TDD なしでリファクタリングすることはほぼ不可能であり、リファクタリングせずに TDD することはほぼ不可能である。

シンプルな設計

　地球上の生命は「層」で説明できる。一番上の層は生態学（生物のシステムを扱う学問）だ。その下には生理学（生物の内部メカニズムを扱う学問）がある。その下にあるのは微生物学（細胞、核酸、タンパク質、その他の高分子システムを扱う学問）になるだろう。これらは化学で説明される。さらには量子力学で説明される。

　この比喩をプログラミングに適用すると、TDD がプログラミングの量子力学とするならば、リファクタリングは化学であり、シンプルな設計は微生物学である。SOLID 原則、オブジェクト指向設計、関数型プログラミングは生理学であり、アーキテクチャはプログラミングの生態学だ。

　リファクタリングがなければ、シンプルな設計はほぼ不可能である。シンプルな設計はリファクタリングの最終目標であり、それを達成する唯一の手段がリファクタリングである。シンプルな設計の目的は、設計の微粒子を生み出すことである。生み出した微粒子をプログラミング、システム、アプリケーションなどの大きな構造に適合させるのである。

　シンプルな設計は複雑な規律ではない。4 つのシンプルなルールがあるだけだ。ただし、TDD やリファクタリングとは違い、シンプルな設計は明確なものではない。経験や判断に依存しているところがあるからだ。ルールだけを知っている見習いと、原則まで理解している熟練者を

見分ける最初の兆候になるかもしれない。マイケル・フェザーズが言うところの**設計センス**の始まりである。

協力的プログラミング

　協力的プログラミングとは、ソフトウェアチームが協力する規律と技芸である。サブの規律として、ペアプログラミング、モブプログラミング、コードレビュー、ブレインストーミングなどがある。協力的プログラミングには、プログラマーであるかどうかに関係なく、チームの全員が参加する。知識を共有し、一貫性を確保し、チームを一致団結させるための主要な手段である。

　すべての規律のなかで、協力的プログラミングが最も技術的ではなく、最も規範的ではない。にもかかわらず、5つの規律のなかで最も重要になるだろう。効果的なチームを構築することは、非常に難しく、価値のあることだからだ。

受け入れテスト

　受け入れテストとは、ソフトウェア開発チームをビジネス側と結び付ける規律である。ビジネス側の目的は、システムの望ましい動作を指定することだ。こうした動作はテストにエンコードされる。すべてのテストがパスすると、システムが指定どおりに動作していることになる。

　テストはビジネス側の代表者が読み書きできなければならない。ソフトウェアの機能とビジネス側が求める動作を把握するには、テストを読み書きして、テストがパスすることを確認する必要がある。

テスト駆動開発 第2章

　テスト駆動開発（TDD）については、2つの章で説明する。最初に、TDDの基本を技術的かつ詳細に説明する。本章では、TDDをステップ・バイ・ステップで学ぶ。読むべきコードを大量に用意した。観るべきビデオも紹介している。

　第3章「テスト駆動開発応用」では、データベースやGUIなど、TDD初心者が直面する罠や難問を取り上げる。また、優れたテスト設計につながる設計原則やテストのデザインパターンを紹介する。最後に、知的で興味深い理論的可能性を調査する。

概要

　ゼロ。重要な数字だ。バランスを示す数字だ。天秤ばかりが釣り合っているとき、目盛りはゼロを示す。電子と陽子の数が等しいとき、原子の電荷はゼロである。橋にかかる力の合計はゼロである。ゼロはバランスを示す数字だ。

　銀行口座の残高を「バランス」と呼ぶことを疑問に思ったことはないだろうか？　これまで

に口座から入出金した、すべての取引の合計のバランスが取れているからだ。取引には常に2つの側面がある。お金は**口座間**を移動するからだ。

取引の**こちら側**はあなたの口座に影響する。取引の**あちら側**は誰かの口座に影響する。こちら側に預け入れしたお金は、あちら側から引き出される。あなたが小切手を書くと、こちら側から引き出されたお金が、あちら側に預け入れされる。つまり、**あなたの口座の残高は、こちら側の取引の合計である**。あちら側の合計は、あなたの合計と正反対でなければならない。こちら側とあちら側を合計するとゼロになるはずだ。

約2000年前、ガイウス・プリニウス・セクンドゥス（大プリニウス）がこの会計の法則に気づき、複式簿記を発明した[1]。その後、カイロの銀行家やヴェネツィアの商人たちの手によって、何世紀もかけて改良された。1494年、フランシスコ会の修道士ルカ・パチョーリが、複式簿記のことをはじめて明確に記述した。当時発明されたばかりの印刷機のおかげで、これが書籍として出版され、複式簿記の技術が広まっていった。

1772年、産業革命が勢いを増すなか、ジョサイア・ウェッジウッドは成功を模索していた。彼は陶器工場の創業者である。彼の製品は需要が非常に高く、需要を満たすために破産しかけていた。そこで、複式簿記を導入して、それまで見えなかったお金の出入りを明確にすることにした。お金の流れを調整したことで、破産の危機を回避し、今日のビジネスを築き上げたのである。

ウェッジウッドだけではない。ヨーロッパやアメリカでは、工業化によって経済が急成長した。成長に伴うお金の流れを管理するために、複式簿記を導入する企業が増えた。

1795年、ヨハン・ヴォルフガング・フォン・ゲーテは『ヴィルヘルム・マイスターの修業時代』で以下のように書いている。あとで触れることになるので、この言葉を覚えておいてほしい。

「やめろ。もう燃やしてしまえ」とヴェルナーは叫んだ。「そんな発明は称賛に値しない。すでに僕を十分に悩ませ、君の父親だって激怒していたじゃないか。その詩は美しいかもしれないが、内容は根本的に間違っている。君が商売を擬人化したときのことを覚えているよ。しわしわで惨めな姿の女性の預言者だった。おそらく惨めな行商人からイメージしたんだろう。当時の君は、商取引について何もわかっていなかった。だが僕は、本物の商人の精神ほど肥大化している、あるいは肥大化する必要があった人間はいないと思っていたよ。商人の事業には全体的に秩序が行き渡っている！　それによって商人は、全体を見渡すことができ、細かいことに頭を悩ませる必要がない。複式簿記のシステムから恩恵を受けているんだ！　複式簿記は人間の概念の最も優れた発明のひとつだよ。賢明な主人ならば、家計にも複式簿記を導入すべきだと思うよ」

現在、複式簿記は地球上のほぼすべての国で法的な効力を持っている。また、会計に携わる職業の規律を**定義する**ものでもある。

1　訳注：定かではない。古代ローマ起源説と中世イタリア起源説があるようだ。

ゲーテの言葉に戻ろう。ヴィルヘルムが嫌っていた「商売」のイメージに注目してほしい。

しわしわで惨めな姿の女性の預言者だった。

このイメージに合致するコードを見たことがあるだろうか？　きっとあるだろう。私もある。何度も見たことがあるはずだ。何度も**書いた**こともあるはずだ。

もうひとつのゲーテの言葉を見てみよう。

商人の事業には全体的に秩序が行き渡っている！　それによって商人は、全体を見渡すことができ、細かいことに頭を悩ませる必要がない。

これが複式簿記によるものだとしたところが重要である。

ソフトウェア

現代のビジネスには、適切な会計が不可欠である。適切な会計には、複式簿記が不可欠である。では、現代のビジネスには、適切なソフトウェアは不可欠ではないのだろうか？　そんなはずはない！　21 世紀のビジネスでは、ソフトウェアが中核をなしている。

複式簿記が会計士やマネージャーに規律を与えるように、ソフトウェア開発者にソフトウェアの制御やビジョンを与える規律はどのようなものだろうか？　会計とソフトウェアは別の概念だから、そんなものはないと思うかもしれない。私はそうは思わない。

会計は魔法のようなものだ。儀式や神秘に精通していない者たちは、会計の仕事の奥深さを理解できない。会計の仕事の成果物は何か。素人には理解できない難解なドキュメントである。ドキュメントには会計士以外は理解できない記号が散りばめてある。記号を間違えれば、大変なことになる。会社が倒産し、経営者が捕まる可能性もある。

会計とソフトウェア開発が似ているかを考えてみよう。

ソフトウェアは魔法のようなものだ。儀式や神秘に精通していない者たちは、ソフトウェア開発の仕事の奥深さを理解できない。ソフトウェア開発の仕事の成果物は何か。素人には理解できない難解なドキュメント（ソースコード）である。ドキュメントにはプログラマー以外は理解できない記号が散りばめてある。記号を間違えれば、大変なことになる。会社が倒産し、経営者が捕まる可能性もある。

2 つの仕事はよく似ている。どちらも複雑な詳細を集中的かつ丹念に管理することに関心がある。そのためには、どちらもかなり経験と訓練とが必要である。どちらも記号レベルで正確さが求められる難解なドキュメントを生み出す。

会計士とプログラマーは認めたくないかもしれないが、どちらも似た者同士である。そして、

歴史の古い職業の規律は、歴史の浅い職業でも守るべきである。

　これから説明するが、**TDD は複式簿記である**。同じ目的を持ち、同じ結果をもたらす、同じ規律である。すべてのことは2回記入する。テストをパスさせることで、バランスを保ち続ける相補的な関係である。

TDDの 3つの法則

　3つの法則を説明する前に、いくつかの予備知識を説明する。

　TDD の本質は、以下のことを行うための規律をもたらすことだ。

1. 信頼できるテストスイートを作成し、リファクタリングの作業や、デプロイ可能かどうかの判断ができるようにする。つまり、テストスイートをパスしていれば、システムをデプロイできる。
2. 適切に分離された本番コードを作成し、テストやリファクタリングを可能にする。
3. 極端に短いサイクルのフィードバックループを作成し、プログラムを書くリズムと生産性を安定させる。
4. テストコードと本番コードを相互に分離させ、変更があっても両者に複製することなくメンテナンスできるようにする。

　TDD の規律は、3つの任意の法則から成り立っている。これらの法則が任意なのは、さまざまな手段で TDD の本質を実現できるからだ。たとえば、ケント・ベックの「test && commit || revert（TCR）」の規律がある。TCR は TDD とは異なるものだが、どちらもまったく同じ本質的なゴールを達成するものである。

　TDD の3つの法則は、TDD の基盤である。これらの法則を守ることは、最初のうちは難しいだろう。これらの法則を守るには、身に付けることが難しいスキルと知識が必要になる。スキルや知識を持たずに法則に従おうとすると、おそらく挫折してしまい、規律を放棄することになるだろう。スキルや知識については、以降の章で説明する。とりあえず今は注意してほしい。適切な準備をせずに法則に従おうとするのは困難である。

第1の法則

　テストを書くまでは本番コードを書いてはならない。本番コードがないためにテストは失敗する。

　プログラマーの経験があれば、この法則はバカげていると思うかもしれない。テストするコードがないのに、テストを書けるはずがないと疑問に思うだろう。この疑問は、コードを書いた**あ**

とにテストを書くという思い込みがあるからだ。本番コードを書けるのであれば、それをテストするコードも書けるのではないだろうか。順番を間違えているように思うかもしれないが、テストを先に書けないほど情報不足なわけではない。

第2の法則

失敗するテストやコンパイルできないテストを必要以上に書いてはならない。失敗を解決するには本番コードを書く。

プログラマーの経験があれば、テストの最初の行がコンパイルできないことに気づくだろう。まだ存在しないコードとやり取りをしているからだ。本番コードに切り替える前に、複数行のテストを書くことはできない。

第3の法則

失敗しているテストを解決する本番コードを必要以上に書いてはならない。テストがパスしたら、追加のテストを書く。

これでサイクルは完了だ。この3つの法則によって、数秒間のサイクルに閉じ込められた。それは以下のようなものである。

- テストコードを1行書く。まだコンパイルはできない（当然）。
- テストをコンパイルできるようにする本番コードを1行書く。
- コンパイルできないテストコードを1行書く。
- テストをコンパイルできるようにする本番コードを1〜2行書く。
- コンパイルできるが、アサートが失敗するテストコードを1〜2行書く。
- アサートをパスさせる本番コードを1〜2行書く。

ここから本格的に始まる。

プログラマーの経験があれば、バカげていると思うだろう。3つの法則によって、数秒間のサイクルに閉じ込められてしまう。サイクルごとにテストコードと本番コードを切り替えなければならない。if 文や while ループを書くことはできない。関数を書くこともできない。テストコードと本番コードでコンテクストを切り替えながら、小さなループに永遠に囚われることになる。

遅くて退屈だと思うかもしれない。進捗の妨げになり、思考の邪魔になると思うだろう。あ

るいは、単にバカげていると思うかもしれない。このようなアプローチでは、スパゲティコードや設計されていないコード（場当たり的なテストとそれをパスさせるためだけのコード）が生み出されてしまうと考える人もいるだろう。

　そのような考えを保留して、以下のことを考えてみてほしい。

デバッガーの消失

　3つの法則に従っている人しかいない部屋を想像してほしい。大規模なシステムを開発している開発者のチームだ。そこからプログラマーをひとり選んでほしい。そのプログラマーが取り組んでいるものは、1分以内にすべてのテストをパスしている。これは常に成り立つ。誰を選んでも、いつ選んでも同じだ。1分前にはすべてが動いている。

　自分のことを考えてみよう。1分前にすべてが動いているとしたらどうだろう？　どれだけデバッグすることになるだろうか？　1分前にすべてが動いていたら、デバッグする必要はないだろう。

　あなたはデバッガーの操作は得意だろうか？　ショートカットを覚えているだろうか？　ブレイクポイントやウォッチポイントを設定し、デバッグセッションに深く潜り込めているだろうか？

これらは望ましいスキルではない！

　デバッガーが得意になることを目指すべきではない。デバッガーが得意になるには、デバッグに時間をかける必要がある。だが、デバッグに時間をかけてはならない。あなたもそう思ってほしい。動作するコードを書くことに時間をかけるべきだ。動作しないコードの修正に時間をかけるべきではない。

　デバッガーのショートカットを忘れ、指が思い出せなくなるくらいまで、デバッガーの使用頻度を下げてほしい。ステップインとステップオーバーの違いがわからなくなってほしい。デバッガーを使いこなせなくなり、使い勝手が悪くて、時間のかかるものだと思ってほしい。心からそうなりたいと思ってほしい。デバッガーを使いこなせるようになると、何かが間違っているのである。

　ただし、3つの法則によって、デバッガーの必要性がなくなるわけではない。たまにはデバッグが必要になることもあるだろう。作っているものがソフトウェアであることに変わりはない。ソフトウェアは難しい。だが、デバッグの時間や頻度は大幅に減るだろう。動作するコードを書くことに時間をかけるようになり、動作しないコードの修正に時間をかけることは少なくなる。

ドキュメンテーション

サードパーティのパッケージを統合したことがあれば、テクニカルライターの書いた PDF が同梱されているはずだ。このドキュメントにはパッケージの統合方法が書かれている。ドキュメントの付録には、統合方法を示した**サンプルコード**がついてくる。

最初に読むのは、この付録からだろう。コードを読みたいのであって、テクニカルライターの書いた**コードの説明**を読みたいわけではない。テクニカルライターの説明よりもコードのほうが多くのことを教えてくれる。運が良ければ、そのコードをアプリケーションにコピペするだけで動くこともある。

3つの法則に従えば、システム全体の**サンプルコード**を書いていることになる。あなたが書いているテストは、システムの動作の詳細を説明している。ビジネスオブジェクトの生成方法を知りたければ、あらゆる生成方法がテストに書かれている。API の呼び出し方法を知りたければ、エラー条件や例外も含めてテストに書かれている。システムの詳細について知りたいことは、すべてテストに書かれているのである。

これらのテストは、最も低いレベルでシステムを記述したドキュメントだ。このドキュメントは、あなたがよく理解している言語で書かれている。あいまいさがない。実行できるほど形式的である。システムと乖離することがない。

ドキュメントとしては、ほぼ完璧だ。

誇張したいわけではないので言っておくと、テストは「システムの動機」を記述するには向いていない。高レベルのドキュメントではないからだ。だが、低レベルのドキュメントとしては、これ以上のものはない。これらはコードだ。コードは真実を伝えてくれる。

テストを理解するのは、システム全体を理解するのと同じくらい難しいのではないかと心配しているかもしれない。だが、そのようなことはない。テストはシステムの一部にフォーカスした、小さなコードのスニペット（断片）である。テストがシステムを形成しているわけではない。テストはお互いのことを知らないので、依存関係がぐちゃぐちゃなわけでもない。テストは独立している。テストは単体で理解できる。テストはシステムの非常に狭い範囲で理解すべきことを教えてくれる。

繰り返しになるが、誇張したいわけではない。理解できない複雑なテストを書くこともできるだろう。だが、それは必然的なものではない。本書の目的のひとつは、システムを明確に記述するクリーンなドキュメントとなるテストの書き方を教えることだ。

設計の穴

あとからテストを書いたことがあるだろうか？　ほとんどの人があるはずだ。コードを書いたあとにテストを書くのは一般的だ。だが、あまり楽しいものではない。

楽しくないのは、システムが動作することを知っているからだ。すでに手動でテストしてい

るからだ。テストを書くのは義務感や罪悪感があるからだ。上司から一定のテストカバレッジを求められているからだ。だから、テストがパスすることを知りながら、渋々テストを書いている。ああ、つまらない、つまらない。

　あとからテストを書こうとすると、必然的に書きにくいテストも出てくる。テストしやすい設計になっていないからだ。動けばいいコードになっているからだ。テストを書くには、設計から変える必要がある。

　だが、それは難しい。時間がかかる。どこかを壊してしまうかもしれない。手動でテストしたので、コードが動くことはわかっている。いっそのことテストから目を背け、テストスイートに穴を開けてしまおう。そんなことやるわけがない、なんて言わないでほしい。きっとやったことがあるはずだ。

　あなたがテストスイートに穴を開けたとしたら、チームの他の人も同じことをしているだろう。つまり、テストスイートは穴だらけである。

　テストスイートの穴の数は、テストをパスしたときのプログラマーの笑い声の大きさと長さでわかる。大声で笑っていれば、そのテストスイートには穴がたくさんある。

　パスしたときに笑い声が出るようなテストスイートは役に立たない。何かが壊れていることはわかるかもしれないが、パスしたからといって何の判断もできない。パスしたときにわかるのは、一部がうまく動いていることだけだ。

　テストスイートには穴があってはならない。パスしたときに判断ができるものでなければならない。判断とは、**デプロイ**するかどうかの判断である。

　テストスイートをパスすれば、自信を持ってシステムをデプロイすることを提案できる。テストスイートが自信を与えてくれないのであれば、何の役にも立たない。

楽しさ

　3つの法則を守ると、まったく違ったことが起きる。とにかく楽しいのだ。これも誇張ではない。TDD はラスベガスのカジノほど楽しいわけではない。パーティーに行くほど楽しいわけではない。4歳の子どもと一緒に「蛇と梯子」ゲームをやるほど楽しいわけではない。**楽しい**という言葉は適切ではないかもしれない。

　最初に書いたプログラムが動いたときのことを覚えているだろうか？　そのときの感情を覚えているだろうか？　それは地元のデパートで TRS-80 やコモドール64 を触ったときだろうか？　無限ループを書いて自分の名前を延々と表示させたときだろうか？　自分は宇宙の支配者であり、すべてのコンピューターが自分のパワーの前にひれ伏すことを知り、ニヤリとしながら画面から立ち去ったときだろうか？

　TDD のループを回すたびに得られるのは、そうした感情が小さく反響したものだ。期待どおりにテストが失敗すると、ニヤリとしながらうなずいてしまう。テストがパスするようなコー

ドを書くたびに、かつては自分は宇宙の支配者であり、今でもその**パワー**が残っていたことを思い出す。

TDD のループを回すたびに、爬虫類脳からエンドルフィンが放出され、ちょっとした万能感と自信を手にして、次のチャレンジに備えることができる。ちょっとした気持ちにすぎないが、それがちょっとだけ楽しいのである。

設計

だが、楽しさよりも重要なことがある。テストを先に書くと、テストしにくいコードが書けなくなるのだ。テストを先に書くという行為によって、テストしやすいコードを設計することになる。もう逃れることはできない。3つの法則を守っていれば、あなたのコードはテストしやすくなる。

テストしにくいコードの要因は何だろうか？　結合と依存だ。テストしやすいコードには結合と依存がない。テストしやすいコードは分離されている！

3つの法則を守れば、分離されたコードを書かざるを得ない。繰り返しになるが、もう逃れることはできない。テストを先に書いておけば、そのテストをパスさせるためのコードは、想像以上に分離されたものになる。

非常に素晴らしい。

小さくてかわいいリボン

TDD の3つの法則を適用すると、以下のようなメリットがあることがわかった。

・動作するコードを書く時間が増え、動作しないコードのデバッグ時間が減る。
・ほぼ完璧な超低レベルのドキュメントを作れる。
・楽しい。少なくともモチベーションは上がる。
・自信を持ってデプロイができるようになるテストスイートを作れる。
・結合の少ない設計ができる。

これだけの理由があれば、TDD が良いものであることを説得できるはずだ。最初の反応（反発）を退けるくらいは十分にできるだろう。おそらく。

だが、TDD が重要なのはこれだけではない。さらに重要な理由が別にある。

恐怖

プログラミングは難しい。人間が習得しようとしたもののなかで、最も難しいものかもしれない。現代の我々の文明社会は、相互に接続された数十万ものソフトウェアのアプリケーション

で成り立っている。各アプリケーションには、数千万行とは言わないまでも、数十万行のコード
が含まれている。人間が作り出す機器のなかで、これほどまでの数の可動部品が組み合わさっ
たものは他にない。

各アプリケーションは、変化を恐れる開発者のチームが支えている。ソフトウェアが存在す
る本来の理由は、皮肉なことだが、機械の動作を簡単に変更するためである。

だが、ソフトウェア開発者は、あらゆる変更には破損のリスクがあり、破損の検知や修復は
すさまじく難しいと思っている。

ひどく絡み合ったコードが画面に表示されていると想像してほしい。想像するのはそう難し
くないだろう。日常的に体験していることだからだ。

コードを見ながら、クリーンにしようと思ったとする。だが、次の瞬間、マイティー・ソー
のハンマーで叩きつけられる。

「触ることができない！」

触ると壊れてしまうからだ。壊れてしまったら、**永遠にあなたのもの**になってしまう。その
ことをわかっているからだ。

これは恐怖の反応だ。あなたは管理しているコードを恐れている。壊れたときのことを恐れ
ているのだ。

恐怖はコードに腐敗をもたらす。誰もクリーンにしない。誰も改善しない。変更を余儀なくさ
れたら、システムにとって最善の方法ではなく、プログラマーにとって最も安全な方法によって
変更される。設計は劣化する。コードは腐敗する。チームの生産性はゼロになるまで低下する。

システムにひどいコードがあるせいで、スピードが著しく低下したことはないだろうか。も
ちろんあるはずだ。ひどいコードが存在する理由はもうわかっている。ひどいコードが存在す
るのは、誰もコードを改善する勇気がないからだ。誰もコードをクリーンにするリスクを冒す
勇気がないからだ。

勇気

だが、テストをパスするたびにデプロイを提案できるほど、信頼できるテストスイートがあっ
たとしたら？　そのテストスイートが数秒以内に実行できるとしたら？　それでもシステムを
クリーンにするときに恐怖を感じるだろうか？

再び画面にコードが表示されていると想像してほしい。コードを見ながら、クリーンにできる
かもしれないと何度も思う。その気持ちを止めるものがあるだろうか？　すでにテストは持っ
ている。テストがあれば、何かが壊れてもすぐにわかる。

**テストスイートがあれば、コードを安全にクリーンにできる。テストスイートがあれば、コー
ドを安全にクリーンにできる。テストスイートがあれば、コードを安全にクリーンにできる。**

誤植ではない。大事なことなので何度も言ったのだ。テストスイートがあれば、コードを安

全にクリーンにできる！

　コードを安全にクリーンにできれば、これからもコードを安全にクリーンにするようになる。そして、チームの全員が同じように振る舞うようになる。ごちゃごちゃした状態が好きな人などいないからだ。

ボーイスカウトの規則

　プロとして信頼できるテストスイートがあれば、シンプルなガイドラインに安全に従うことができる。

　　「チェックインするコードはチェックアウトしたときよりも美しく」

　全員がこれをやっていると想像してほしい。コードをチェックインする前に、ちょっとした思いやりの行動をする。少しだけクリーンにするのだ。

　チェックインするたびにコードがクリーンになると想像してみよう。誰もコードを汚すことなく、チェックインするたびにコードを改善すると想像してみよう。

　そのようなシステムの保守はどのようなものだろうか？　時間とともにシステムがクリーンになるとしたら、見積りやスケジュールはどうなるだろうか？　バグのリストはどれくらいの長さになるだろうか？　バグのリストを管理する自動化されたデータベースは必要になるだろうか？

それが理由だ

　コードをクリーンに保つ。継続的にコードをクリーンにする。それがTDDを実践する理由だ。TDDを実践するのは、自分たちの仕事に誇りを持つためだ。コードがクリーンであることを知るためだ。コードに触れるたびに、以前よりも良くなっていることを知るためだ。家に帰って鏡を見ながら、今日もいい仕事ができたと微笑むためだ。

第4の法則

　TDDの第4の法則は、リファクタリングである。リファクタリングについてはあとの章で詳しく説明するので、ここではリファクタリングが第4の法則であることだけを述べておきたい。

　これまでの3つの法則から、TDDのサイクルでは、失敗する少量のテストコードを書き、それをパスさせる少量の本番コードを書くことがわかる。数秒ごとに赤と青が切り替わる信号機を想像してほしい。

　だが、このとおりにTDDのサイクルを続けていたら、テストコードも本番コードも急速に

劣化する。なぜか？ それは、人間は 2 つのことを同時に行うことが苦手だからだ。失敗する
テストを書いていたら、上手に書かれたテストにならない。テストをパスさせる本番コードを
書いていたら、優れた本番コードにはならない。求める振る舞いに注目していたら、求める構
造には注目できない。

　自分をだましちゃダメだ。あなたは 2 つのことを同時にはできない。コードの振る舞いを求
められるものにするのは、それだけでも大変なことである。コードの振る舞いを求められるも
のにしながら、コードを適切な構造にするのはさらに難しい。

　ケント・ベックのアドバイスに従おう。

　「動かしてから、正しくする」

　TDD の 3 つの法則に新たな法則を追加しよう。リファクタリングの法則だ。まず、失敗する
少量のテストコードを書く。次に、テストをパスする少量の本番コードを書く。そして、雑に
書いたところをクリーンにする。

　信号機に新しい色が追加された。レッド→グリーン→リファクタだ（**図 2-1**）。

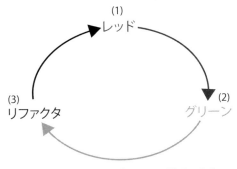

図 2-1　レッド→グリーン→リファクタ

　リファクタリングについては耳にしたことがあるかもしれない。前述したように、リファク
タリングについてはあとの章で詳しく説明する。ここでは、リファクタリングの誤解を解消し
ておきたい。

- リファクタリングは継続的な活動である。TDD サイクルを回すたびにクリーンにする。
- リファクタリングは振る舞いを変えない。リファクタリングはテストがパスしているとき
  に行う。また、リファクタリングの最中もテストはパスし続ける。
- リファクタリングはスケジュールや計画に**決して**表れない。リファクタリングの時間を確

保することはない。リファクタリングの許可を得る必要はない。**常に**リファクタリングするだけでいい。

　トイレに行ったら手を洗う。リファクタリングはそれと同じだ。常識的な配慮として、常に行うべきものである。

基本

　TDD の効果的な例を文章で示すのは難しい。TDD のリズムがうまく伝わらないからだ。これから TDD のリズムをタイムスタンプと吹き出しを使って説明する。だが、本当のリズムを理解するには、実際に見る必要があるだろう。

　そこで、実際のリズムがわかるように、各例題に対応するオンラインビデオを用意した。ビデオを最後まで見てから本文に戻り、タイムスタンプ付きの説明を読んでほしい。ビデオにアクセスできない場合は、リズムを感じ取れるようにタイムスタンプに注目してほしい。

簡単な例

　これから紹介する例があまりにも小さくて簡単なので、読み飛ばしてしまうかもしれない。そして、TDD は「おもちゃの例」には使えるが、複雑なシステムには使えないと結論づけるかもしれない。だが、それは大きな間違いだ。

　優秀なソフトウェア設計者は、大きくて複雑なシステムを小さくて簡単な問題に分割する。そして、プログラマーの仕事は、そのようなシステムをコード行に分割することだ。**プロジェクトの規模に関わらず**、これから紹介する例は確実に TDD の見本となる。

　これは私の経験からも言える。これまでに大規模なシステムを TDD で構築したことがあるが、TDD のリズムやテクニックはスコープの大きさとは関係がない。規模は関係ないのだ。

　というよりも、規模は手順やリズムと関係がない。ただし、規模はテストの速度や結合に大きく影響する。それらについては、応用の章で扱う。

スタック

関連ビデオを観る：スタック
`http://informit.com/register` から登録して、ビデオにアクセスする。

　非常に簡単な問題から始めよう。これから整数のスタックを作る。スタックの振る舞いに関する質問にテストが答えているので、問題を解きながらその様子を注目してほしい。ドキュメントとしてのテストの例でもある。ズルをして固定値を使うことで、テストをパスさせているところもある。これは TDD でよく使う戦略であり、非常に重要な機能だ。詳しくは、あとで説明する。

　それでは、始めよう。

```
// T: 00:00 StackTest.java
package stack;

import org.junit.Test;

public class StackTest {
  @Test
  public void nothing() throws Exception {
  }
}
```

　何もしないテストから開始して、テストがパスすることを確認する習慣をつけよう。そうすることで、実行環境が機能していることがわかる。

　次に、何をテストするのかという問題に直面する。コードはまだない。何をテストするのか？

　答えは簡単だ。書きたいコードが public class Stack だとしよう。だが、まだ書くことはできない。コードが存在しないことが原因で失敗するテストを書いていないからだ。第 1 の法則を守り、書きたいことがわかっているコードを書くためのテストを書こう。

　ルール 1：書きたいことがわかっているコードを書くためのテストを書く。

　他にも多くのルールがあるが、これが最初に来るルールだ。これらの「ルール」はヒューリスティック（発見的）なものである。例題を進めていくなかで、私がときどき投げかけるアドバイスだ。

　ルール 1 は高度な科学ではない。コードを書くことができるなら、そのコードをテストするテストコードも書くことができる。したがって、テストコードを先に書くことができる。テストコードは以下のようになる。

```
// T:00:44 StackTest.java
public class StackTest {
  @Test
```

```
public void canCreateStack() throws Exception {
  MyStack stack = new MyStack();
}
}
```

変更や追加のあった箇所は**太字**、コンパイルできないコードは強調にしている。ここでは MyStack という名前にした。Java の環境では、すでに Stack が使われているからだ。

意図が伝わるようにテストメソッドの名前も変更した。これでスタックを作れる。

MyStack がコンパイルできないので、第 2 の法則に従って作成しよう。ただし、第 3 の法則があるので、必要以上のコードを書くことはできない。

```
// T: 00:54 MyStack.java
package stack;

public class MyStack {
}
```

10 秒経過した。テストをコンパイルできた。テストがパスした。2 つのファイルを同時に見られるように画面を再配置した（**図 2-2**）。テストが左、本番コードが右だ。私はいつもこのように配置している。画面が大きいのは正義。

図 2-2　再配置した画面

55

　MyStack はいい名前ではない。だが、名前の衝突は避けたい。MyStack を stack パッケージに移動して、名前を Stack に変えよう。これに 15 秒かかった。**テストはパスしたままだ。**

```java
// T:01:09 StackTest.java
public class StackTest {
  @Test
  public void canCreateStack() throws Exception {
    Stack stack = new Stack();
  }
}
```

```java
// T: 01:09 Stack.java
package stack;

public class Stack {
}
```

　ここで別のルールを見ていこう。「レッド→グリーン→リファクタ」だ。クリーンにできる機会を見逃さないようにしよう。

　ルール 2：失敗させる。パスさせる。クリーンにする。

　動作するコードを書くのは難しい。動作するクリーンなコードを書くのはもっと難しい。活動を 2 つのステップに分けてみよう。まず、動作するひどいコードを書く。そして、テストがあれば、動作を維持しながらコードをクリーンにしていく。

　TDD のループを回すたびに、自分が生み出したものをクリーンにしていく。

　我々のテストはまだ振る舞いをアサートしていない。コンパイルができて、テストをパスしているが、作成したスタックをアサートしていない。これは 15 秒で修正できる。

```java
// T: 01:24 StackTest.java
public class StackTest {
  @Test
  public void canCreateStack() throws Exception {
    Stack stack = new Stack();
    assertTrue(stack.isEmpty());
  }
}
```

第2の法則があるので、コンパイルしたほうがよさそうだ。

```java
// T: 01:49
import static junit.framework.TestCase.assertTrue;

public class StackTest {
  @Test
  public void canCreateStack() throws Exception {
    Stack stack = new Stack();
    assertTrue(stack.isEmpty());
  }
}


// T: 01:49 Stack.java
public class Stack {
  public boolean isEmpty() {
    return false;
  }
}
```

25秒後、コンパイルはできたが失敗している。この失敗は意図的なものだ。isEmpty が false を戻しているが、これは第1の法則でテストを失敗させなければならないからだ。だが、なぜ第1の法則はこのようなことを要求するのだろうか？　失敗すべきときに失敗することを確認するためである。テストをテストしているのだ。テストはまだ終わっていない。残りをテストするために、isEmpty が true を戻すように変更してみよう。

```java
// T: 01:58 Stack.java
public class Stack {
  public boolean isEmpty() {
    return true;
  }
}
```

9秒後、テストがパスした。テストが失敗すること、テストがパスすることの両方を確認できるまでに**9秒かかった**。

false や true を見ると、なんてバカなことをしているんだと笑うプログラマーがいる。ごまかしているように見えるのだろう。ごまかしているのではない。バカなことでもない。わずか数秒で、テストが失敗すること、テストがパスすることを確認しているのである。これを**やら**

ないなんてあるだろうか？

　次のテストは何だろう？　push の機能を書く必要があることはわかっている。ルール1を思い出そう。書きたいことがわかっているコードを書くためのテストを書く。

```java
// T 02:24 StackTest.java
@Test
public void canPush() throws Exception {
  Stack stack = new Stack();
  stack.push(0);
}
```

　これはコンパイルできない。第2の法則により、コンパイルできるように本番コードを書く必要がある。

```java
// T: 02:31 Stack.java
public void push(int element) {

}
```

　もちろんこれはコンパイルできる。だが、アサートのないテストができてしまった。まずは、明白なことをアサートしよう。ここでは、何かをプッシュしたあとに、スタックが空ではないことをアサートする。

```java
// T: 02:54 StackTest.java
@Test
public void canPush() throws Exception {
  Stack stack = new Stack();
  stack.push(0);
  assertFalse(stack.isEmpty());
}
```

　もちろんこれは失敗する。isEmpty が true を戻すからだ。もう少し賢くやる必要がある。たとえば、空かどうかを追跡するフラグを作ってみよう。

```java
// T: 03:46 Stack.java
public class Stack {
  private boolean empty = true;
```

```
    public boolean isEmpty() {
      return empty;
    }

    public void push(int element) {
      empty=false;
    }
}
```

これでパスできる。最後にテストがパスしてから2分経過した。それでは、ルール2により、クリーンにしよう。スタックの生成部分が重複しているのが悩ましいので、クラスのフィールドに抽出して初期化しよう。

```
// T: 04:24 StackTest.java
public class StackTest {
  private Stack stack = new Stack();

  @Test
  public void canCreateStack() throws Exception {
    assertTrue(stack.isEmpty());
  }

  @Test
  public void canPush() throws Exception {
    stack.push(0);
    assertFalse(stack.isEmpty());
  }
}
```

これに30秒かかった。テストはまだパスしている。
このテストが canPush という名前なのは最悪だ。

```
// T: 04:50 StackTest.java
@Test
public void afterOnePush_isNotEmpty() throws Exception {
  stack.push(0);
  assertFalse(stack.isEmpty());
}
```

このほうがいい。もちろんテストはまだパスしている。

さて、第1の法則に戻ろう。1回プッシュして、1回ポップすると、スタックは再び空になるはずだ。

```java
// T: 05:17 StackTest.java
@Test
public void afterOnePushAndOnePop_isEmpty() throws Exception {
    stack.push(0);
    stack.pop()
}
```

pop はコンパイルできないので、第2の法則に従う。

```java
// T: 05:31 Stack.java
public int pop() {
    return -1;
}
```

第3の法則により、テストを終了できる。

```java
// T: 05:51
@Test
public void afterOnePushAndOnePop_isEmpty() throws Exception {
    stack.push(0);
    stack.pop();
    assertTrue(stack.isEmpty());
}
```

だが、これは失敗する。empty フラグが true になっていないからだ。

```java
// T: 06:06 Stack.java
public int pop() {
    empty=true;
    return -1;
}
```

これならパスする。最後にテストをパスしてから76秒経過した。

クリーンにする必要がないので、第1の法則に戻る。2回プッシュしたら、スタックのサイ

ズは2になるはずだ。

```
// T: 06:48 StackTest.java
@Test
public void afterTwoPushes_sizeIsTwo() throws Exception {
  stack.push(0);
  stack.push(0);
  assertEquals(2, stack.getSize());
}
```

　コンパイルがエラーになったので、第2の法則に従う。修正は簡単だ。テストコードには assertEquals の import を追加して、本番コードには以下の機能を追加する。

```
// T: 07:23 Stack.java
public int getSize() {
  return 0;
}
```

　コンパイルできるが、テストは失敗する。
テストをパスさせるのは簡単だ。

```
// T: 07:32 Stack.java
public int getSize() {
  return 2;
}
```

　バカみたいに思えるが、テストが失敗すること、テストがパスすることを確認できた。これに11秒かかった。繰り返しになるが、これを**やらない**なんてあるだろうか？
　だが、この解決策は素朴すぎる。ルール1に従い、より良い解決策が書けるようにテストを修正しよう。ここで私は大失敗した（私を責めてくれ）。

```
// T: 08:06 StackTest.java
@Test
public void afterOnePushAndOnePop_isEmpty() throws Exception {
  stack.push(0);
  stack.pop();
  assertTrue(stack.isEmpty());
  assertEquals(1, stack.getSize());
```

```
}
```

　本当にバカみたいな間違いだ。だが、プログラマーはときどきバカみたいなミスをする。私も例外ではない。最初に書いたときは、このミスに気づいていなかった[2]。期待どおりにテストが失敗していたからだ。
　それでは、テストが正しいという前提で、テストがパスするように変更を加えていこう。

```
// T: 08:56
public class Stack {
  private boolean empty = true;
  private int size = 0;

  public boolean isEmpty() {
    return size == 0;
  }

  public void push(int element) {
    size++;
  }

  public int pop() {
    --size;
    return -1;
  }

  public int getSize() {
    return size;
  }
}
```

　これが失敗したときには驚いた。だが、すぐに気を取り直して、自分のミスに気づいた。そして、テストを修正した。

```
// T: 09:28 StackTest.java
@Test
public void afterOnePushAndOnePop_isEmpty() throws Exception {
  stack.push(0);
  stack.pop();
```

___
2　訳注：プッシュしてポップしたら、サイズは 1 ではなく 0 になるのが正しい。

```
    assertTrue(stack.isEmpty());
    assertEquals(0, stack.getSize());
  }
```

これですべてのテストがパスした。前回のテストがパスしてから3分22秒経過した。念のために、サイズのチェックを他のテストにも追加しよう。

```
// T: 09:51 StackTest.java
@Test
public void afterOnePush_isNotEmpty() throws Exception {
  stack.push(0);
  assertFalse(stack.isEmpty());
  assertEquals(1, stack.getSize());
}
```

もちろんテストはパスする。

第1の法則に戻ろう。空のスタックをポップしたらどうなるだろうか？　アンダーフロー（下位桁あふれ）例外が発生してほしい。

```
// T: 10:27 StackTest.java
@Test(expected = Stack.Underflow.class)
public void poppingEmptyStack_throwsUnderflow() {
}
```

第2の法則によって、例外を追加する必要がある。

```
// T: 10:36 Stack.java
public class Underflow extends RuntimeException {
}
```

これでテストを完成できる。

```
// T: 10:50 StackTest.java
@Test(expected = Stack.Underflow.class)
public void poppingEmptyStack_throwsUnderflow() {
  stack.pop();
}
```

もちろんこれは失敗する。だが、パスさせるのは簡単だ。

```java
// T: 11:18 Stack.java
public int pop() {
  if (size == 0)
    throw new Underflow();
  --size;
  return -1;
}
```

これでパスする。前回のテストがパスしてから 1 分 27 秒経過した。

第 1 の法則に戻ろう。スタックはプッシュされたものを覚えておく必要がある。最もシンプルなケースを考えてみよう。

```java
// T: 11:49 StackTest.java
@Test
public void afterPushingX_willPopX() throws Exception {
  stack.push(99);
  assertEquals(99, stack.pop());
}
```

これは失敗する。pop が–1 を戻しているからだ。テストをパスさせるために、99 を戻そう。

```java
// T: 11:57 Stack.java
public int pop() {
  if (size == 0)
    throw new Underflow();
  --size;
  return 99;
}
```

明らかに不十分である。ルール 1 に従い、もう少し賢く書けるようにテストを追加しよう。

```java
// T: 12:18 StackTest.java
@Test
public void afterPushingX_willPopX() throws Exception {
  stack.push(99);
  assertEquals(99, stack.pop());
  stack.push(88);
```

```
    assertEquals(88, stack.pop());
  }
```

これは失敗する。99 を戻しているからだ。テストをパスさせるために、最後にプッシュされたものを覚えておくフィールドを追加しよう。

```
// T: 12:50 Stack.java
public class Stack {
  private int size = 0;
  private int element;

  public void push(int element) {
    size++;
    this.element = element;
  }

  public int pop() {
    if (size == 0)
      throw new Underflow();
    --size;
    return element;
  }
}
```

これはパスする。前回のテストがパスしてから 92 秒経過した。

この時点で、私に不満を抱いているだろう。「ごちゃごちゃ言ってないで、スタックを書けよ」と叫んでいるかもしれない。だが、私はルール 3 に従っているのだ。

ルール 3：金メダルを目指さない。

TDD を始めた頃は、難しいところやおもしろいところから着手したい誘惑に駆られる。スタックを書いている人は、先入れ後出し（FILO）の振る舞いを最初に書こうとする。この行動を「金メダルを目指す」と呼ぶ。気づいたかもしれないが、私は意図的にスタック的なところはテストしないようにしていた。空やサイズなどスタックの付属的なものを重点的に扱っていた。

なぜ金メダルを目指さないのか？　なぜルール 3 が存在するのか？　それは、最初から金メダルを目指そうとすると、周囲にある詳細を見逃すことになるからだ。また、これからわかると思うが、付属的なものがないと単純化の機会が失われてしまう。

とにかく、第 1 の法則に戻ろう。失敗するテストを書く必要がある。明らかにテストが必要

なのは、FILO の振る舞いだ。

```java
// T: 13:36 StackTest.java
@Test
  public void afterPushingXandY_willPopYthenX() {
  stack.push(99);
  stack.push(88);
  assertEquals(88, stack.pop());
  assertEquals(99, stack.pop());
}
```

　これは失敗する。パスさせるには、複数の値を覚えておく必要がある。おそらく配列を使うことになるだろう。それでは、フィールドの名前を elements に変えて、配列にしよう。

```java
// T: 13:51 Stack.java
public class Stack {
  private int size = 0;
  private int[] elements = new int[2];

  public void push(int element) {
    size++;
    this.elements = element;
  }

  public int pop() {
    if (size == 0)
      throw new Underflow();
    --size;
    return elements;
  }
}
```

　おっと、コンパイルエラーだ。1行ずつ対応していこう。push にある変数 elements にはカッコが必要だ。

```java
// T: 14:01 Stack.java
public void push(int element) {
  size++;
  this.elements[] = element;
}
```

このカッコに入れる何かが必要だ。うーん。そうだ、前に書いた size++ がちょうどいい。

```java
// T: 14:07 Stack.java
public void push(int element) {
  this.elements[size++] = element;
}
```

pop にある変数 elements も同じ。カッコが必要だ。

```java
// T: 14:13
public int pop() {
  if (size == 0)
    throw new Underflow();
  --size;
  return elements[];
}
```

はい、注目！　カッコにちょうど入る --size があるぞ。

```java
// T: 14:24
public int pop() {
  if (size == 0)
    throw new Underflow();
  return elements[--size];
}
```

これでテストがパスした。前回のテストがパスしてから 94 秒経過した。

これで終わりだ。おっと、まだできることはある。このスタックは要素を 2 つしか保持できないし、オーバーフローも処理できない。だが、私が例として示したいことはもう残っていない。これらの改良は読者のみなさんの演習にしてほしい。

スクラッチから整数のスタックを作るのに 14 分 24 秒かかった。ここで見たリズムは、リアルで典型的なものである。プロジェクトの規模に関係なく、TDD はこのような感じで進む。

演習

先ほど紹介した手法を使って、整数のキュー（FIFO）を実装してみよう。整数を保持するには、固定サイズの配列を使用する。要素を追加する場所と削除する場所を追跡する 2 つのポインターが必要になるだろう。すべての実装が終わったら、循環バッファを実装したことに気づ

くかもしれない。

素因数分解

関連ビデオを観る：素因数分解
`http://informit.com/register` で登録して、ビデオにアクセスする。

　次の例には物語と教訓がある。物語は 2002 年頃に始まる。当時は TDD を使い始めて数年が経っていた。また、Ruby を学んでいた。息子のジャスティンが学校から帰ってきて、宿題を手伝ってほしいと言ってきた。宿題は「整数の素因数を求めよ」だった。

　ジャスティンに自分で解いてみるように言った。私は答えをチェックするために小さなプログラムを書くことにした。息子は自分の部屋に戻り、私はキッチンでノートパソコンを開いて素因数分解のアルゴリズムを考え始めた。

　エラトステネスのふるいを使って素因数のリストを作成してから、与えられた数字を素因数で割っていくという普通の方法に落ち着いた。コードを書こうとしたときに「テストを書いたらどうなるだろう？」と思いついた。

　TDD のサイクルでテストを書いてからパスさせた。すると、以下のようになった。

　可能であれば先にビデオを観てほしい。文章では伝えられないニュアンスが伝わるはずだ。これから先は退屈なタイムスタンプやコンパイルエラーは説明しない。テストとコードの段階的な進捗だけをお伝えする。

　最も明白で、最も退化したケースから開始する。これは以下のルールによるものだ。

ルール４：最も単純で、最も具体的で、最も退化[3]した、失敗するテストを書く。

　最も退化したケースは、1 の素因数だ。最も退化した失敗は、null を戻すものだ。

```
public class PrimeFactorsTest {
  @Test
  public void factors() throws Exception {
    assertThat(factorsOf(1), is(empty()));
  }
  private List<Integer> factorsOf(int n) {
    return null;
  }
}
```

3　「退化（degenerate）」とはバカバカしいほどに単純な開始地点を意味している。

　ここでは、テストする機能をテストクラスに入れている。一般的なやり方ではないが、例を示すには便利だ。2つのソースファイルを行き来する必要がない。

　このテストは失敗する。だが、パスさせるのは簡単だ。空のリストを戻せばいい。

```java
private List<Integer> factorsOf(int n) {
  return new ArrayList<>();
}
```

　これでパスする。次に退化しているテストは2だ。

```java
assertThat(factorsOf(2), contains(2));
```

　これは失敗する。だが、パスさせるのは簡単だ。これが退化したテストを選ぶ理由のひとつである。パスさせるのが簡単だからだ。

```java
private List<Integer> factorsOf(int n) {
  ArrayList<Integer> factors = new ArrayList<>();
  if (n>1)
    factors.add(2);
  return factors;
}
```

　ビデオを観ていれば、2つのステップでやったことに気づいただろう。まずは、new ArrayList<>を変数 factors に抽出した。そして、if 文を追加した。

　この2つのステップを強調したのは、最初のステップがルール5を守っているからだ。

　ルール5：可能な限り一般化する。

　元の new ArrayList<>は具体的である。これを変数に入れて操作可能にすれば、一般化できる。小さな一般化だが、必要となるのはこうした小さな一般化だ。

　そして、テストは再びパスした。次に退化したテストは、魅力的な結果を引き出す。

```java
assertThat(factorsOf(3), contains(3));
```

　これは失敗する。ルール5を守り、一般化する必要がある。このテストをパスさせるには、ちょっとした一般化が必要だ。驚くかもしれない。見逃さないように、よーく見ておいてほ

しい。

```java
private List<Integer> factorsOf(int n) {
  ArrayList<Integer> factors = new ArrayList<>();
  if (n>1)
    factors.add(n);
  return factors;
}
```

　キッチンのテーブルに座っていた私は驚いた。固定値を変数にするだけで、たった1文字を書き換えただけで、わずかに一般化しただけで、新しいテストがパスするようになり、これまでのテストもパスしている。

　すべてがうまくいっていると言いたいが、次のテストは残念な結果になりそうだ。テストは明白だ。

```java
assertThat(factorsOf(4), contains(2, 2));
```

　どうすれば一般化できるだろうか？　どうにも思い浮かばない。n が 2 で割り切れるかどうかをテストしてみる方法はあるが、一般化になっていない。だが、やってみよう。

```java
private List<Integer> factorsOf(int n) {
  ArrayList<Integer> factors = new ArrayList<>();
  if (n>1) {
    if (n%2 == 0) {
      factors.add(2);
      n /= 2;
    }
    factors.add(n);
  }
  return factors;
}
```

　一般化されていないだけでなく、これまでのテストが失敗してしまった。2 の素因数分解のテストに失敗している。理由は明らかだ。n を 2 で因数分解すると、結果が 1 になり、それがリストに追加されるからだ。

　これを修正するには、一般化されていないコードが必要だ。

```
private List<Integer> factorsOf(int n) {
  ArrayList<Integer> factors = new ArrayList<>();
  if (n > 1) {
    if (n % 2 == 0) {
      factors.add(2);
      n /= 2;
    }
    if (n > 1)
      factors.add(n);
  }
  return factors;
}
```

そろそろ「テストをパスさせるために if 文を適当に書いているだけじゃないか」と怒られそうだ。あながち間違いでもない。それから「ルール5に違反している」と責められそうだ。一般化されたコードを書いていないからだ。だが、他に選択肢を思い浮かばなかったのである。

ここで一般化するヒントが思い浮かんだ。2つの if 文の条件がまったく同じである。なんだかループ展開の一部になっているような感じだ。実際、2つ目の if 文が1つ目の if 文の内部にある理由はない。

```
private List<Integer> factorsOf(int n) {
  ArrayList<Integer> factors = new ArrayList<>();
  if (n > 1) {
    if (n % 2 == 0) {
      factors.add(2);
      n /= 2;
    }
  }
  if (n > 1)
    factors.add(n);
  return factors;
}
```

これでテストがパスした。このほうがループ展開っぽくも見える。
次の3つのテストは何も変更することなくパスできた。

```
assertThat(factorsOf(5), contains(5));
assertThat(factorsOf(6), contains(2,3));
assertThat(factorsOf(7), contains(7));
```

これは正しい道を進んでいることを示している。ひどい if 文があっても気持ちが楽になる。

次に退化したテストは8だ。これは絶対に失敗する。3つの要素をリストに追加していないからだ。

```
assertThat(factorsOf(8), contains(2, 2, 2));
```

これをパスさせる方法にも驚かされた。ルール5の強力な応用だ。if を while に変えたのである。

```
private List<Integer> factorsOf(int n) {
  ArrayList<Integer> factors = new ArrayList<>();
  if (n > 1) {
    while (n % 2 == 0) {
      factors.add(2);
      n /= 2;
    }
  }
  if (n > 1)
    factors.add(n);
  return factors;
}
```

キッチンのテーブルに座っていた私は再び驚いた。何だか奥深いことが起きているように思えた。そのときは何なのかよくわからなかった。今ならわかる。これはルール5だ。while は if の一般化であり、if は while が退化したものである。

次のテストの9も失敗する。3の因数分解をしていないからだ。

```
assertThat(factorsOf(9), contains(3, 3));
```

これを解決するには、3で因数分解する必要がある。以下のようになる。

```
private List<Integer> factorsOf(int n) {
  ArrayList<Integer> factors = new ArrayList<>();
  if (n > 1) {
    while (n % 2 == 0) {
      factors.add(2);
      n /= 2;
    }
```

```
    while (n % 3 == 0) {
      factors.add(3);
      n /= 3;
    }
  }
  if (n > 1)
    factors.add(n);
  return factors;
}
```

これはひどい。ルール5を無視しているだけでなく、コードも重複している。どちらのルール違反のほうが罪なのかわからない！

そこで、**一般化の呪文**の登場だ。

テストを具体的にすれば、コードは一般化される。

テストを書くたびにテストスイートは具体的になる。ルール5を実行するたびに、ソリューションのコードは一般化される。このマントラにはあとでまた戻ってくる。テスト設計や**壊れやすいテスト**の防止に非常に重要である。

因数分解のコードをループに入れることで、重複とルール5の違反を解消できる。

```
private List<Integer> factorsOf(int n) {
  ArrayList<Integer> factors = new ArrayList<>();
  int divisor = 2;
  while (n > 1) {
    while (n % divisor == 0) {
      factors.add(divisor);
      n /= divisor;
    }
    divisor++;
  }
  if (n > 1)
    factors.add(n);
  return factors;
}
```

ビデオを観ていれば、これがいくつかのステップで行われたことがわかるだろう。最初のステップでは、3つの2を変数 divisor に抽出した。次のステップでは、divisor++ の文を追加して、divisor の初期化を if 文の上に移動した。最後に、if を while に変更した。

　if から while の変更はもうひとつある。残った if 文の条件が外側の while の条件と同じであることに気づいただろうか？　私も驚いた。何だか遺伝的なものを感じる。私が作ろうとしている生物が突然変異の連鎖によって、種から少しずつ進化しているようだ。

　これで一番下の if 文が不要になった。ループの終了条件は n が 1 になったときだけである。if 文はやはりループ展開の終了条件だったのだ！

```java
private List<Integer> factorsOf(int n) {
  ArrayList<Integer> factors = new ArrayList<>();
  int divisor = 2;
  while (n > 1) {
    while (n % divisor == 0) {
      factors.add(divisor);
      n /= divisor;
    }
    divisor++;
  }
  return factors;
}
```

　これをちょっとだけリファクタリングした結果、以下のようになった。

```java
private List<Integer> factorsOf(int n) {
  ArrayList<Integer> factors = new ArrayList<>();

  for (int divisor = 2; n > 1; divisor++)
    for (; n % divisor == 0; n /= divisor)
      factors.add(divisor);
  return factors;
}
```

　これで終わりだ。ビデオでは、もうひとつテストを追加して、このアルゴリズムが十分であることを確認している。

　キッチンのテーブルに座っていた私は、特徴的な 3 行を見ながら 2 つの疑問を抱いた。このアルゴリズムはどこからやって来たのか？　どのように動いているのか？

　もちろん私の脳からやって来たものだ。私の指がキーボードを叩いているからだ。だが、開始当初から思い浮かべていたアルゴリズムではない。エラトステネスのふるいは？　素因数のリストは？　どこにもない！

　さらに言えば、なぜこのアルゴリズムは動いているのだろうか？　自分でアルゴリズムを作っ

ておきながら、その仕組みを理解していないことに愕然とした。仕組みを理解するために、し
ばらく調査する必要があった。よくわからなかったのは、外側のループにある divisor++ のイ
ンクリメンターだ。これはすべての整数を（合成数も含めて！）因数としてチェックするため
のものである。12 が与えられたら、このインクリメンターが 4 が因数かどうかをチェックする。
だが、4 はリストに含まれていない。

　その答えは実行順にある。インクリメンターが 4 に到達する前に、2 の倍数が n から取り除
かれるからだ。よく考えてみると、これは通常の形式とは大きく違うだけで、**まさしくエラト
ステネスのふるい**であることに気づくだろう。

　ここで重要なのは、このアルゴリズムがテストケースから少しずつ生み出されたことである。
事前に考えていたわけではない。開始時はアルゴリズムがどのようになるかをわかっていなかっ
た。このアルゴリズムは目の前で自然に生まれたようなものだ。繰り返しになるが、生物の胚
が少しずつ複雑な生命体へと進化していくようだった。

　この 3 行を見ると、当初の謙虚な気持ちが思い出されるだろう。if 文やその他の変更の痕跡
が残っている。パンくずが残っているのだ。

　ひとつ気になっていることがある。おそらく TDD はアルゴリズムを段階的に生み出す一般
的なテクニックなのだろう。適切に並べられたテストスイートがあれば、TDD を使ってプログ
ラムを段階的かつ決定論的に生み出すことができそうだ。

　1936 年、アラン・チューリングとアロンゾ・チャーチが、与えられた問題に対するプログラ
ムが存在することを決定できる一般的な手続きが存在しないことを証明した[4]。そして、それぞ
れが別々に、手続き型プログラミングと関数型プログラミングを発明した。これからは TDD
が**解決可能な**問題を解決するアルゴリズムを生み出す一般的な手続きになるかもしれない。

ボウリングゲーム

　1999 年、ボブ・コスと私は C++ カンファレンスで一緒だった。時間があったので、一緒に
TDD の練習をすることにした。ボウリングのスコアを計算するという簡単な問題を選んだ。

　ボウリングのゲームは 10 回のフレームで構成されている。10 本のピンを倒すために、プレー
ヤーは 1 フレームにつき 2 回ボールを投球できる。倒したピンの本数が投球の得点になる。1
回目の投球で 10 本すべてのピンが倒れることを**ストライク**と呼ぶ。2 回の投球で 10 本すべて
のピンが倒れることを**スペア**と呼ぶ。ボールが側溝に入って**ガター**になると、得点は入らない
（図 2-3）。

4　これはヒルベルトの「決定問題」である。彼はディオファントス方程式を解く一般的な方法があるかどうかを問いかけ
　た。ディオファントス方程式とは、整数の入力と出力を持つ数学関数である。コンピュータープログラムは、整数の入
　力と出力を持つ数学関数でもある。したがって、ヒルベルトの問題は、コンピュータープログラムに関するものとして
　説明できる。

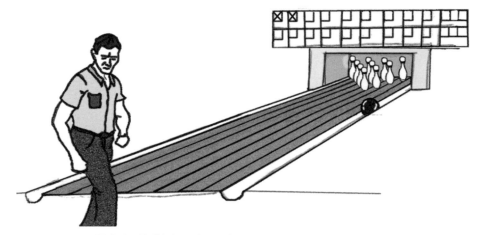

図 2-3　恥ずかしいガター（Illustration by Angela Brooks）

得点のルールをまとめると、以下のようになる。

・そのフレームがストライクならば、スコアは 10 点と次の投球 2 回分の得点である
・そのフレームがスペアならば、スコアは 10 点と次の投球 1 回分の得点である
・それ以外ならば、スコアはそのフレームの投球 2 回分の得点である

典型的な（あるいはちょっと変わった）スコアシートを**図 2-4** に示す。

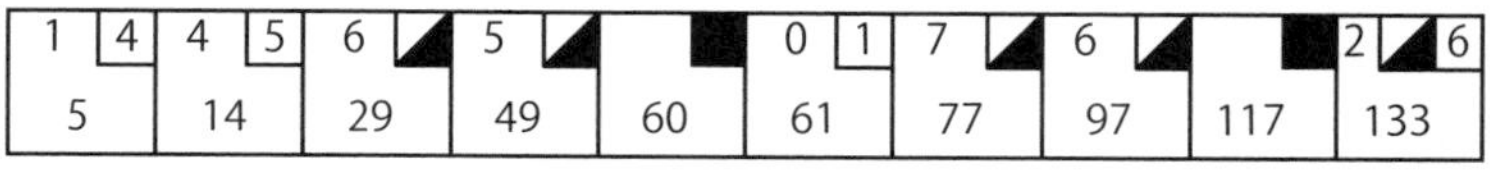

1	4	4	5	6	◢	5	◢	◢	0	1	7	◢	6	◢	◢	2	◢	6
5		14		29		49		60		61		77		97		117		133

図 2-4　典型的なゲームのスコアシート

　最初の投球では、1 本のピンを倒した。2 回目の投球では、4 本のピンを倒した。合計は 5 点である。

　2 フレームでは、4 本と 5 本を倒した。このフレームは 9 点なので、合計は 14 点である。

　3 フレームでは、6 本と 4 本を倒した（スペア）。このフレームのスコアは次のフレームになるまで計算できない。

　4 フレームでは、5 本のピンを倒した。ここで、前のフレームのスコアを 15 点にできるので、3 フレームの合計は 29 点である。

　4フレームの2投目はスペアになったので、スコアは5フレームになるまで計算できない。5フレームはストライクなので、4フレームは20点になり、合計は49点である。

　5フレームのスコアは、6フレームで2回投球するまで計算できない。残念ながら0本と1本だったので、5フレームは11点になり、合計は60点である。

　これが最後の10フレームまで続く。10フレームはスペアだったので、1本追加で投球できる。

　さて、あなたはプログラマーである。オブジェクト指向の使い手だ。ボウリングのスコアを計算する問題を表現するために、どのようなクラスと関連を使用するだろうか？　UMLを記述できるだろうか？[5]

　図2-5のような図を思い浮かべたかもしれない。

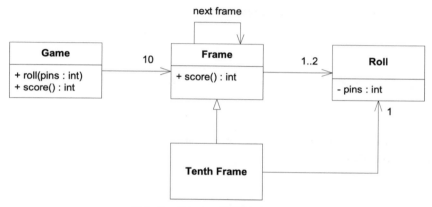

図2-5　ボウリングの得点のUML図

　Game（ゲーム）には10のFrame（フレーム）がある。各フレームには1..2本のRoll（投球）がある。ただし、Tenth Frame（10フレーム）だけは、1..2本を継承した上で追加の投球があるので2..3本になる。各Frameオブジェクトは次のFrameを参照する。score関数がスコアやストライクのスコアを計算するときに先読みできるようになっている。

　Gameには2つの関数がある。roll関数は、プレーヤーが投球したときに毎回呼び出される。関数を呼び出すときには、倒したピンの本数を渡す。score関数は、すべての投球が終わったあとに呼び出される。関数を呼び出すと、ゲームのスコアが戻される。

　いい感じのシンプルなオブジェクト指向モデルである。これなら簡単にコードができそうだ。チームに4人いるとしたら、各自がそれぞれのクラスを担当して、1日の終わりに統合すれば動作するだろう。

5　UMLとはUnified Modeling Language（統一モデリング言語）のことである。UMLのことを知らなくても問題ない。線と四角形のことだと思えばいい。説明を読めば何とかなる。

あるいは、TDD を使うこともできる。ビデオを観られる環境なら、いますぐに観てほしい。観られない環境であっても、これから説明するので読んでほしい。

関連ビデオを観る：ボウリングゲーム
`http://informit.com/register` で登録して、ビデオにアクセスする。

いつものように、何もしないテストから始める。コンパイルと実行が可能かどうかを確認するためである。実行できたら削除する。

```java
public class BowlingTest {
  @Test
  public void nothing() throws Exception {
  }
}
```

次に、Game クラスのインスタンスが生成できることをアサートする。

```java
@Test
public void canCreateGame() throws Exception {
  Game g = new Game();

}
```

コンパイルしてテストがパスするように、IDE を使ってクラスを新規作成する。

```java
public class Game {
}
```

次に、投球できるかを確認する。

```java
@Test
public void canRoll() throws Exception {
  Game g = new Game();
  g.roll(0);
}
```

コンパイルしてテストがパスするように、IDE を使って roll 関数を新規作成する。そして、引数に適切な名前をつける。

```
public class Game {
  public void roll(int pins) {
  }

}
```

そろそろ飽きてきた頃だろう。ここまで何も新しいことがない。だが、ちょっと我慢してほしい。これからおもしろくなる。テストには少しだけ重複している部分があるので取り除こう。ゲームの生成を setup 関数に移動する。

```
public class BowlingTest {
  private Game g;

  @Before
  public void setUp() throws Exception {
    g = new Game();
  }
}
```

最初のテストは空になるので削除する。2つめのテストもアサートがないのでムダだ。こちらも削除する。これらのテストは踏み段としての役目を終えた。

踏み段テスト：必要になるクラス、関数、その他の構造を作るために書くテストのこと。これらのテストは退化しているのでアサートがない。あるとしてもごくわずかである。これらのテストはあとから包括的なテストに置き換えることで、安全に削除できる。こうしたテストを**踏み段テスト**と呼んでいる。踏み段のように段階的に、適切なレベルまで複雑性を高めていけるからだ。

次に、ゲームのスコアを計算できることをアサートしたい。だが、そのためには、すべての投球を終える必要がある。score 関数は、すべての投球が終わったあとに呼び出されるのである。

ルール4に戻り、考えられるなかで最も単純で、最も退化したゲームを投球する。

```
@Test
public void gutterGame() throws Exception {
  for (int i=0; i<20; i++)
    g.roll(0);
  assertEquals(0, g.score());
}
```

これをパスさせるのは簡単だ。score が 0 を戻すようにすればいい。だが、失敗することを確認するために、まずは-1 を戻そう（例示していない）。それから、テストをパスさせるために、0 を戻そう。

```java
public class Game {
  public void roll(int pins) {
  }

  public int score() {
    return 0;
  }
}
```

先ほど言ったとおり、おもしろくなってきた。もうひとつだけ、ちょっとした設定がある。次のテストはルール 4 のもうひとつの例だ。次に考えられる退化したテストは、すべてが 1 のときだ。このテストを書くには、先ほどのテストをコピーすればいい。

```java
@Test
public void allOnes() throws Exception {
  for (int i=0; i<20; i++)
    g.roll(1);
  assertEquals(20, g.score());
}
```

これによって重複コードが生まれる。2 つのテストはほとんど同じだ。リファクタリングするときに、これらを修正する必要がある。その前にテストをパスさせる必要があるが、それは簡単だ。すべての投球を加算すればいい。

```java
public class Game {
  private int score;

  public void roll(int pins) {
    score += pins;
  }

  public int score() {
    return score;
  }
}
```

　もちろんこれはボウリングのスコア計算に適したアルゴリズムではない。これからそうなるとも考えにくい。おそらくテストが大変になるだろう。だが、とりあえず今はリファクタリングしなければならない。

　テストの重複を解消するには、rollMany 関数に抽出する。IDE のリファクタリングの［メソッドの抽出］が便利だ。重複するインスタンスを検出して置換してくれる。

```java
public class BowlingTest {
  private Game g;

  @Before
  public void setUp() throws Exception {
    g = new Game();
  }

  private void rollMany(int n, int pins) {
    for (int i = 0; i < n; i++) {
      g.roll(pins);
    }
  }

  @Test
  public void gutterGame() throws Exception {
    rollMany(20, 0);
    assertEquals(0, g.score());
  }

  @Test
  public void allOnes() throws Exception {
    rollMany(20, 1);
    assertEquals(20, g.score());
  }
}
```

　よし。次のテストだ。この時点で退化したものを考えるのは難しいので、スペアに挑戦してみよう。ただし、スペアは1回だけ、ボーナスも1回だけ、残りはガターという単純なものにしておこう。

```java
@Test
public void oneSpare() throws Exception {
  rollMany(2, 5); // spare
```

81

```
    g.roll(7);
    rollMany(17, 0);
    assertEquals(24, g.score());
}
```

ロジックを確認しよう。最初の 2 回の投球でスペアになっている。次の投球はスペアの次の投球である。残りは 17 回の投球はすべてガターになってゲーム終了だ。

最初のフレームのスコアは 17 点だ。スペアの 10 点と次のフレームの 7 点の合計である。次のフレームも 7 点なので、ゲームのスコアは 24 点である。納得できただろうか。

もちろんこのテストは失敗する。どうすればパスするだろう？　コードを見てみよう。

```
public class Game {
  private int score;
  public void roll(int pins) {
    score += pins;
  }

  public int score() {
    return score;
  }
}
```

スコアは roll 関数で計算されているので、スペアを計算できるように変更しよう。しかし、なんだか汚くなりそうだ。こんな感じになる。

```
public void roll(int pins) {
  if (pins + lastPins == 10) { // horrors!
    //God knows what...
  }
  score += pins;
}
```

変数 lastPins は前回の投球を覚えている Game クラスのフィールドにする必要がある。前回の投球と今回の投球の合計が 10 点であればスペアになるはずだ……うへえ！

なんだか括約筋が引き締まる。胃がムカムカして、緊張で頭痛がしてきた。ソフトウェアクラフトマンの苦悩で血圧が上がる。

こんなの絶対おかしいよ！

誰もが経験したことのある感覚ではないだろうか？　問題はこれをどうするかだ。

おかしいと感じたら、自分を信じよう。では、何がおかしいのか？

設計に欠陥がある。2行しかないのにどこに欠陥があるのかと思うかもしれない。だが、確実に欠陥がある。明白であり、ひどく有害だ。私の説明を聞いたら、すぐに理解して同意してくれるだろう。さて、見つかっただろうか？

（ここでクイズ番組で考えているときの音楽が流れる）

最初から設計の欠陥について触れていた。クラスにある2つの関数のうち、**その名前から**、スコアを計算すると主張しているのはどちらだろうか？　もちろんscore関数のほうだ。では、実際にスコアを計算しているのはどちらだろうか？　roll関数のほうだ。責務を持たせる場所が間違っている。

　責務を持たせる場所の間違い：ある計算をすると主張する関数が、実際には計算していないという設計の欠陥のこと。計算は別の場所で行われている。

あるタスクをすると主張している関数を見てみたら、そのタスクをやっていなかったという経験は何度もあるだろう。タスクがシステムのどこで行われているのかはまったくわからない。どうしてことのようなことが起きるのだろうか？

賢いプログラマーたちよ。あるいは、自分を賢いと**思っている**プログラマーたちよ。

roll関数でピンを合計するのを賢いと思っていたのではないだろうか？　この関数は投球ごとに呼び出されるし、投球を合計すればいいのだから、ここで足し算をすればいいと思ったはずだ。賢い、賢い、賢い。この賢さがルール6につながる。

　ルール6：コードが間違っていると思ったら、先へ進む前に設計を修正する。

この設計の欠陥をどうやって修正すればいいだろう？　スコアを計算する場所が間違っているのだから、移動すればいい。そうすれば、テストをパスさせる方法もわかる。

計算を移動するということは、roll関数がすべての投球を配列か何かで覚えておく必要があるということだ。そして、score関数で配列を合計する。

```java
public class Game {
  private int rolls[] = new int[21];
  private int currentRoll = 0;

  public void roll(int pins) {
```

```
      rolls[currentRoll++] = pins;
    }

    public int score() {
      int score = 0;
      for (int i = 0; i < rolls.length; i++) {
        score += rolls[i];
      }
      return score;
    }
}
```

　スペアのテストは失敗するが、他の２つのテストはパスする。もっと言えば、スペアのテストは以前と同じ理由で失敗している。したがって、コードの振る舞いは変更されていない。なお、以下がリファクタリングの**定義**だ。

　リファクタリング：振る舞いに影響を与えずに、コードの構造を変更すること[6]。

　これでスペアのテストはパスするだろうか？　うーん、おそらく。まだイヤな感じがする。

```
public int score() {
  int score = 0;
  for (int i = 0; i < rolls.length; i++) {
    if (rolls[i] + rolls[i+1] == 10) { // icky
      // What now?
    }
    score += rolls[i];
  }
  return score;
}
```

　これでいいのだろうか？　きっと間違っている。i が偶数のときだけ動作させる必要がある。だが、if 文でスペアを検出させようとすると、以下のようになってしまう。

```
if (rolls[i] + rolls[i+1] == 10 && i%2 == 0) { // icky
```

6　Martin Fowler, *Refactoring: Improving the Design of Existing Code,* 2nd ed. (Addison-Wesley, 2019).（邦訳『リファクタリング（第 2 版）：既存のコードを安全に改善する』オーム社）
　　訳注：オリジナルの定義は「外部から見たときの振る舞いを保ちつつ、理解や修正が簡単になるように、ソフトウェアの内部構造を変化させること」

ルール 6 に戻ろう。もうひとつ設計の問題が残っている。それは何だろう？

UML 図に戻ろう。Game クラスが Frame インスタンスを 10 個持つことになっている。これに何か意味があるのだろうか？ 我々のループを見てみよう。21 回ループしている！ これに何か意味があるのだろうか？

言い方を変えよう。ボウリングのスコア計算のコード（はじめて見るコード）をレビューするときに、何の数字が書かれていることを期待するだろうか？ 21？ それとも 10？

私なら 10 だ。ボウリングは 10 フレームだからだ。では、我々のスコア計算のアルゴリズムのどこに 10 があるだろうか？ どこにもない！

どうすれば 10 という数字をアルゴリズムに登場させることができるだろうか？ 配列を**フレームごとに**ループさせる必要がある。どうやるのか？

配列を投球 2 回分ずつループさせればいい。つまり、こうだ。

```java
public int score() {
  int score = 0;
  int i = 0;
  for (int frame = 0; frame<10; frame++) {
    score += rolls[i] + rolls[i+1];
    i += 2;
  }
  return score;
}
```

先ほどと同じく、最初の 2 つのテストはパスするが、スペアのテストは失敗する。理由も同じ。したがって、振る舞いは変わっていない。本物のリファクタリングである。

あなたは本書を破り捨てようとしているかもしれない。配列を投球 2 回分ずつループするのは、明らかに間違っているからだ。ストライクのときはフレームの投球は 1 回だ。10 フレームでは投球が 3 回になる可能性もある。

そのとおりだ。しかし、我々のテストはまだストライクを扱っていない。10 フレームも扱っていない。したがって、今のところは、フレームの投球は 2 回と考えて問題ない。

スペアのテストをパスできるだろうか？ もちろん。簡単だ。

```java
public int score() {
  int score = 0;
  int i = 0;
  for (int frame = 0; frame < 10; frame++) {
    if (rolls[i] + rolls[i + 1] == 10) { // spare
      score += 10 + rolls[i + 2];
```

```
      i += 2;
    } else {
      score += rolls[i] + rolls[i + 1];
      i += 2;
    }
  }
  return score;
}
```

　スペアのテストをパスできた。ナイス。だが、コードがひどい。i を frameIndex にリネームしよう。それから、小さなメソッドに抽出すれば、ひどいコメントを削除できる。

```
public int score() {
  int score = 0;
  int frameIndex = 0;
  for (int frame = 0; frame < 10; frame++) {
    if (isSpare(frameIndex)) {
      score += 10 + rolls[frameIndex + 2];
      frameIndex += 2;
    } else {
      score += rolls[frameIndex] + rolls[frameIndex + 1];
      frameIndex += 2;
    }
  }
  return score;
}

private boolean isSpare(int frameIndex) {
  return rolls[frameIndex] + rolls[frameIndex + 1] == 10;
}
```

　よくなった。同じようにスペアのテストのひどいコメントも削除できる。

```
private void rollSpare() {
  rollMany(2, 5);
}

@Test
public void oneSpare() throws Exception {
  rollSpare();
  g.roll(7);
```

```
    rollMany(17, 0);
    assertEquals(24, g.score());
  }
```

コメントを小さな関数に置き換えることは、ほぼ間違いなく、良いアイデアだ。あとでコードを読む人たちが感謝してくれるだろう。

それでは、次のテストはどうだろう？　そろそろストライクを試してみよう。

```
@Test
public void oneStrike() throws Exception {
  g.roll(10); // strike
  g.roll(2);
  g.roll(3);
  rollMany(16, 0);
  assertEquals(20, g.score());
}
```

ストライクのあとに、2回投球している。残りの8フレームでは、16回ガターになっている。1フレームが15点、2フレームが5点、残りは0点なので、合計20点である。

テストはもちろん失敗する。どうすればパスできるだろうか？

```
public int score() {
  int score = 0;
  int frameIndex = 0;
  for (int frame = 0; frame < 10; frame++) {
    if (rolls[frameIndex] == 10) { // strike
      score += 10 + rolls[frameIndex+1] +
                    rolls[frameIndex+2];
      frameIndex++;
    }
    else if (isSpare(frameIndex)) {
      score += 10 + rolls[frameIndex + 2];
      frameIndex += 2;
    } else {
      score += rolls[frameIndex] + rolls[frameIndex + 1];
      frameIndex += 2;
    }
  }
  return score;
}
```

これでパスするようになる。frameIndex を 1 だけインクリメントしていることに注意してほしい。ストライクのときのフレームは投球が 1 回だけだからだ。気になっていたのではないだろうか？

これは設計を正しくやると何が起きるかを示した好例だ。残りのコードは落ち着くべきところに落ち着くのである。ルール 6 に注目してほしい。早い段階で設計を正しくやるようにしよう。そうすれば、膨大な時間を節約できる。

これでかなりクリーンになる。ひどいコメントについては、isStrike メソッドに抽出すれば解決できる。いくつかの面倒な計算式については、いい感じの名前の関数に抽出できる。結果は、以下のようになる。

```java
public int score() {
  int score = 0;
  int frameIndex = 0;
  for (int frame = 0; frame < 10; frame++) {
    if (isStrike(frameIndex)) {
      score += 10 + strikeBonus(frameIndex);
      frameIndex++;
    } else if (isSpare(frameIndex)) {
      score += 10 + spareBonus(frameIndex);
      frameIndex += 2;
    } else {
      score += twoBallsInFrame(frameIndex);
      frameIndex += 2;
    }
  }
  return score;
}
```

テストにあるひどいコメントも rollStrike メソッドに抽出できる。

```java
@Test
public void oneStrike() throws Exception {
  rollStrike();
  g.roll(2);
  g.roll(3);
  rollMany(16, 0);
  assertEquals(20, g.score());
}
```

さて、次のテストは何だろう？　10 フレームのテストがまだだ。コードはいい感じになって
きている。そろそろルール 3 を破って、**金メダルを目指そう。** パーフェクトゲームをテストす
るぞ！

```
@Test
public void perfectGame() throws Exception {
  rollMany(12, 10);
  assertEquals(300, g.score());
}
```

9 フレームまではストライクだ。10 フレームは 3 回ともストライクである。スコアは 300 点
になる。誰もが知っているだろう。

　テストを実行するとどうなるだろう？　きっと失敗するはずだ。だが、残念！　パスするの
だ！　うまくいっているからパスしている！　score 関数が最終的なソリューションなのだ。
コードを読めばわかるはずだ。ここでは私が説明するのでついてきてほしい。

```
10回のフレームについて、
    そのフレームがストライクならば、
        スコアは10点とストライクボーナス（次の投球2回分の得点）である
    そのフレームがスペアならば、
        スコアは10点とスペアボーナス（次の投球1回分の得点）である
    それ以外ならば、
        スコアはそのフレームの投球2回分の得点である
```

　このコードはボウリングのスコア計算のルールのように読める。 冒頭で説明したルールを読
み直してほしい。そして、コードを見比べてほしい。これほどまでに要件とコードが合致して
いるところを見たことがあるだろうか。

　なぜうまくいくのかと不思議に思った人もいるだろう。スコアカードの 10 フレーム目を見る
と、他のフレームと違うことがわかる。だが、10 フレーム目を特別なケースとして扱っている
コードは見当たらない。どうしてそうなるのか？

　10 フレーム目は特別なケースではないからだ。スコアカードは違って見える。だが、スコア
の計算方法が違うわけではない。10 フレーム目は特別なケースではないのだ。

　それなのに、サブクラスにしようとしていた！

　UML 図を見てほしい。3〜4 人のプログラマーで分担して、1 日の終わりに統合することもで

きた。悲しいことに、我々はこれまでそのようにやってきたのだ。400 行のコード[7]を書き終えてから、みんなでお祝いをしていただろう。そのアルゴリズムが for ループと 2 つの if 文だけの 14 行のコードで書けることを知らずに。

　もっと早い段階でソリューションを見つけられただろうか？　for ループと 2 つの if 文だけで十分だとわかっていただろうか？　テストから Frame クラスを作ると思っていなかっただろうか？　10 フレーム目で苦労すると思っていなかっただろうか？　そのあたりが複雑になるだろうと思っていなかっただろうか？

　10 フレーム目をテストする前に作業が終わっていたことがわかっていただろうか？　まだまだやるべきことがあると思っていなかっただろうか？　まだやるべきことがあるんじゃないかと思いながら書いたテストが、すでに終わっていたら魅力的ではないだろうか？

　UML 図に従っていたら、変更や保守が容易なコードになっていたと主張する人もいる。くだらん！　4 つのクラスの 400 行のコードと、for ループと 2 つの if 文の 14 行のコードでは、どちらが保守しやすいというのか？

結論

　本章では、TDD の動機と基本を学んだ。まだ頭が混乱しているかもしれない。非常に多くのことを説明した。だが、まだ十分ではない。次の章では、TDD のトピックをさらに掘り下げていくので、ページをめくる前に少し休憩するといいだろう。

7　なぜ 400 行なのかと言うと、実際に書いたことがあるからだ。

テスト駆動開発応用

　帽子を飛ばされないように。これから飛ばしていく。モービアス博士がクレール人のマシンを紹介したときの言葉を引用しよう[1]。

「心の準備をしてほしい。科学的価値の新たな次元だ」

ソート1

　第 2 章「テスト駆動開発」の最後の 2 つの例では、興味深い疑問を投げかけた。TDD で導き出したアルゴリズムはどこから来たのか？　もちろん脳から出てきたものだ。だが、自分の慣れたやり方ではない。何度もテストを失敗させたことで、事前にあれこれ考えることもなく、脳からアルゴリズムが引き出されたのだ。

　TDD はあらゆる問題のあらゆるアルゴリズムを導き出す段階的な手続きになる可能性がある。数学的あるいは幾何学的な証明のようなものだと考えてほしい。基本的な仮定（失敗する

1　訳注：映画『禁断の惑星』からの引用。

テスト）から始め、段階的にソリューションを構築するのである。

　段階ごとにテストは制約になり、具体的になる。一方、本番コードは一般的になる。本番コードが十分に一般的になり、失敗するテストが考えられなくなるまで、このプロセスを続ける。それが問題全体を解決するのである。

　それでは、試してみよう。整数の配列をソートするアルゴリズムを導き出してほしい。

　ビデオを観ることができるなら観てほしい。いずれにしても本文は読んでほしい。

関連ビデオを観る：ソート1
http://informit.com/register で登録して、ビデオにアクセスする。

いつものように、何もしないテストから始めよう。

```java
public class SortTest {
  @Test
  public void nothing() throws Exception {

  }
}
```

最初に失敗するテストは、空の配列の退化したケースだ。

```java
public class SortTest {

  @Test
  public void sorted() throws Exception {
    assertEquals(asList(), sort(asList()));
  }
  private List<Integer> sort(List<Integer> list) {
    return null;
  }
}
```

明らかに失敗する。だが、パスさせるのは簡単だ。

```java
private List<Integer> sort(List<Integer> list) {
  return new ArrayList<>();
}
```

退化のレベルを上げて、ひとつの整数を含むリストでやってみよう。

```
assertEquals(asList(1), sort(asList(1)));
```

明らかに失敗する。だが、本番コードを少し一般化すれば、パスさせることができる。

```
private List<Integer> sort(List<Integer> list) {
  return list;
}
```

いいね。第2章の素因数分解の例でも同じようなことをした。問題の最初の2つのテストは「最も退化した答えを戻す」と「入力引数を戻す」でだいたい解決できる。

次のテストは簡単だ。2つの要素を順番に並べるだけなので、すでにテストがパスしている。失敗していないので、テストを書くべきではなかったと言うこともできるだろう。だが、テストがパスするのは素晴らしいことだ。

```
assertEquals(asList(1, 2), sort(asList(1, 2)));
```

入力する配列の順番を変えるとテストは失敗する（2つの要素の順番が逆）。

```
assertEquals(asList(1, 2), sort(asList(2, 1)));
```

これをパスさせるには、少しだけ賢いことをする必要がある。配列に複数の要素が含まれていて、最初の2つの要素の順序が正しくない場合は、それらを交換する。

```
private List<Integer> sort(List<Integer> list) {
  if (list.size() > 1) {
    if (list.get(0) > list.get(1)) {
      int first = list.get(0);
      int second = list.get(1);
      list.set(0, second);
      list.set(1, first);
    }
  }
  return list;
}
```

これからどうなるかわかった人がいるかもしれない。他の人のためにネタバレはやめてほしい。それから、この瞬間を覚えておいてほしい。次のセクションで戻ってくる。

次の2つのテストはすでにパスしている。最初のテストでは、入力する配列は順番どおりになっている。2つ目のテストでは、最初の2つの要素が逆順になっている。現在のソリューションは、それらを交換している。

```
assertEquals(asList(1, 2, 3), sort(asList(1, 2, 3)));
assertEquals(asList(1, 2, 3), sort(asList(2, 1, 3)));
```

次の失敗するテストは、さらに2番目と3番目が入れ替わっている。

```
assertEquals(asList(1, 2, 3), sort(asList(2, 3, 1)));
```

これをパスさせるために、リストの長さを移動するループに比較と交換のアルゴリズムを入れてみよう。

```java
private List<Integer> sort(List<Integer> list) {
  if (list.size() > 1) {
    for (int firstIndex=0; firstIndex < list.size()-1; firstIndex++) {
      int secondIndex = firstIndex + 1;
      if (list.get(firstIndex) > list.get(secondIndex)) {
        int first = list.get(firstIndex);
        int second = list.get(secondIndex);
        list.set(firstIndex, second);
        list.set(secondIndex, first);
      }
    }
  }
  return list;
}
```

これからどうなるかわかるだろうか？ みんなわかったはずだ。次の失敗するテストは、3つの要素がすべて逆順になっている。

```
assertEquals(asList(1, 2, 3), sort(asList(3, 2, 1)));
```

失敗の結果を見ればわかる。sort 関数は [2, 1, 3] を戻す。3がリストの最後に移動したこ

とに注目してほしい。素晴らしい！　だが、最初の2つの要素の順番が正しくない。理由を解明するのは難しいことではない。3は2と交換された。3は1と交換された。だが、2と1の順番はそのままだ。これも交換する必要がある。

このテストをパスさせるために、比較と交換のループを別のループに入れてみよう。このループは比較と交換の長さを段階的に減らしていく。コードを読んだほうがわかりやすいだろう。

```java
private List<Integer> sort(List<Integer> list) {
  if (list.size() > 1) {
    for (int limit = list.size() - 1; limit > 0; limit--) {
      for (int firstIndex = 0; firstIndex < limit; firstIndex++) {
        int secondIndex = firstIndex + 1;
        if (list.get(firstIndex) > list.get(secondIndex)) {
          int first = list.get(firstIndex);
          int second = list.get(secondIndex);
          list.set(firstIndex, second);
          list.set(secondIndex, first);
        }
      }
    }
  }
  return list;
}
```

最後に、多くの数でテストしてみよう。

```java
assertEquals(
        asList(1, 1, 2, 3, 3, 3, 4, 5, 5, 5, 6, 7, 8, 9, 9, 9),
        sort(asList(3, 1, 4, 1, 5, 9, 2, 6, 5, 3, 5, 8, 9, 7, 9,
                        3)));
```

これはパスする。我々のソートアルゴリズムはできているようだ。

このアルゴリズムがどこから来たのか？　事前に設計はしていない。失敗したテストをパスさせる小さな決定の連続から生まれたものである。段階的な導出である。これで完成だ！

これは何というアルゴリズムだろうか？　**バブルソート**である。ソートアルゴリズムとしては最悪なものだ。

TDD は非常に悪いアルゴリズムを段階的に生み出す優れた方法なのかもしれない。

ソート2

　もう一度やってみよう。今回は別の方法を選択する。繰り返しになるが、可能であればビデオを観てから続きを読んでほしい。

関連ビデオを観る：ソート2

http://informit.com/register で登録して、ビデオにアクセスする。

　これまでと同じように最も退化したテストをパスさせるところから始めよう。

```java
public class SortTest {
  @Test
  public void testSort() throws Exception {
    assertEquals(asList(), sort(asList()));
    assertEquals(asList(1), sort(asList(1)));
    assertEquals(asList(1, 2), sort(asList(1, 2)));
  }

  private List<Integer> sort(List<Integer> list) {
    return list;
  }
}
```

以前と同じように、項目が逆順になると中断する。

```java
assertEquals(asList(1, 2), sort(asList(2, 1)));
```

　今回は入力の list で比較と交換をするのではなく、正しい順番の要素を持つ新しいリストを作成しよう。

```java
private List<Integer> sort(List<Integer> list) {
  if (list.size() <= 1)
    return list;
  else {
    int first = list.get(0);
    int second = list.get(1);
    if (first > second)
      return asList(second, first);
```

```
    else
      return asList(first, second);
  }
}
```

　ここで立ち止まって考えてみよう。前回は、比較と交換しかソリューションがないと思いながら実装した。だが、我々は間違っていた。今回は別の方法を説明しよう。

　このことは、失敗したテストには複数のソリューションが存在する可能性があることを示している。道の分岐点だと考えてほしい。どちらの道を進むべきだろうか？

　それでは、こちらの道を進んでみよう。

　次のテストは、以前と同じように、正しい順番の3つの要素だ。

```
assertEquals(asList(1, 2, 3), sort(asList(1, 2, 3)));
```

　だが、以前とは違い、このテストは失敗する。要素が2つより多いリストを戻すことができないからだ。だが、簡単にパスさせることができる。

```
private List<Integer> sort(List<Integer> list) {
  if (list.size() <= 1)
    return list;
  else if (list.size() == 2){
    int first = list.get(0);
    int second = list.get(1);
    if (first > second)
      return asList(second, first);
    else
      return asList(first, second);
  }
  else {
    return list;
  }
}
```

　もちろん、これはバカげている。次のテスト（3つの要素のうち最初の2つの順番が正しくないもの）で化けの皮がはがれる。テストは完全に失敗する。

```
assertEquals(asList(1, 2, 3), sort(asList(2, 1, 3)));
```

　さて、どうやってパスさせるのだろう？　要素が 2 つあれば、組み合わせは 2 つしかない。その 2 つはすでに使ってしまっている。要素が 3 つになれば、組み合わせは **6** つだ。本当に 6 つの組み合わせを実装すべきなのだろうか？

　そんなはずはない。もっとシンプルな方法が必要だ。三分法を使うのはどうだろう？

　三分法とは、2 つの要素（A と B）が与えられたときに、それらの関係の組み合わせは 3 つ（A < B、A = B、A > B）しかないというものだ。それでは、リストから要素をひとつ選択して、その他の要素との関係を決めていこう。

　コードは以下のようになる。

```
else {
  int first = list.get(0);
  int middle = list.get(1);
  int last = list.get(2);
  List<Integer> lessers = new ArrayList<>();
  List<Integer> greaters = new ArrayList<>();

  if (first < middle)
    lessers.add(first);
  if (last < middle)
    lessers.add(last);
  if (first > middle)
    greaters.add(first);
  if (last > middle)
    greaters.add(last);

  List<Integer> result = new ArrayList<>();
  result.addAll(lessers);
  result.add(middle);
  result.addAll(greaters);
  return result;
}
```

　ビックリしないでほしい。一緒に見ていこう。

　最初に 3 つの値を取り出して、変数 first、middle、last に代入している。list.get(x) を何度も呼び出したくないので、このようにしている。

　次に新しいリストを作成している。middle より小さい要素のリストと、middle より大きい要素のリストだ。なお、middle はリストでユニークであると想定している。

　次の 4 つの if 文では、first と last の要素を適切なリストに追加している。

最後に result というリストを作成して、lessers、middle、greaters を追加している。

あなたはこのコードが好きではないかもしれない。私もあまり好きではない。だが、きちんと動作する。テストもパスする。

次の2つのテストもパスする。

```
assertEquals(asList(1, 2, 3), sort(asList(1, 3, 2)));
assertEquals(asList(1, 2, 3), sort(asList(3, 2, 1)));
```

ユニークな3つの要素の6つの組み合わせのうち、これまでに4つのケースを試した。残りの2つ（[2,3,1] と [3,1,2]）を試してみると、どちらも失敗するだろう。

ミスではあるが、先を急ぐために4つの要素のリストでテストしよう。

```
assertEquals(asList(1, 2, 3, 4), sort(asList(1, 2, 3, 4)));
```

もちろん、これは失敗する。3つの要素までしか考慮していないからだ。first、middle、last の簡略化は4つの要素には使えない。middle を要素1にしたことを不思議に思っているかもしれない。要素0にできないのだろうか？

最後のテストをコメントアウトして、middle を要素0に変更してみよう。

```
int first = list.get(1);
int middle = list.get(0);
int last = list.get(2);
```

なんと [1,3,2] のテストが失敗した。理由がわかるだろうか？　middle が1であれば、3と2は間違った順番で greaters リストに追加されるからだ。

2つの要素のリストをソートする方法はすでにわかっている。greaters は2つの要素を持つリストだ。greaters で sort を呼び出せばパスさせることができるだろう。

```
List<Integer> result = new ArrayList<>();
result.addAll(lessers);
result.add(middle);
result.addAll(sort(greaters));
return result;
```

これで [1,3,2] のテストはパスした。だが、[3,2,1] のテストは失敗している。lessers の

順番が正しくないからだ。これも簡単に修正できる。

```
List<Integer> result = new ArrayList<>();
result.addAll(sort(lessers));
result.add(middle);
result.addAll(sort(greaters));
return result;
```

それでは、4つの要素のリストに進む前に、3つの要素の残りの2つのケースを試してみよう。

ルール7：複雑なケースをテストする前に、現在のシンプルなケースをやり尽くす。

今度は4つの要素のリストを渡す必要がある。テストのコメントを外し、失敗することを確認しよう（ここには掲載していない）。

現在は変数 middle をリストの最初の要素にしている。この3つの要素のリストのソートアルゴリズムを一般化してみよう。lessers と greaters のリストを作成するために、フィルターを適用する。

```
else {
  int middle = list.get(0);
  List<Integer> lessers =
    list.stream().filter(x -> x<middle).collect(toList());
  List<Integer> greaters =
    list.stream().filter(x -> x>middle).collect(toList());

  List<Integer> result = new ArrayList<>();
  result.addAll(sort(lessers));
  result.add(middle);
  result.addAll(sort(greaters));
  return result;
}
```

これでテストがパスする。次の2つのテストもパスする。驚くことはない。

```
assertEquals(asList(1, 2, 3, 4), sort(asList(2, 1, 3, 4)));
assertEquals(asList(1, 2, 3, 4), sort(asList(4, 3, 2, 1)));
```

middle について疑問に思っているかもしれない。middle がリストでユニークではない場合

はどうなるのか？　実際に試してみよう。

```
assertEquals(asList(1, 1, 2, 3), sort(asList(1, 3, 1, 2)));
```

失敗した。つまり、middle を特別なものとして扱うべきではないということだ。

```
else {
  int middle = list.get(0);
  List<Integer> middles =
    list.stream().filter(x -> x == middle).collect(toList());
  List<Integer> lessers =
    list.stream().filter(x -> x<middle).collect(toList());
  List<Integer> greaters =
    list.stream().filter(x -> x>middle).collect(toList());

  List<Integer> result = new ArrayList<>();
  result.addAll(sort(lessers));
  result.addAll(middles);
  result.addAll(sort(greaters));
  return result;
}
```

これでパスする。だが、else の上には何があるだろうか？

```
if (list.size() <= 1)
  return list;
else if (list.size() == 2){
  int first = list.get(0);
  int second = list.get(1);
  if (first > second)
    return asList(second, first);
  else
    return asList(first, second);
}
```

　list.size() == 2 のケースは必要だろうか？　必要ない。これを削除してもテストはパスする。

　最初の if 文はどうか？　まだ必要だろうか？　もっと改良できるはずだ。最終的なアルゴリズムを紹介しよう。

```java
private List<Integer> sort(List<Integer> list) {
  List<Integer> result = new ArrayList<>();

  if (list.size() == 0)
    return result;
  else {
    int middle = list.get(0);
    List<Integer> middles =
      list.stream().filter(x -> x == middle).collect(toList());
    List<Integer> lessers =
      list.stream().filter(x -> x < middle).collect(toList());
    List<Integer> greaters =
      list.stream().filter(x -> x > middle).collect(toList());

    result.addAll(sort(lessers));
    result.addAll(middles);
    result.addAll(sort(greaters));
    return result;
  }
}
```

　このアルゴリズムには名前がある。**クイックソート**だ。現在わかっている最高のソートアルゴリズムのひとつである。

　どのくらい向上したのか？　このアルゴリズムは（私のノートパソコンでは）0から100万の数字からなる100万個のランダムな整数の配列を1.5秒でソートできた。前のセクションのバブルソートでは、同じ配列のソートに約6か月かかる。ものすごく、向上した。

　このことは我々を不安にさせる。リストの要素をソートするのに2つのソリューションができた。ひとつはバブルソートで、もうひとつはクイックソートになった。

　つまり、分岐点で正しい道を選択することが非常に重要であることを意味している。ここでは、ひとつの道は貧弱なアルゴリズムにつながり、もうひとつの道は優れたアルゴリズムにつながった。

　我々は分岐点で正しい道を選択できるのだろうか？　おそらくできるだろう。だが、それはさらに応用的なテーマになる。

行き詰まり

　ここまでに、ビデオで TDD のリズムをつかめたと思う。ここからは、文章だけで説明していこう。

　TDD の初心者がよく困難に陥ることがある。最初から完璧なテストを書いたせいで、アルゴリズムを一気に実装しなければならなくなるのだ。私はこれを「行き詰まり」と呼んでいる。

　行き詰まりを解決するには、最後に書いたテストを削除して、簡単にパスできるシンプルなテストを見つけることだ。

　ルール８：テストをパスさせるための実装が多すぎる場合は、そのテストを削除して、より簡単にパスできるシンプルなテストを書く。

　私の研修では、以下のような演習問題で行き詰まってもらっている。これはかなり信頼できるものだ。半数以上の人が行き詰まり、戻ることもできなくなる。

　その問題とは、古き良き「ワードラップ」の問題だ。改行のない任意の長さの文字列が与えられたとき、文字幅が N 列に収まるように適切に改行を挿入する。それから、できるだけ単語で区切るようにする。

　受講生は以下の関数を書くことになる。

```
Wrapper.wrap(String s, int w);
```

　ここでは入力文字列を「ゲティスバーグの演説」にしよう。

```
"Four score and seven years ago our fathers brought forth upon this
continent a new nation conceived in liberty and dedicated to the
proposition that all men are created equal"
```

　文字幅を 30 に指定した場合、出力は以下のようになる。

```
====:====:====:====:====:====:
Four score and seven years ago
Our fathers brought forth upon
This continent a new nation
Conceived in liberty and
Dedicated to the proposition
That all men are created equal
```

```
====:====:====:====:====:====:
```

テストファーストでこのアルゴリズムを書くとどうなるだろうか？　いつものように失敗するテストから始めよう。

```java
public class WrapTest {
  @Test
  public void testWrap() throws Exception {
    assertEquals("Four", wrap("Four", 7));
  }
  private String wrap(String s, int w) {
    return null;
  }
}
```

このテストで TDD のルールをいくつ破っているだろう？　それはどのルールだろう？　とにかく先へ進もう。このテストをパスさせるのは簡単だ。

```java
private String wrap(String s, int w) {
  return "Four";
}
```

次のテストは明白だ。

```java
assertEquals("Four\nscore", wrap("Four score", 7));
```

テストをパスさせるコードも明白だ。

```java
private String wrap(String s, int w) {
  return s.replace(" ", "\n");
}
```

すべてのスペースを改行に置き換えるだけだ。完璧。少しクリーンアップしよう。

```java
private void assertWrapped(String s, int width, String expected) {
  assertEquals(expected, wrap(s, width));
}
```

```
@Test
public void testWrap() throws Exception {
  assertWrapped("Four", 7, "Four");
  assertWrapped("Four score", 7, "Four\nscore");
}
```

よくなった。さて、次に失敗するテストだ。「ゲティスバーグの演説」を使うなら、次に失敗するテストは以下になる。

```
assertWrapped("Four score and seven years ago our", 7,
  "Four\nscore\nand\nseven\nyears\nago our");
```

実際、これは失敗する。失敗している部分を抜き出してみよう。

```
assertWrapped("ago our", 7, "ago our");
```

さて、どうやってパスさせればいいだろうか？　**すべてのスペース**を改行に置き換えては**ダメ**のようだ。どれを置き換えるべきだろうか？　あるいは、すべてのスペースを置き換えてから、元に戻すものを判別するのだろうか？

しばらく考えてみてほしい。簡単なソリューションは見つからないはずだ。あなたは「行き詰まり」なのである。このテストをパスさせるには、ワードラップのアルゴリズムを一気に作るしかない。

この行き詰まりの解決策は、これまでのテストを削除して、シンプルなテストに置き換えることだ。やってみよう。

```
@Test
public void testWrap() throws Exception {
  assertWrapped("", 1, "");
}

private String wrap(String s, int w) {
  return "";
}
```

本当に退化したテストだな。忘れていたルールのひとつである。
次に退化したテストとは何か？　これはどうだろう？

```
assertWrapped("x", 1, "x");
```

かなり退化している。パスさせるのは本当に簡単だ。

```
private String wrap(String s, int w) {
  return s;
}
```

同じようなパターンが出てきた。最初のテストは決められた（退化した）値を戻す。2つ目のテストはインプットを戻す。おもしろい。さて、次に退化したテストは何か？

```
assertWrapped("xx", 1, "x\nx");
```

"xx"を戻しているので失敗する。ただし、パスさせるのは難しくない。

```
private String wrap(String s, int w) {
  if (w >= s.length())
    return s;
  else
    return s.substring(0, w) + "\n" + s.substring(w);
}
```

簡単だ。では、次に退化したテストは何か？

```
assertWrapped("xx", 2, "xx");
```

これはパスする。ナイス。次のテストは以下になる。

```
assertWrapped("xxx", 1, "x\nx\nx");
```

これは失敗する。ループが必要になりそうだ。だが、ちょっと待て。もっと簡単な方法がある。

```
private String wrap(String s, int w) {
  if (w >= s.length())
    return s;
```

106

```
    else
      return s.substring(0, w) + "\n" + wrap(s.substring(w), w);
  }
```

これまで再帰について考えることがなかったかもしれない。もっと考えるべきだ。

テストにパターンがありそうだ。だが、まだ単語もスペースもない。x の文字列と 1 から文字列の長さまでのカウントだけだ。したがって、次のテストは以下になる。

```
assertWrapped("xxx", 2, "xx\nx");
```

すでにパスしている。次のテストはこれだ。

```
assertWrapped("xxx", 3, "xxx");
```

このパターンを続けても意味がないだろう。スペースを入れる時間だ。

```
assertWrapped("x x", 1, "x\nx");
```

"x\n \nx"を戻すので失敗する。再帰的に wrap を呼び出す前にプレフィクスのスペースを削除すれば解決できる。

```
return s.substring(0, w) + "\n" + wrap(s.substring(w).trim(), w);
```

これでパスするようになる。従うべき新しいテストパターンができた。次のテストは以下になる。

```
assertWrapped("x x", 2, "x\nx");
```

最初の文字列の末尾にスペースが含まれるため、これは失敗する。trim をもう一度呼び出せば、取り除くことができる。

```
return s.substring(0, w).trim() + "\n" + wrap(s.substring(w).trim(), w);
```

これはパスする。次のテストもパスする。

```
assertWrapped("x x", 3, "x x");
```

次は？　以下を試してみよう。

```
assertWrapped("x x x", 1, "x\nx\nx");
assertWrapped("x x x", 2, "x\nx\nx");
assertWrapped("x x x", 3, "x x\nx");
assertWrapped("x x x", 4, "x x\nx");
assertWrapped("x x x", 5, "x x x");
```

すべてパスする。x を4つにしても意味はないだろう。
次はこれを試してみよう。

```
assertWrapped("xx xx", 1, "x\nx\nx\nx");
```

これはパスする。次の2つのテストもパスする。

```
assertWrapped("xx xx", 2, "xx\nxx");
assertWrapped("xx xx", 3, "xx\nxx");
```

だが、次のテストは失敗する。

```
assertWrapped("xx xx", 4, "xx\nxx");
```

"xx x\nx"を戻しているからだ。2つの「単語」の間のスペースで分割していないからだ。そのスペースはどこにあるのか？　w 番目の文字の**前**にある。したがって、w 番目から逆方向にスペースを検索する必要がある。

```
private String wrap(String s, int w) {
  if (w >= s.length())
    return s;
  else {
    int br = s.lastIndexOf(" ", w);
    if (br == -1)
      br = w;
    return s.substring(0, br).trim() + "\n" +
            wrap(s.substring(br).trim(), w);
```

```
        }
    }
```

これならパスする。これで終わった感じがする。だが、少しだけテストケースを追加してみ
よう。

```
assertWrapped("xx xx", 5, "xx xx");
assertWrapped("xx xx xx", 1, "x\nx\nx\nx\nx\nx");
assertWrapped("xx xx xx", 2, "xx\nxx\nxx");
assertWrapped("xx xx xx", 3, "xx\nxx\nxx");
assertWrapped("xx xx xx", 4, "xx\nxx\nxx");
assertWrapped("xx xx xx", 5, "xx xx\nxx");
assertWrapped("xx xx xx", 6, "xx xx\nxx");
assertWrapped("xx xx xx", 7, "xx xx\nxx");
assertWrapped("xx xx xx", 8, "xx xx xx");
```

すべてパスする。これで本当に終わったはずだ。「ゲティスバーグの演説」を 15 文字で試し
てみよう。

```
Four score and
seven years ago
our fathers
brought forth
upon this
continent a new
nation
conceived in
liberty and
dedicated to
the proposition
that all men
are created
equal
```

うまくいっているようだ。

ここで学んだことは何か？　1つ目は、行き詰まったときは、行き詰まったテストを元に戻
して、シンプルなテストを書き始めることだ。2つ目は、テストを書くときには、以下のルー
ルを適用することだ。

ルール 9：テストの領域をカバーする意図的で段階的なパターンに従う。

AAA（準備、実行、アサート）

それでは、まったく違うことをやっていこう。

何年も前のこと、ビル・ウェイクがすべてのテストの基本パターンを発見した。彼はそれを「3A パターン」または「AAA」と呼んだ。Arrange（準備）、Act（実行）、Assert（アサート）の略である。

テストを書くときに最初に行うことは、テストするデータの**準備**である。これは通常、Setup メソッドやテスト関数の冒頭で行われる。準備の目的は、システムをテストが実行できる状態にすることである。

次に行うことは、**実行**である。テストのターゲットとなる関数の呼び出し、アクションの実行、プロシージャの呼び出しなどになる。

最後に行うことは、**アサート**である。基本的には、システムが望ましい状態になっていることを確認するために、実行の出力を調べることである。

このパターンのシンプルな例として、第 2 章のボウリングゲームのテストを考えてみよう。

```
@Test
public void gutterGame() throws Exception {
  rollMany(20, 0);
  assertEquals(0, g.score());
}
```

このテストの準備部分は、Setup 関数で Game を生成しているところと、ガターのゲームのスコアを設定している rollMany(20, 0) のところだ。

実行部分は、g.score() の呼び出しだ。

アサート部分は、assertEquals だ。

私が TDD を始めてから 25 年が経つが、このパターンに当てはまらないテストは見たことがない。

BDDに突入

2003 年、ダン・ノースは TDD の実践と指導をするなかで、クリス・スティーブンソンとクリス・マッツと協力して、ビル・ウェイクと同じ発見をした。ただし、彼らは異なる語彙を使った。「Given-When-Then（GWT）」（前提／もし／ならば）である。

これがビヘイビア駆動開発（BDD）の始まりだ。

当初、BDD は改良されたテストの書き方だとされていた。ダン・ノースと提唱者たちは、上記の語彙を好み、それを JBehave や RSpec などのテストツールに結び付けた。

たとえば、gutterGame のテストを BDD の用語で言い換えると以下のようになる。

```
前提  プレーヤーが20回ガターを出している
もし  ゲームにスコアをリクエストする
ならば  スコアは0になること
```

この文章を実行可能なテストに変換するには、何らかの構文解析が必要になることは明らかだ。JBehave や RSpec では、そうした構文解析の拡張機能を提供している。また、TDD のテストと BDD のテストが同義であることも明らかだ。

時間の経過とともに、BDD の語彙はテストからシステム仕様の領域へと移行した。BDD の提唱者たちは、GWT はテストとして実行されなくても、振る舞いを記述する仕様としての価値があることに気づいたのだ。

2013 年、リズ・キーオが BDD について以下のように言っている。

BDD では、アプリケーションの振る舞いについて話し合うために例を使っています。（中略）例について話し合うのです。

GWT と AAA の語彙が同義であるなら、BDD をテストから切り離すことは難しい。疑問に思う人は、以下についても考えてほしい。

- **前提** テストデータが**準備**できている
- **もし** テストを**実行**する
- **ならば** 期待される結果を**アサート**する

▌有限状態機械

　私が GWT と AAA が同義であることを強調するのは、ソフトウェアで何度も遭遇する有名な三つぞろいがあるからだ。有限状態機械の遷移である。

　簡単な地下鉄の改札の状態遷移図を考えてみよう（**図 3-1**）。

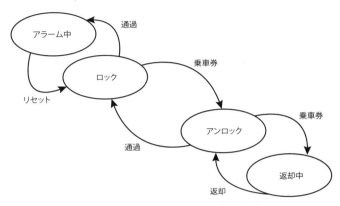

図 3-1　地下鉄の改札の状態遷移図

　改札はロック状態から始まる。乗車券を入れるとアンロック状態になる。誰かが通過するとロック状態に戻る。お金を払わずに通過しようとするとアラームが鳴る。乗車券を 2 枚入れると、1 枚が返却される。

　この図は以下のような状態遷移表に変換できる。

現在の状態	イベント	次の状態
ロック	乗車券	アンロック
ロック	通過	アラーム中
アンロック	乗車券	返却中
アンロック	通過	ロック
返却中	返却	アンロック
アラーム中	リセット	ロック

　表の各行では、現在の状態がイベントによって次の状態へと遷移している。この各行が GWT や AAA と同じ三つぞろいだ。さらに重要なことは、この遷移の三つぞろいが対応する GWT や AAA と同義になっていることである。

前提　ロック状態である
もし　乗車券のイベントが発生した
ならば　アンロック状態に遷移すること

　このことからすべてのテストはシステムの振る舞いを記述する有限状態機械の遷移であると推論できる。

　何度も復唱してほしい。すべてのテストは作成しているプログラムの有限状態機械の遷移である。

　作成しているプログラムが有限状態機械だと知っていただろうか？　すべてのプログラムが有限状態機械である。なぜならば、コンピューターは有限状態機械のプロセッサだからだ。コンピューターは実行する命令によって状態を遷移しているのである。

　TDD を実践しているときに書くテストと BDD を実践しているときに書く振る舞いは、作成しようとしている有限状態機械の遷移である。テストスイートが完成していれば、それが有限状態機械だ。

　そうすると「状態機械のすべての遷移がテストになっているかどうかをどうやって確認するのか？」と疑問に思うだろう。テストが記述している状態機械が、プログラムが実装すべき完全な状態機械であることをどうやって確認するのだろうか？

　状態をテストとして書いてから、その状態を満たすコードを書くのである。

BDD再び

　BDD の連中は、おそらくそうとは気づかずに、システムの振る舞いを記述する最良の方法はシステムを有限状態機械として扱うことだと結論づけたのである。このことは大変魅力的であり、少しだけ皮肉なことではないだろうか？

テストダブル

　2000 年、スティーブ・フリーマン、ティム・マッキノン、フィリップ・クレイグの論文「Endo-Testing：Unit Testing with Mock Objects」が発表された[2]。この論文がソフトウェアコミュニティに与えた影響の大きさは、彼らの作った用語「モック」が広く普及していることからも証明されている。その後、この用語は動詞になった。現在では、我々は何かをモックす

2　Steve Freeman, Tim McKinnon, and Philip Craig, "Endo-Testing: Unit Testing with Mock Objects," paper presented at eXtreme Programming and Flexible Processes in Software Engineering (XP2000), https://www2.ccs.neu.edu/research/demeter/related-work/extreme-programming/MockObjectsFinal.PDF.

るために、**モッキング**フレームワークを使用している。

　当時は、TDD の概念がソフトウェアコミュニティに広がり始めた頃だった。オブジェクト指向設計をテストコードに適用した者などいなかった。というよりも、何らかの設計手法をテストコードに適用した者などいなかった。このことが、テスト作成者のあらゆる問題につながった。

　これまで見てきたようなシンプルなものであれば簡単にテストできた。だが、テスト方法がわからないものもあった。たとえば、入出力の失敗を検知するコードをどうやってテストするのか？　ユニットテストで IO デバイスを失敗させることはできないだろう。あるいは、外部サービスと連携するコードをどうやってテストするのか？　テストするために外部サービスに接続する必要があるのだろうか？　さらには、外部サービスの障害に対応するコードをどうやってテストするのか？

　元々 TDDer（TDD をやっていた人たち）は Smalltalk のプログラマーだった。彼らにとってオブジェクトは宇宙を構成するものだった。したがって、彼らは確実にモックオブジェクトを使っていたのだが、そのことを意識していなかったのだろう。実際、1999 年に私が Java にモックオブジェクトを導入する考えをある熟練の Smalltalker/TDDer に伝えたとき、彼からの反応は「仕組みが多すぎる」というものだった。

　にもかかわらず、モックのテクニックは定着し、TDD 実践者の頼みの綱になっている。

　テクニックを掘り下げる前に、用語の問題を解決しよう。我々は**モックオブジェクト**という用語を誤って使用している（少なくとも正式ではない）。現在我々が使っている「モックオブジェクト」は、2000 年の論文のモックオブジェクトとは大きく異なる。実際、異なる用語を明らかに別の意味で使っている。

　2007 年、ジェラルド・メーサーロシュは『xUnit Test Patterns: Refactoring Test Code』を出版した[3]。現在、我々が使用している語彙は、彼の書籍で使われていたものである。モックやモッキングについて非公式な語彙で話すこともあるが、語彙を正確にしたい場合は、彼の書籍のものを使用している。

　彼は非公式に使用されていたモックを 5 種類のオブジェクトに分類した。ダミー、スタブ、スパイ、モック、フェイクである。これらは**テストダブル**と呼ばれている。

　素晴らしい名前だ。映画では、スタントダブルが俳優の代わりを、ハンドダブルが俳優の手の代わりを、ボディダブルが俳優の身体（顔以外）の代わりを演じている。テストダブルも同じだ。テストが実行されたら、テストダブルがオブジェクトの代わりを演じるのである。

　テストダブルは階層化されている（**図 3-2**）。ダミーが最もシンプルなものだ。スタブはダミーであり、スパイはスタブであり、モックはスパイである。フェイクは独立している。

　テストダブルが使用する仕組み（Smalltalker の友人が「多すぎる」と言ったもの）は、単な

3　Gerard Meszaros, *xUnit Test Patterns: Refactoring Test Code* (Addison-Wesley, 2007).

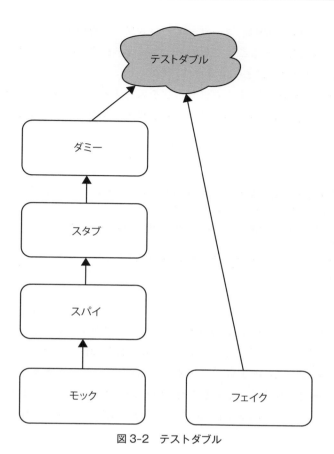

図 3-2　テストダブル

るポリモーフィズムである。たとえば、外部サービスを管理するコードをテストする場合は、外部サービスをポリモーフィックインターフェイスの背後に分離してから、そのインターフェイスの実装を作成する。その実装がテストダブルである。

　おそらく説明するよりも実際に見せたほうがいいだろう。

ダミー

　通常、テストダブルはインターフェイス（メソッドの実装がない抽象クラス）から始まる。ここでは、Authenticator インターフェイスから始めてみよう。

```
public interface Authenticator {
  public Boolean authenticate(String username, String password);
}
```

　このインターフェイスの目的は、ユーザー名とパスワードを使用してユーザーを認証する方法をアプリケーションに提供することである。authenticate 関数は、ユーザーを認証できれば true を戻し、認証できなければ false を戻す。

　ここでは、ユーザーがユーザー名とパスワードを入力する前に［閉じる］アイコンをクリックすれば、LoginDialog をキャンセルできることをテストするとしよう。テストは以下のようになる。

```
@Test
public void whenClosed_loginIsCancelled() throws Exception {
  Authenticator authenticator = new ???;
  LoginDialog dialog = new LoginDialog(authenticator);
  dialog.show();
  boolean success = dialog.sendEvent(Event.CLOSE);
  assertTrue(success);
}
```

　LoginDialog クラスは Authenticator を使って生成する必要がある。だが、その Authenticator をテストから呼び出すことはできない。LoginDialog に何を渡せばいいのだろうか？

　また、RealAuthenticator は生成コストが高いオブジェクトである。コンストラクタに DatabaseConnection を渡す必要があるからだ。DatabaseConnection クラスのコンストラクタには、databaseUser と databaseAuthCode の UID を渡す必要がある（このような状況を見たことがあるだろう）。

```
public class RealAuthenticator implements Authenticator {
  public RealAuthenticator(DatabaseConnection connection) {
    //...
  }

  //...

}

public class DatabaseConnection {
  public DatabaseConnection(UID databaseUser, UID databaseAuthCode) {
    //...
  }
}
```

116

テストで RealAuthenticator を使用するには、以下のような恐ろしいことをする必要がある。

```
@Test
public void whenClosed_loginIsCancelled() throws Exception {
  UID dbUser = SecretCodes.databaseUserUID;
  UID dbAuth = SecretCodes.databaseAuthCode;
  DatabaseConnection connection =
    new DatabaseConnection(dbUser, dbAuth);
  Authenticator authenticator = new RealAuthenticator(connection);
  LoginDialog dialog = new LoginDialog(authenticator);
  dialog.show();
  boolean success = dialog.sendEvent(Event.CLOSE);
  assertTrue(success);
}
```

使うことのない Authenticator を生成するためだけに、テストにこのような面倒な負担をかけたくはない。また、2つの依存関係が追加されるが、これらもテストには必要ない。コンパイル時やロード時にテストが壊れてしまう可能性もある。混乱や頭痛は持ち込みたくない。

ルール 10：テストに必要ないものをテストに含めてはならない。

代わりにダミーを使用しよう（**図 3-3**）。

ダミーは**何もしない**実装だ。インターフェイスのすべてのメソッドを**何もしない**ように実装する。メソッドが値を戻す場合は、できるだけ null や 0 を戻すようにする。

この例では、AuthenticatorDummy は以下のようになる。

```
public class AuthenticatorDummy implements Authenticator {
  public Boolean authenticate(String username, String password) {
    return null;
  }
}
```

これは［インターフェイスの実装］を呼び出したときに私の IDE が作成した実装だ。

こうすれば、面倒な負担や厄介な依存関係なしでテストを作成できる。

```
@Test
public void whenClosed_loginIsCancelled() throws Exception {
  Authenticator authenticator = new AuthenticatorDummy();
```

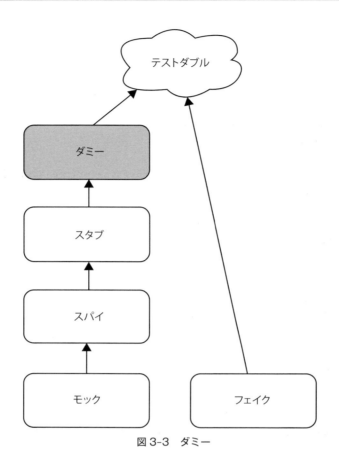

図3-3　ダミー

```
LoginDialog dialog = new LoginDialog(authenticator);
dialog.show();
boolean success = dialog.sendEvent(Event.CLOSE);
assertTrue(success);
}
```

　つまり、ダミーはインターフェイスを何もせずに実装するテストダブルである。これは、テストする関数が引数としてオブジェクトを必要とするが、テストの**ロジック**はオブジェクトの存在を必要としない場合に使用される。

　私は２つの理由からダミーをあまり使用しない。まず、引数を使用しない関数が好きではないからだ。次に、LoginDialog->Authenticator->DatabaseConnection->UID のように、依存関係が連鎖するオブジェクトが好きではないからだ。こうした連鎖は常に問題を引き起こす。

　だが、こうした問題を回避できないこともある。そうした状況では、アプリケーションの複

雑なオブジェクトと格闘するよりも、ダミーを使用するほうがはるかにマシである。

スタブ

図3-4 が示すように、**スタブ**は（何もせずに実装する）ダミーである。ただし、`null` や `0` を戻すのではなく、テストが実行したい経路に関数を仕向けるための値を戻す。

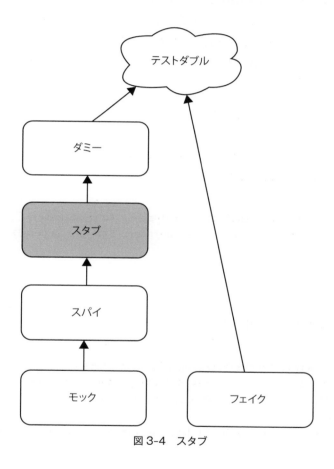

図3-4　スタブ

Authenticator が username と password を拒否した場合に、ログインが失敗することを確認するためのテストを想像してほしい。

```
public void whenAuthorizerRejects_loginFails() throws Exception {
  Authenticator authenticator = new ?;
  LoginDialog dialog = new LoginDialog(authenticator);
```

```
    dialog.show();
    boolean success = dialog.submit("bad username", "bad password");
    assertFalse(success);
}
```

　RealAuthenticator を使用すると、初期化に DatabaseConnection と UID が必要になるという問題が残っている。また、username と password に何を使用するのかという問題もある。

　認証データベースの内容がわかっていれば、存在しないことがわかっている username と password を選択できる。だが、それは良くないやり方だ。テストと本番用のデータに依存関係が生まれてしまうからだ。本番用のデータが変更されると、テストも壊れてしまう可能性がある。

　ルール 11：テストから本番用のデータを使ってはならない。

　代わりにスタブを作成する。このテストでは、authenticate メソッドから false を戻すだけの RejectingAuthenticator が必要だ。

```
public class RejectingAuthenticator implements Authenticator {
  public Boolean authenticate(String username, String password) {
    return false;
  }
}
```

　これでテストからスタブを使用できる。

```
public void whenAuthorizerRejects_loginFails() throws Exception {
  Authenticator authenticator = new RejectingAuthenticator();
  LoginDialog dialog = new LoginDialog(authenticator);
  dialog.show();
  boolean success = dialog.submit("bad username", "bad password");
  assertFalse(success);
}
```

　LoginDialog の submit メソッドが authenticate 関数を呼び出すことを期待している。authenticate 関数は false を戻すことがわかっている。したがって、LoginDialog.submit メソッドの経路がわかっている。我々がテストしているのは、まさしくその経路である。

　authenticate が username と password を受け入れたときにログインが成功することをテス

トしたい場合は、同じことを別のスタブで実施すればいい。

```java
public class PromiscuousAuthenticator implements Authenticator {
  public Boolean authenticate(String username, String password) {
    return true;
  }
}
@Test
public void whenAuthorizerAccepts_loginSucceeds() throws Exception {
  Authenticator authenticator = new PromiscuousAuthenticator();
  LoginDialog dialog = new LoginDialog(authenticator);
  dialog.show();
  boolean success = dialog.submit("good username", "good password");
  assertTrue(success);
}
```

　スタブとは、テストする経路にシステムを仕向けるために、テストに固有の値を戻すダミーである。

スパイ

　スパイはスタブである（**図 3-5**）。特定の経路にシステムを仕向けるために、テストに固有の値を戻すものである。ただし、スパイは何が行われたのかを記憶しており、テストから問い合わせることができる。

　説明するためには、例を示すのがいいだろう。

```java
public class AuthenticatorSpy implements Authenticator {
  private int count = 0;
  private boolean result = false;
  private String lastUsername = "";
  private String lastPassword = "";

  public Boolean authenticate(String username, String password) {
    count++;
    lastPassword = password;
    lastUsername = username;
    return result;
  }
```

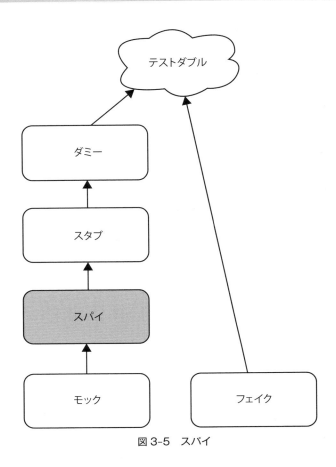

図 3-5　スパイ

```
    public void setResult(boolean result) {this.result = result;}
    public int getCount() {return count;}
    public String getLastUsername() {return lastUsername;}
    public String getLastPassword() {return lastPassword;}
}
```

　authenticate メソッドは、呼び出された回数と、最後に使用された username および password
を追跡している。また、これらの値のアクセッサも提供している。こうした振る舞いとアクセッ
サの存在が、このクラスをスパイにしているのである。

　また、authenticate メソッドは result を戻している。これは setResult メソッドで設定で
きる。これによりスパイがプログラム可能なスタブになる。

　スパイを使用するテストは以下のようになる。

```
@Test
public void loginDialog_correctlyInvokesAuthenticator() throws
Exception {
  AuthenticatorSpy spy = new AuthenticatorSpy();
  LoginDialog dialog = new LoginDialog(spy);
  spy.setResult(true);
  dialog.show();
  boolean success = dialog.submit("user", "pw");
  assertTrue(success);
  assertEquals(1, spy.getCount());
  assertEquals("user", spy.getLastUsername());
  assertEquals("pw", spy.getLastPassword());
}
```

　テストの名前から多くのことがわかる。このテストは LoginDialog が Authenticator を正しく呼び出すことを確認する。そのために、authenticate メソッドが1回だけ呼び出されることと、submit に渡した引数が変わっていないことを確認している。

　スパイは、特定のメソッドが呼び出されたときにセットされるシンプルなブール値になることもあれば、すべての呼び出しと引数の履歴を保持する複雑なオブジェクトになることもある。

　スパイはテストするアルゴリズムが正しく動作することを確認するために使える。ただし、テストする関数の実装とテストが結合してしまうため、スパイは危険でもある。この点については、後ほど説明する。

モック

　さて、ついに、真のモックオブジェクトに到達した（**図3-6**）。これが論文で説明されていたモックである。

　モックはスパイである。特定の経路にシステムを仕向けるためにテストに固有の値を戻すものであり、何が行われたかを記憶するものである。ただし、何が期待されているのかを把握しており、その期待に基づいてテストをパスまたは失敗させる。

　つまり、テストのアサートがモックに書き込まれているのである。

　繰り返しになるが、説明よりもコードを示したほうがわかりやすいので、AuthenticatorMock を作成しよう。

```
public class AuthenticatorMock extends AuthenticatorSpy{
  private String expectedUsername;
  private String expectedPassword;
```

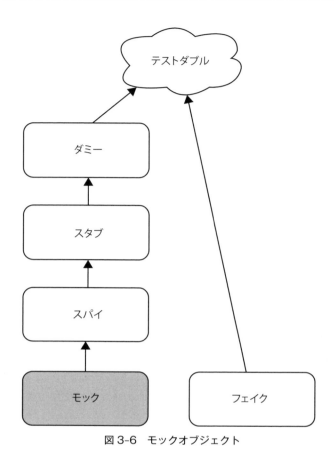

図3-6　モックオブジェクト

```
private int expectedCount;

public AuthenticatorMock( String username, String password,
                         int count) {
  expectedUsername = username;
  expectedPassword = password;
  expectedCount = count;
}

public boolean validate() {
  return getCount() == expectedCount &&
    getLastPassword().equals(expectedPassword) &&
    getLastUsername().equals(expectedUsername);
}
}
```

　このモックには、期待値を保持するフィールドが3つある。これらはコンストラクタでセットされる。これでプログラム可能なモックになる。AuthenticatorMock は AuthenticatorSpy を継承していることにも注目してほしい。スパイのコードをモックで再利用する。

　モックの validate が最終的な比較をしている。スパイが収集した count、lastPassword、lastUsername がモックにセットされた期待値と一致するならば、validate は true を戻す。

　これでこのモックを使用するテストがうまく流れるようになるはずだ。

```
@Test
public void loginDialogCallToAuthenticator_validated() throws
Exception {
  AuthenticatorMock mock = new AuthenticatorMock("Bob", "xyzzy", 1);
  LoginDialog dialog = new LoginDialog(mock);
  mock.setResult(true);
  dialog.show();
  boolean success = dialog.submit("Bob", "xyzzy");
  assertTrue(success);
  assertTrue(mock.validate());
}
```

　モックは適切な期待値を使って生成する。ここでは、username は"Bob"、password は"xyzzy"、authenticate メソッドが呼び出された回数は1とする。

　次に、Authenticator のモックを使用して LoginDialog を作成する。モックは成功するように設定している。ダイアログを表示する。"Bob"と"xyzzy"を使ってログインリクエストを送信する。ログインが成功したことを確認する。そして、モックの期待値が満たされていることをアサートする。

　これがモックオブジェクトだ。モックオブジェクトが複雑になる可能性があることは想像できるだろう。たとえば、関数 f が3つの引数で3回呼び出され、それぞれ異なる値が戻されることを期待することもある。あるいは、関数 f の1回目と2回目の呼び出しの間に、関数 g が1回呼び出されることを期待することもあるだろう。このようなモックをユニットテストなしに作成したいと思うだろうか？

　私はモックがそれほど好きではない。モックはスパイの振る舞いとアサートを結合させている。そこが好きになれない。テストはアサートするものに対してまっすぐにするべきだ。アサートを複雑な仕組みにして遅延させるべきではない。だが、そう思うのは私だけかもしれない。

フェイク

　それでは、最後のテストダブルであるフェイクを扱おう（**図3-7**）。フェイクはダミーでも、スタブでも、スパイでも、モックでもない。フェイクは完全に別の種類のテストダブルだ。フェイクはシミュレーターである。

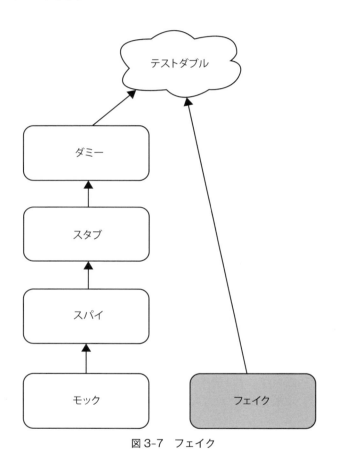

図3-7　フェイク

　1970年代後半、私は電話会社の施設に設置するシステムを構築している会社で働いていた。このシステムは電話回線をテストしていた。サービスセンターには中央コンピューターがあり、交換局に設置されたコンピューターとモデム回線で通信していた。サービスセンターのコンピューターはSAC（サービスエリアコンピューター）、交換局のコンピューターはCOLT（中央交換局回線テスター）と呼ばれていた。

　COLTは交換機のハードウェアと接続され、交換局の電話回線とそれを制御する測定ハード

ウェアとの間に電気的な接続を作ることができた。COLT は電話回線の電気的な特性を測定し、その結果を SAC に報告するのである。

SAC はその結果に対して、あらゆる分析を行っていた。障害が発生しているかどうか、発生しているのであれば場所はどこかを判断するためである。

このシステムをどのようにテストしたのだろうか？

我々はフェイクを作成した。それは COLT の交換機のインターフェイスをシミュレーターに置き換えたものだった。シミュレーターが電話回線を呼び出して測定するふりをするのである。そして、依頼された電話番号に基づいて、その結果を報告する。

フェイクのおかげで、電話会社の交換局に COLT をインストールしたり、交換機のハードウェアや「本物」の電話回線を設置したりすることなく、SAC の通信、制御、分析ソフトウェアをテストすることができた。

現在のフェイクは、テストから振る舞いを選択できるように、基本的なビジネスルールを実装するものとなっている。例を示したほうがいいだろう。

```
@Test
public void badPasswordAttempt_loginFails() throws Exception {
  Authenticator authenticator = new FakeAuthenticator();
  LoginDialog dialog = new LoginDialog(authenticator);
  dialog.show();
  boolean success = dialog.submit("user", "bad password");
  assertFalse(success);
}

@Test
public void goodPasswordAttempt_loginSucceeds() throws Exception {
  Authenticator authenticator = new FakeAuthenticator();
  LoginDialog dialog = new LoginDialog(authenticator);
  dialog.show();
  boolean success = dialog.submit("user", "good password");
  assertTrue(success);
}
```

これらの 2 つのテストは同じ FakeAuthenticator を使用しているが、異なるパスワードを渡している。bad password を渡すとログインに失敗し、good password を渡すとログインに成功することを期待している。

FakeAuthenticator のコードは、簡単に想像できるはずだ。

127

```
public class FakeAuthenticator implements Authenticator {
  public Boolean authenticate(String username, String password)
  {
    return (username.equals("user") &&
            password.equals("good password"));
  }
}
```

　フェイクの問題は、アプリケーションが大きくなるとテスト条件が増えることだ。テスト条件が増えると、フェイクも大きくなっていく。フェイクが大きくて複雑になりすぎると、そのためのテストが必要になっていく。

　私はフェイクが大きくならないとは思えないので、フェイクを書くことはほぼない。

TDDの不確定性原理

　モックするのか、しないのか、それが問題だ。いや、違う。本当の問題は**いつ**モックするかである。

　これには2つの学派がある。ロンドン学派とシカゴ学派だ。これについては、本章の最後で取り上げる。その前に、なぜこれが問題なのかを定義する必要がある。それは、**TDD の不確定性原理**があるからだ。

　これを理解してもらうために、あえて「極端なこと」をさせてほしい。これから説明することを経験した人はいないだろうが、私が伝えたいことをうまく表している。

　三角関数のサインを弧度法で計算する関数を TDD で書くとする。最初のテストはどうなるだろうか？

　我々は最も退化したケースから始めるのが好きだ。0のサインが計算できることをテストしてみよう。

```
public class SineTest {
  private static final double EPSILON = 0.0001;
  @Test
  public void sines() throws Exception {
    assertEquals(0, sin(0), EPSILON);
  }

  double sin(double radians) {
    return 0.0;
  }
```

```
        }
```

　先のことを考えると、悩ましいはずだ。sin(0) の値以外に制約を課していない。

　どういう意味だろうか？　TDD を使用して書く関数のほとんどは、テストが増えていくたびに制約を課されている。そして、すべてのテストをパスするところに最終的に落ち着く。素因数分解とボウリングゲームの例で見たはずだ。ソリューションが判明するまで、テストがソリューションを絞り込んでいたのである。

　だが、sin(r) はそのようには見えない。sin(0) == 0 のテストは正しいが、それ以上の制約をかけているようには見えない。

　次のテストで明らかになるだろう。次のテストはどうすべきだろうか？　sin(π) を試してみるのはどうだろうか？

```java
public class SineTest {
  private static final double EPSILON = 0.0001;
  @Test
  public void sines() throws Exception {
  assertEquals(0, sin(0), EPSILON);
  assertEquals(0, sin(Math.PI), EPSILON);
  }

  double sin(double radians) {
    return 0.0;
  }
}
```

　繰り返しになるが、制約をかけている感じがしない。このテストはソリューションにつながらない。問題を解決するヒントにならない。では、π/2 を試してみよう。

```java
public class SineTest {
  private static final double EPSILON = 0.0001;
  @Test
  public void sines() throws Exception {
    assertEquals(0, sin(0), EPSILON);
    assertEquals(0, sin(Math.PI), EPSILON);
    assertEquals(1, sin(Math.PI/2), EPSILON);
  }
  double sin(double radians) {
    return 0.0;
```

```
    }
  }
```

これは失敗する。どうやってパスさせるのだろうか？　繰り返しになるが、このテストはヒントを与えてくれない。if 文を追加することもできるだろうが、それでは if 文が増えていくだけだ。

サインのテイラー級数を実装すればいいと思ったかもしれない。

$$x - \frac{x^3}{3!} + \frac{x^5}{5!} - \frac{x^7}{7!} + \cdots$$

それほど難しいことではない。

```java
public class SineTest {
  private static final double EPSILON = 0.0001;
  @Test
  public void sines() throws Exception {
    assertEquals(0, sin(0), EPSILON);
    assertEquals(0, sin(Math.PI), EPSILON);
    assertEquals(1, sin(Math.PI/2), EPSILON);
  }

  double sin(double radians) {
    double r2 = radians * radians;
    double r3 = r2*radians;
    double r5 = r3 * r2;
    double r7 = r5 * r2;
    double r9 = r7 * r2;
    double r11 = r9 * r2;
    double r13 = r11 * r2;
    return (radians - r3/6 + r5/120 - r7/5040 + r9/362880 -
            r11/39916800.0 + r13/6227020800.0);
  }
}
```

これはパスするが、美しくはない。それでも、この方法でいくつかのサインを計算できる。

```java
public void sines() throws Exception {
  assertEquals(0, sin(0), EPSILON);
  assertEquals(0, sin(Math.PI), EPSILON);
  assertEquals(1, sin(Math.PI/2), EPSILON);
```

```
    assertEquals(0.8660, sin(Math.PI/3), EPSILON);
    assertEquals(0.7071, sin(Math.PI/4), EPSILON);
    assertEquals(0.5877, sin(Math.PI/5), EPSILON);
  }
```

はい、パスできた。だが、精度が限定されている。求める精度になるまでテイラー級数の項を取り出す必要がある（定数 ESPILON を変更していることに注目）。

```
public class SineTest {
  private static final double EPSILON = 0.000000001;
  @Test
  public void sines() throws Exception {
    assertEquals(0, sin(0), EPSILON);
    assertEquals(0, sin(Math.PI), EPSILON);
    assertEquals(1, sin(Math.PI/2), EPSILON);
    assertEquals(0.8660254038, sin(Math.PI/3), EPSILON);
    assertEquals(0.7071067812, sin(Math.PI/4), EPSILON);
    assertEquals(0.5877852523, sin(Math.PI/5), EPSILON);
  }

  double sin(double radians) {
    double result = radians;
    double lastResult = 2;
    double m1 = -1;
    double sign = 1;
    double power = radians;
    double fac = 1;
    double r2 = radians * radians;
    int n = 1;
    while (!close(result, lastResult)) {
      lastResult = result;
      power *= r2;
      fac *= (n+1) * (n+2);
      n += 2;
      sign *= m1;
      double term = sign * power / fac;
      result += term;
    }

    return result;
  }
```

```
  boolean close(double a, double b) {
    return Math.abs(a - b) < .0000001;
  }
}
```

よし、うまくいった。だが、ちょっと待ってほしい。TDD はどうなった？　このアルゴリズムが正しく機能していることをどうやって把握すればいいのだろう？　つまり、コードが多すぎるというのに、正しいことをどうやって判断できるのだろう？

別の値をテストすることもできるだろう。だが、そうするとテストが扱いにくくなってしまう。少しだけリファクタリングしてみよう。

```
private void checkSin(double radians, double sin) {
  assertEquals(sin, sin(radians), EPSILON);
}

@Test
public void sines() throws Exception {
  checkSin(0, 0);
  checkSin(PI, 0);
  checkSin(PI/2, 1);
  checkSin(PI/3, 0.8660254038);
  checkSin(PI/4, 0.7071067812);
  checkSin(PI/5, 0.5877852523);

  checkSin(3* PI/2, -1);
}
```

よし、パスできた。他にも試してみよう。

```
checkSin(2*PI, 0);
checkSin(3*PI, 0);
```

2π はうまくいったが、3π はうまくいかなかった。ただし、近い値は得られた（4.6130E-9）。close() 関数で精度を上げれば修正できるだろうが、チートのようでもあるし、100π や 1,000 π ではうまくいかないだろう。角度を 0 から 2π に制限したほうがよさそうだ。

```
double sin(double radians) {
  radians %= 2*PI;
```

```
    double result = radians;
```

うまくいった。負の数はどうだろう？

```
checkSin(-PI, 0);
checkSin(-PI/2, -1);
checkSin(-3*PI/2, 1);
checkSin(-1000*PI, 0);
```

こちらもうまくいった。では、2π の倍数ではない大きな数はどうだろう？

```
checkSin(1000*PI + PI/3, sin(PI/3));
```

これもうまくいった。他に試すことはあるだろうか？　失敗する可能性のある値は？　なんということだ！　私にはわからない。

TDDの不確定性原理

　TDD の不確定性原理の前半へようこそ。いくら値を試してみても、何かを見逃しているかもしれないという不確定性が残る。つまり、正しい出力値にならない入力値が残っているかもしれないのだ。

　ほとんどの関数では、このようなことはない。ほとんどの関数では、テストを書いたときに動作することが**わかる**ようになっている。だが、失敗する値かどうかがわからない厄介な関数もある。

　こうした問題を解決する唯一の方法は、考えられる値をすべて試すことだ。double の数値は64 ビットなので、2×10^{19} 以下をテストする必要がある。だが、そんなにテストを書きたくはない。

　この関数について**信頼できる**ことは何だろうか？　任意のラジアンのサインをテイラー級数で計算できると信頼できるだろうか？　これは信頼できる。数学的証明もある。テイラー級数が正しい値に収束することは間違いない。

　テイラー級数に対する信頼を、テイラー級数が正しく実行されていることを証明するテストに変えるにはどうすればいいのだろう？

　たとえば、テイラー展開の各項を調べることができるだろう。たとえば、$\sin(\pi)$ のテイラー級数は、3.141592653589793、-2.0261201264601763、0.5240439134171688、-0.07522061590362306、0.006925270707505149、-4.4516023820919976E-4、2.114256755841263E-5、-7.727858894175775E-7、

2.2419510729973346E-8 になる。

　こうしたテストはすでにあるテストよりも優れているのだろうか？　私には理由がわからない。これらの値は特定のテストのみに適用されるため、他の値に対して正しいかどうかは何も教えてくれない。

　別の何かが必要だ。手がかりになるものが欲しい。使用しているアルゴリズム（テイラー級数の実行）を**証明できる**何かが欲しい。

　そもそもサインのテイラー級数とは何か？　x の奇数乗を奇数の階乗で割ったものを無限に合計したものである。

$$\sum_{n=1}^{\infty} (-1)^{(n-1)} \frac{x^{2n-1}}{(2n-1)!}$$

あるいは、以下のようにも表現できる。

$$x - \frac{x^3}{3!} + \frac{x^5}{5!} - \frac{x^7}{7!} + \frac{x^9}{9!} - \cdots$$

　これが何の役に立つのだろう？　スパイがテイラー級数の項を教えてくれるとしたらどうだろう？　以下のようなテストが書けるはずだ。

```
@Test
public void taylorTerms() throws Exception {
  SineTaylorCalculatorSpy c = new SineTaylorCalculatorSpy();
  double r = Math.random() * PI;
  for (int n = 1; n <= 10; n++) {
    c.calculateTerm(r, n);
    assertEquals(n - 1, c.getSignPower());
    assertEquals(r, c.getR(), EPSILON);
    assertEquals(2 * n - 1, c.getRPower());
    assertEquals(2 * n - 1, c.getFac());
  }
}
```

　r に乱数を、n に適切な値を使用すれば、特定の値を回避できる。我々の関心事は、r と n が与えられると、正しい数値が正しい関数に渡されるかどうかである。このテストがパスすると、sign、power、factorial の計算に正しい入力が与えられたことが**わかる**。

　以下の簡単なコードで、これをパスさせることができる。

```
public class SineTaylorCalculator {
  public double calculateTerm(double r, int n) {
```

```
    int sign = calcSign(n-1);
    double power = calcPower(r, 2*n-1);
    double factorial = calcFactorial(2*n-1);
    return sign*power/factorial;
  }

  protected double calcFactorial(int n) {
    double fac = 1;
    for (int i=1; i<=n; i++)
      fac *= i;
    return fac;
  }

  protected double calcPower(double r, int n) {
    double power = 1;
    for (int i=0; i<n; i++)
      power *= r;
    return power;
  }

  protected int calcSign(int n) {
    int sign = 1;
    for (int i=0; i<n; i++)
      sign *= -1;
    return sign;
  }
}
```

　実際の関数をテストしていないことに注意してほしい。これはかなり単純なので、テストは必要ないだろう。これから書くテストについても同様だ。

　以下がスパイである。

```
package London_sine;

public class SineTaylorCalculatorSpy extends SineTaylorCalculator {
  private int fac_n;
  private double power_r;
  private int power_n;
  private int sign_n;
  public double getR() {
    return power_r;
```

```
  }

  public int getRPower() {
    return power_n;
  }

  public int getFac() {
    return fac_n;
  }

  public int getSignPower() {
    return sign_n;
  }

  protected double calcFactorial(int n) {
    fac_n = n;
    return super.calcFactorial(n);
  }

  protected double calcPower(double r, int n) {
    power_r = r;
    power_n = n;
    return super.calcPower(r, n);
  }

  protected int calcSign(int n) {
    sign_n = n;
    return super.calcSign(n);
  }

  public double calculateTerm(double r, int n) {
    return super.calculateTerm(r, n);
  }
}
```

テストがパスしたら、合計のアルゴリズムを書くのは簡単だ。

```
public double sin(double r) {
  double sin=0;
  for (int n=1; n<10; n++)
    sin += calculateTerm(r, n);
  return sin;
```

```
}
```

　全体的な効率性について文句を言うことはできるだろうが、それが正しいことは信じられるだろうか？　calculateTerm 関数はテイラー級数の項を正しく計算できているだろうか？ sin 関数はそれらを適切に追加できているだろうか？　10回の反復で十分だろうか？　元の値のテストに頼ることなく、これをテストできるだろうか？

　以下は興味深いテストだ。sin(r) のすべての値は-1から1の開区間にあるとしている。

```
@Test
public void testSineInRange() throws Exception {
  SineTaylorCalculator c = new SineTaylorCalculator();
  for (int i=0; i<100; i++) {
    double r = (Math.random() * 4 * PI) - (2 * PI) ;
    double sinr = c.sin(r);
    assertTrue(sinr < 1 && sinr > -1);
  }
}
```

　パスできた。この式はどうだろうか？

```
public double cos(double r) {
  return (sin(r+PI/2));
}
```

　ピタゴラスの定理（$\sin^2 + \cos^2 = 1$）をテストしてみよう。

```
@Test
public void PythagoreanIdentity() throws Exception {
  SineTaylorCalculator c = new SineTaylorCalculator();
  for (int i=0; i<100; i++) {
    double r = (Math.random() * 4 * PI) - (2 * PI) ;
    double sinr = c.sin(r);
    double cosr = c.cos(r);
    assertEquals(1.0, sinr * sinr + cosr * cosr, 0.00001);
  }
}
```

　項数を20まで増やすと失敗してしまった。前述したように、これは極端な例だ。

　これらのテストがあれば、サインの計算を信頼できるはずだ。少なくとも私はかなり信頼している。項には正しい数値が与えられていることがわかる。sin 関数はサインの値を正しく計算できるようだ。

　試しにいくつかの値でテストしてみよう。

```java
@Test
public void sineValues() throws Exception {
  checkSin(0, 0);
  checkSin(PI, 0);
  checkSin(PI/2, 1);
  checkSin(PI/3, 0.8660254038);
  checkSin(PI/4, 0.7071067812);
  checkSin(PI/5, 0.5877852523);
}
```

　動いているようだ。素晴らしい。信頼の問題を解決できた。サインを正しく計算できるかどうかの不確定性はもう存在しない。スパイに感謝！

TDDの不確定性原理（再び）

　だが、待ってほしい。サインを計算するさらに良いアルゴリズムがある。CORDIC と呼ばれるものだ。本章の範囲を超えるため、ここでは詳しく説明しないが、CORDIC アルゴリズムを使用するように関数を変更すると考えてみよう。

　我々のスパイテストは壊れるだろう！

　テイラー級数のアルゴリズムに費やしたコード量を考えてほしい。古いアルゴリズムには大きなクラスが２つある。SineTaylorCalculator と SineTaylorCalculatorSpy だ。これらのコードをすべて破棄して、まったく新しいテスト戦略を採用する必要がある。

　スパイテストは**壊れやすい**。アルゴリズムを変更すると、事実上すべてのテストが壊れてしまい、修復や書き直しが必要になる。

　値のテストを続けていれば、新しい CORDIC アルゴリズムでもパスするだろう。テストを書き直す必要はない。

　TDD の不確定性原理の後半へようこそ。テストに確定性を求める場合、必然的にテストを実装に結合することになる。その結果、テストが壊れやすくなる。

> **TDD の不確定性原理**：確定性を求めるならば、テストの柔軟性は低下する。テストに柔軟性を求めるならば、確定性は低下する。

ロンドン学派とシカゴ学派

TDD の不確定性原理により、テストは敗北者のように見えたかもしれない。だが、そうではない。この原理は、テストの利点に制約をかけるだけである。

厳格で壊れやすいテストは必要ないが、確定性はできるだけ高めたい。エンジニアの我々は、これらの問題に対して適切なトレードオフを行う必要がある。

壊れやすいテストの問題

TDD の初心者は「壊れやすいテストの問題」に遭遇することが多い。テストの設計に気を配っていないからだ。テストを二級市民として扱い、すべての結合と凝集性のルールを破ってしまう。本番コードに小さな変更を加えただけでも、あるいはちょっとしたリファクタリングをしただけでも、多くのテストが失敗するため、広範囲のテストコードを書き直すことになる。

テストを大幅に書き直すことになると、TDD に対する失望と拒絶反応につながってしまう。多くの若き新人 TDDer たちが、テストコードも本番コードと同様に設計する必要があることに気づかずに、TDD から離れている。

テストコードと本番コードが結合すると、テストは壊れやすくなっていく。最も結合しているのはスパイだろう。スパイはアルゴリズムの内容を把握して、テストと密接に結び付けてしまう。モックはスパイなので、これはモックにも当てはまる。

私がモッキングツールが好きではない理由のひとつだ。モッキングツールを使用すると、モックやスパイを作成することになる。それが壊れやすいテストにつながる。

確定性の問題

私のようにスパイを書かないとすれば、値やプロパティのテストが残されている。値のテストとは、本章でサインの値をテストしたときのような感じだ。単に入力値と出力値を組み合わせたものである。

プロパティのテストは、testSineInRange や PythagoreanIdentity のテストに似ている。不変性をチェックする入力値をいくつも実行するテストだ。説得力はあるが、疑問は残る。

これらのテストはアルゴリズムから分離されているため、アルゴリズムを変更したり、リファクタリングしたりしても、テストに影響を与えることはない。

柔軟性よりも確定性を重視するのであれば、テストでスパイを多用することになるだろう。壊れやすさは回避できないので許容する必要がある。

139

確定性よりも柔軟性を重視するのであれば、私のようになる。スパイよりも値やプロパティのテストが好きになる。不確定性は回避できないので許容する必要がある。

この 2 つのマインドセットは TDD の 2 つの学派につながり、我々の業界に大きな影響を与えてきた。柔軟性と確定性のどちらを好むかによって、本番コードの**設計プロセス**（設計そのものではない）に大きな変化をもたらす。

ロンドン学派

ロンドン学派の名前は、このトピックに関する書籍[4]を執筆したスティーブ・フリーマンとナット・プライスが住むロンドンに由来する。柔軟性よりも確定性を好む学派である。

「よりも」というところに注意してほしい。ロンドン学派は柔軟性を放棄しているわけではない。柔軟性にも重きを置いている。確定性を手に入れるためには、ある程度の柔軟性を犠牲にするという意味である。

ロンドン学派の書いたテストを見ると、一貫性があり、比較的制約の少ない、モックやスパイを使っていることがわかるだろう。

結果よりもアルゴリズムにフォーカスしているのである。ロンドン学派にとって、結果は重要だが、**結果を得るための方法**のほうが重要なのである。これが魅力的な設計アプローチにつながる。ロンドン学派は**アウトサイドイン**の設計を実践している。

アウトサイドインの設計アプローチに従えば、**ユースケースごと**にユーザーインターフェイスからビジネスルールへ向かって設計する。使用しているアルゴリズムが内側へ向かうことができるように、すべての境界でモックとスパイを使用する。最終的には、ビジネスルールに到達し、ビジネスルールを実装し、ビジネスルールをデータベースに接続する。そして、やって来た道筋をモックとスパイでテストしながら、ユーザーインターフェイスまで戻る。

繰り返しになるが、このアウトサイドインの往復は**ユースケースごと**に行われる。

非常に規律と秩序のあるアプローチであり、実際にうまくアプローチである。

シカゴ学派

シカゴ学派の名前は、当時 ThoughtWorks が拠点にしていたシカゴに由来する。マーチン・ファウラーがチーフサイエンティストを務めている企業だ。シカゴという名前は少し神秘的でもある。以前はデトロイト学派と呼ばれていた。

シカゴ学派は確定性よりも柔軟性を重視している。ここでも「よりも」が重要だ。確定性の

4　Steve Freeman and Nat Pryce, *Growing Object-Oriented Software, Guided by Tests* (Addison-Wesley, 2010). 〔邦訳『実践テスト駆動開発』翔泳社〕

価値を認めながらも、選択肢があれば、柔軟性を好むということだ。その結果、インタラクションやアルゴリズムよりも結果にフォーカスしている。

こちらも異なる設計哲学につながる。シカゴ学派はビジネスルールからユーザーインターフェイスに向かって移動する。このアプローチは**インサイドアウト**の設計と呼ばれる。

シカゴ学派のプロセスもロンドン学派と同様に規律があるが、問題に対して異なる順番で対応する。シカゴ学派では、ひとつのユースケースが終わるまで次のユースケースに着手しないということがない。ユーザーインターフェイスを使うことなく、値とプロパティのテストを使用して、いくつかのビジネスルールを実装する。ユーザーインターフェイスやビジネスルールとの間のレイヤーについては、必要に応じて実装する。

シカゴ学派はビジネスルールをデータベースまで持っていくことがない。ユースケースごとに往復するのではなく、レイヤー内の相乗効果や重複を探索している。ユースケースの入力から出力まで糸を縫い付けるのではなく、ビジネスルールからユーザーインターフェイスやデータベースへ向かい、レイヤー内に幅広のストライプを広げている。レイヤーを探索するときは、デザインパターンや抽象化／一般化の機会を探している。

こちらのアプローチはロンドン学派よりも秩序はないが、全体性がある。私の個人的な意見としては、こちらのほうが全体像が明確になるように思う。

合成

2つの学派があり、いずれかを好む実践者もいるが、ロンドン学派とシカゴ学派は戦争ではない。意見が対立しているわけではない。これはあまり強調されていない点だ。

シカゴ学派だろうがロンドン学派だろうが、実践者は仕事で両方の技術を使っている。配分が違うだけである。

どちらが正しいのか？　もちろん、どちらでもない。私はシカゴ学派のほうが好きだが、あなたはロンドン学派が好きになることもあるだろう。私とあなたに意見の相違はない。実際、あなたとペアプログラミングして、素晴らしい合成を作りたいものだ。

アーキテクチャについて考え始めると、このような合成が非常に重要になる。

アーキテクチャ

ロンドン学派とシカゴ学派の戦略について、私がトレードオフを行うのはアーキテクチャに関するところだ。『Clean Architecture[5]』を読めば、私がシステムをコンポーネントに分割す

5　Robert C. Martin, *Clean Architecture: A Craftsman's Guide to Software Structure and Design* (Addison-Wesley, 2018).（邦訳『Clean Architecture ─ 達人に学ぶソフトウェアの構造と設計』アスキードワンゴ）

るのが好きということがわかるだろう。分割されたコンポーネント間のことを**境界線**と呼んでいる。私の境界線のルールは、ソースコードの依存関係は常に高レベルの方針へ向かって境界線を越えなければならない、というものだ。

つまり、低レベルの詳細を含むコンポーネント（GUI やデータベース）は、高レベルのコンポーネント（ビジネスルールなど）に依存するということだ。高レベルのコンポーネントは、低レベルのコンポーネントには依存しない。SOLID 原則の D である依存関係逆転の原則の例だ。

低レベルのプログラマーは、アーキテクチャの境界線を越えてテストするときにスパイ（まれにモック）を使う。別の言い方をすれば、コンポーネントをテストするときは、協調しているコンポーネントを**スパイ**を使ってモックにして、正しく呼び出せているかを確認する。したがって、テストがアーキテクチャの境界線を越えるときは、私はロンドン学派である。

だが、テストが境界線を越えないときは、私はシカゴ学派になる。コンポーネントの内部では、結合（や壊れやすさ）をできるだけ低く維持するために、状態のテストやプロパティのテストに依存する。

例を見てみよう。**図 3-8** の UML 図は、複数のクラスとそれらを含む 4 つのコンポーネントを示している。

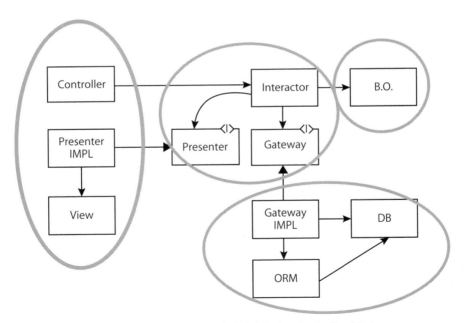

図 3-8　複数のクラスとそれらを含む 4 つのコンポーネント

矢印はすべて低レベルのコンポーネントから高レベルのコンポーネントへ向かっている。

『Clean Architecture』で説明した「依存性のルール」である。最上位のコンポーネントには、ビジネスオブジェクトが含まれる。次のレベルには、インタラクターと通信用のインターフェースが含まれる。最下位のレベルは、GUIとデータベースである。

　ビジネスオブジェクトをテストするときにスタブを使用することはあるが、他のコンポーネントを知る必要がないので、スパイやモックは必要ない。

　インタラクターは、ビジネスオブジェクト、データベース、GUIを操作する。我々のテストでは、スパイを使用して、データベースとGUIが適切に操作されていることを確認するだろう。ただし、インタラクターとビジネスオブジェクトの間でスパイやスタブを使用することはない。ビジネスオブジェクトの機能はそれほど高価ではないからだ。

　コントローラーをテストするときは、ほぼ確実にスパイを使ってインタラクターを表す。データベースやプレゼンターに伝播させたくないからだ。

　プレゼンターは興味深いところだ。これはGUIコンポーネントの一部になるが、テストするためにはスパイが必要になる。実際のビューでテストしたくないので、コントローラーやプレゼンターから離れてビューを保持できるように、5番目のコンポーネントが必要になるだろう。

　最後はちょっとだけ複雑になっているが、よくあることだ。テストで必要になるために、コンポーネントの境界線を変更するのである。

結論

　本章では、TDDの高度な側面について説明した。アルゴリズムの段階的な開発、行き詰まりの問題、テストの有限状態機械の特性、テストダブル、TDDの不確定性原理などである。しかし、これで終わりではない。他にもたくさんある。だから、熱い紅茶を用意して、不可能性発生機を無限大にしよう[6]。

6　訳注：『銀河ヒッチハイク・ガイド』のネタだと思われる。

テスト設計

　第2章「テスト駆動開発」で紹介したTDDの3つの法則を見ると、TDDは浅いスキルだと思ったかもしれない。3つの法則に従うだけじゃあないか。そんなわけはない。TDDは深いスキルだ。TDDにはいくつもの層があり、それらを習得するには（数年とは言わないまでも）数か月はかかる。

　本章では、こうした層の一部を掘り下げていく。たとえば、データベースやGUIなどのテストが難しいところ、優れたテスト設計につながる設計原則、テストのパターン、興味深くて核心を突くような理論的可能性などだ。

データベースのテスト

　データベースのテストの最初のルールは「**データベースをテストするな**」である。データベースをテストする必要はない。データベースが動作していると想定すればいい。データベースが動作していなければ、すぐにわかるはずだ。

　テストしたいのはクエリである。というより、データベースに流すコマンドが適切かどうか
をテストしたい。SQL を直接書いているならば、意図したとおりに SQL 文が動作するかをテ
ストしたい。Hibernate などの ORM フレームワークを使っているならば、意図したとおりに
データベースを操作できているかをテストしたい。NoSQL データベースを使っているならば、
意図したとおりにデータベースアクセスできているかをテストしたい。

　これらのテストはビジネスルールをテストするものではない。クエリをテストするものだ。
したがって、2 つ目のルールは「**データベースをビジネスルールから切り離せ**」である。

　データベースをビジネスルールから切り離すには、インターフェイスを作成する。**図 4-1** で
は、Gateway と呼んでいる。Gateway インターフェイスでは、実行したいクエリの種類ごとに
メソッドを作っている。これらのメソッドはクエリを変更するために引数を取ることができる。
たとえば、データベースから 2001 年以降に雇用したすべての Employee（従業員）を取得した
ければ、getEmployeesHiredAfter(2001) メソッドを呼び出す。

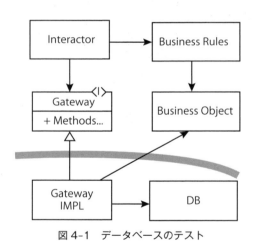

図 4-1　データベースのテスト

　データベースで実行したいすべてのクエリ（追加・更新・削除）には、対応するメソッド
が Gateway インターフェイスに用意されている。データベースが分割されていれば、複数の
Gateway を作ることもできる。

　GatewayImpl クラスは Gateway を実装している。必要とされる機能を実行するために、実際
のデータベースに指示を出すものだ。SQL データベースであれば、GatewayImpl クラスで SQL
を作成する。ORM を使っていれば、GatewayImpl クラスから ORM フレームワークを操作す
る。SQL、ORM フレームワーク、データベース API は、Gateway と GatewayImpl[1]を分離する

1　Martin Fowler, *Patterns of Enterprise Application Architecture* (Addison-Wesley, 2003), 466.（邦訳『エンタープライズアプリ
　　ケーションアーキテクチャパターン』翔泳社）

アーキテクチャの境界線を越えない。

データベースのスキーマには境界線を越えてもらいたくない。GatewayImpl はデータベースから取得した行やデータ要素の梱包を解き、そのデータを使って適切なビジネスオブジェクトを作り、境界線を越えてビジネスルールに渡す。

こうすれば、データベースのテストは簡単である。シンプルなテスト用のデータベースを作り、テストから GatewayImpl のクエリ関数を呼び出し、意図したものがテストデータベースに反映されていることを確認すればいい。クエリ関数から適切にロードされたビジネスオブジェクトが戻ってくることを確認すればいい。追加・更新・削除がデータベースに適切に反映されていることを確認すればいい。

テストには本番用のデータベースを使うべきではない。テストが動作するのに十分な行数が含まれるテスト用のデータベースを作成しよう。また、バックアップも作成しておこう。**常に同じテストデータに対してテストを実行できるように、テストを実行する前にバックアップからリストアするのである。**

ビジネスルールをテストするときは、スタブやスパイを使って GatewayImpl クラスを置き換えよう。ビジネスルールはデータベースに接続してテストするべきではない。時間がかかるし、間違いを起こしやすい。データベースに接続せずに、ビジネスルールとインタラクターが Gateway インターフェイスを正しく操作していることを確認しよう。

GUIのテスト

GUI のテストのルールは以下のとおりである。

1. GUI をテストしない。
2. GUI 以外のすべてをテストする。
3. GUI は思っているよりも小さい。

3つ目のルールから取り上げよう。GUI は思っているよりも小さい。GUI は情報を画面に表示する小さな要素だ。ソフトウェアのなかで最も小さな部分である。GUI は実際に画面にピクセルを描画するエンジンに渡すコマンドを構築するソフトウェアである。

ウェブベースのシステムでは、GUI は HTML を構築するソフトウェアである。デスクトップのシステムでは、GUI はグラフィックコントロールの API を呼び出すソフトウェアである。ソフトウェア設計者としての仕事は、GUI のソフトウェアをできるだけ小さくすることだ。

たとえば、GUI は日付、通貨、数値のフォーマット方法を知る必要があるだろうか？　知る

必要はない。それは他のモジュールがやってくれるはずだ。GUI に必要なのは、フォーマットされた日付、通貨、数値を表す文字列である。

この「他のモジュール」のことを**プレゼンター**と呼んでいる。プレゼンターは画面やウィンドウに表示するデータのフォーマットや配置を行う。プレゼンターがいろいろやってくれるおかげで、GUI をかなり小さくできる。

たとえば、プレゼンターはボタンやメニュー項目の状態を決定する。項目の名前やグレイアウトすべきかどうかを決めるのである。ウィンドウの状態によってボタンの名前が変わる場合、ウィンドウの状態を把握してボタンの名前を変えるのはプレゼンターである。画面に数字のグリッドを表示する場合、文字列の表を作成して書式や配置を決めるのはプレゼンターである。特別なカラーやフォントが必要なフィールドがある場合、そのカラーやフォントを決めるのはプレゼンターである。

プレゼンターは、こうした細かな書式や配置をすべて引き受け、文字列やフラグで構成されるシンプルなデータ構造を作成する。GUI がそうしたデータ構造を使い、画面に送るコマンドを作成する。その結果、GUI は非常に小さくなる。

プレゼンターが作成するデータ構造は、**ビューモデル**と呼ばれる。

図 4-2 では、インタラクターがプレゼンターに画面に表示するデータを伝える責任を担っている。プレゼンターの複数の関数にデータ構造を渡すことになるだろう。実際のプレゼンターは、インターフェイスによってインタラクターから守られている。上位のインタラクターが下位のプレゼンターの実装に依存することを防いでいるのである。

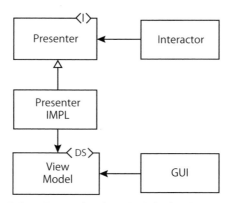

図 4-2　インタラクターは画面に表示するデータをプレゼンターに伝える責任がある

プレゼンターはビューモデルというデータ構造を構築する。GUI がそれを画面を制御するコマンドに変換する。

プレゼンターのスパイを使えば、インタラクターをテストできることは明らかだ。同様に、

プレゼンターにコマンドを送り、ビューモデルの結果を検査すれば、プレゼンターをテストできることは明らかだ。

　簡単に（自動ユニットテストで）テストできないのは GUI だけなので、GUI を小さくするのである。

　もちろん GUI もテストできる。目を使えばいい。用意したビューモデルを GUI に渡して、適切にレンダリングされているかどうかを目視で確認するのである。

　目視のところを自動化するツールもあるが、私は推奨しない。実行速度が遅く、壊れやすいからだ。さらには、GUI は変化しやすいモジュールである。誰かが画面上の見た目を変更しようとすると、GUI のコードに影響を及ぼすことになる。したがって、自動テストを書こうとするのは時間のムダである。コードが頻繁に変更されるからだ。コードが頻繁に変更されるということは、テストも長続きはしない。

GUIのインプット

　GUI のインプットのテストも同じルールに従う。「**GUI をできるだけ重要なものにしない**」だ。図 **4-3** では、GUI フレームワークはシステム境界に位置するコードである。GUI フレームワークには、ウェブコンテナ、Swing[2]、Processing[3] などがある。

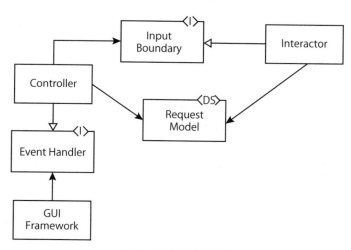

図 4-3　GUI のテスト

GUI フレームワークは EventHandler インターフェイス経由でコントローラーとやり取りす

2　https://docs.oracle.com/javase/8/docs/technotes/guides/swing/

3　https://processing.org/

る。コントローラーが GUI フレームワークのコードに推移的に依存しないようにするためだ。コントローラーの仕事は必要なイベントを GUI フレームワークから収集して、純粋なデータ構造にすることである。ここではそのデータ構造を RequestModel と呼ぶ。

RequestModel が完成したら、コントローラーはそれをインタラクターのインターフェイスである InputBoundary に渡す。ここでもインターフェイスを用意しているのは、ソースコードの依存関係をアーキテクチャ的に正しい方向にするためである。

インタラクターのテストは簡単だ。適切な RequestModel を作り、それをインタラクターに渡すだけである。結果を直接チェックすることもできるし、スパイを使ってチェックすることもできる。コントローラーのテストも簡単だ。EventHandler 経由でイベントを呼び出し、コントローラーが適切な RequestModel を作成していることを確認すればいい。

テストパターン

テストのデザインパターンにはさまざまなものがある。それを解説した書籍もある。たとえば、ジェラルド・メーサーロシュの『xUnit Test Patterns』[4]や J・B・レインズバーガーとスコット・スターリングの『JUnit Recipes』[5]が挙げられる。

これらのパターンやレシピをすべて紹介するつもりはない。ここでは、私が長年にかけて有益だと思っている 3 つのパターンを説明したい。

テスト用サブクラス

このパターンは安全装置として使用されるものである。たとえば、XRay クラスの align メソッドをテストするとしよう。だが、align メソッドは turnOn メソッドを呼び出している。テストを実行するたびにレントゲン（XRay）をオンにしたくはないだろう。

解決策としては、**図 4-4** に示すように、XRay の**テスト用サブクラス**を作り、turnOn メソッドをオーバーライドして何もしないようにする。テストでは、SafeXRay クラスのインスタンスを生成し、assign メソッドを呼び出す。こうすれば、レントゲンがオンになることを心配する必要がない。

さらには、テスト用サブクラスをスパイにすると便利なことが多い。安全ではないメソッドが呼び出されたかどうかをテストから安全なオブジェクトに問い合わせることができるからだ。

この例では、SafeXRay がスパイならば、turnOn メソッドで呼び出しを記録しておく。XRayTest

4　Gerard Meszaros, *XUnit Test Patterns: Refactoring Test Code* (Addison-Wesley, 2012).

5　J. B. Rainsberger and Scott Stirling, *JUnit Recipes: Practical Methods for Programmer Testing* (Manning, 2006).

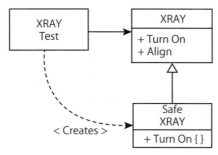

図 4-4　テスト用サブクラスパターン

クラスのテストメソッドからは、その記録を問い合わせることで、`turnOn` が呼び出されたかどうかを確認できる。

　テスト用サブクラスパターンを安全のためではなく、利便性やスループットのために使用することもある。テストしているメソッドが新しいプロセスを開始したり、高価な計算を実行したりすることは避けたいはずだ。

　テスト用サブクラスでオーバーライドできるように、危険な処理、不便な処理、遅い処理を新しいメソッドとして抽出することはめずらしいことではない。これもテストがコードの設計に影響を与えるひとつの方法である。

自己短絡

　バリエーションとして**自己短絡**パターンがある。テストクラスは**クラス**なので、**図 4-5** のようにテストクラスをテスト用サブクラスにすると便利なことが多い。

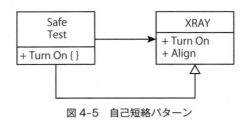

図 4-5　自己短絡パターン

　`SafeTest` クラスが `turnOn` メソッドをオーバーライドしており、このメソッドのスパイの役割を担っている。

　自己短絡はシンプルなスパイや安全装置が欲しいときに便利である。だが、スパイや安全装置を示す名前のついたクラスがないと、コードを読む人が戸惑ってしまうことがあるので、私

はこのパターンを慎重に使うようにしている。

　このパターンを使うときに覚えておきたいのは、テスティングフレームワークによってテストクラスを生成するタイミングが違うということだ。たとえば、JUnit では、テストメソッドが呼び出されるたびにテストクラスの新しいインスタンスが生成される。NUnit では、テストクラスのひとつのインスタンスですべてのテストメソッドが実行される。したがって、スパイの変数を適切にリセットする必要がある。

質素なオブジェクト（Humble Object）

　我々はシステムのすべてのコードを TDD の３つの法則を使ってテストできると思っている。だが、これは完全に正しいとは言えない。ハードウェアの境界線を越えて通信するコードのテストはとんでもなく難しいからだ。

　たとえば、画面に表示されたもの、ネットワークインターフェイスに送信されたもの、パラレルポートやシリアルポートに送信されたものをテストするのはかなり難しい。特別なハードウェア装置と通信できなければ、テストは不可能である。

　そうしたハードウェア装置は速度が遅かったり、信頼性が低かったりする。たとえば、画面を撮影するカメラを想像してほしい。テストコードからは画面に送信した画像がカメラに戻ってきているかを確認する必要がある。あるいは、ネットワークアダプターのアウトプットポートをインプットポートに接続するループバックケーブルを想像してほしい。テストではインプットポートに入ってくるデータストリームを読み取り、アウトプットポートに送信したデータを見つける必要がある。

　こうしたハードウェア装置は、まったく使えないとは言わないが、かなり不便なものである。

　質素なオブジェクトパターンは妥協案だ。実用的にテストできないコードがあることを認めている。したがって、このパターンの目的は、テストする必要がないほど質素なコードにして、コードに**恥をかかせる**ことである。「GUI のテスト」でも簡単な例を紹介したが、さらに詳しく見ていこう。

　一般的な戦略を図 **4-6** に示した。境界線を越えて通信するコードは２つの要素に分けられる。プレゼンターと **質素なオブジェクト**（ここでは HumbleView）だ。これらの間を Presentation というデータ構造で通信する。

　アプリケーション（図示していない）が画面に何かを表示したいとしよう。アプリケーションは適切なデータをプレゼンターに送信する。プレゼンターはデータをシンプルな形式にしてから、Presentation に読み込む。HumbleView から複雑な処理を排除するためだ。HumbleView の仕事は、Presentation のデータを境界線の向こうに送信するだけである。

　具体的に考えてみよう。アプリケーションが、［送信］と［キャンセル］ボタン、注文 ID の

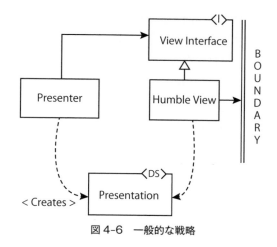

図 4-6　一般的な戦略

選択メニュー、日付と通貨の表を持つダイアログボックスを表示したいとしよう。アプリケーションがプレゼンターに送信するデータは、メニューから選択可能な Order オブジェクトのリストと、表にする Date オブジェクトと Money オブジェクトである。

　プレゼンターの仕事はそれらを文字列とフラグに変換して、Presentation に読み込むことだ。Money と Date オブジェクトはロケールを指定した文字列に変換する。Order オブジェクトは文字列の ID に変換する。2 つのボタンの名前は文字列として読み込む。ボタンをグレイアウトする必要がある場合は、適切なフラグを Presentation にセットする。

　その結果、HumbleView は文字列とフラグのデータを境界線の向こうに送信するだけになる。繰り返しになるが、HumbleView をテストする必要がないほどシンプルにすることが目的だ。

　この戦略は、画面以外でも境界線を越えるものならば有効である。

　たとえば、自動運転車の制御ソフトウェアを開発しているとしよう。ハンドルはステッピングモーターで制御している。ステップごとにハンドルが 1 度回転する。ソフトウェアでは、以下のコマンドでステッピングモーターを制御している。

```
out(0x3ff9, d);
```

　0x3ff9 はステッピングモーターのコントローラーの IO アドレスだ。d には、右回転であれば 1、左回転であれば 0 を指定する。

　高レベルでは、自動運転 AI が SteeringPresenter に以下のようなコマンドを送信する。

```
turn(RIGHT, 30, 2300);
```

　これは車（ハンドルではない！）の向きを 2,300 ミリ秒かけて右 30 度にすることを意味している。ハンドルを右に一定のステップ数だけ一定の速度で回転させ、左に一定の速度で戻せば、2,300 ミリ秒後に車の向きが右 30 度になる。

　それでは、ハンドルが AI によって制御されていることをどうやってテストするのだろうか？

　低レベルのハンドルの制御ソフトウェアに「恥をかかせる」必要がある。そのためには、以下のようなデータ構造の配列を渡せばいい。

```
struct SteeringPresentationElement{
  int steps;
  bool direction;
  int stepTime;
  int delay;
};
```

　低レベルのコントローラーはこの配列を調べて、適切な数の steps、特定の direction、ステップ間に待機する stepTime ミリ秒、配列の次の要素に移動するまでの待機時間 delay ミリ秒をステッピングモーターに発行する。

　SteeringPresenter は、AI からのコマンドを SteeringPresentationElements の配列に変換する。そのためには、SteeringPresenter は車の速度、ハンドルの角度と車のホイールの角度の比率を知る必要がある。

　SteeringPresenter のテストが簡単なことは明らかだろう。テストから turn コマンドを SteeringPresenter に送信して、結果となる SteeringPresentationElements の配列を検査すればいい。

　最後に、図の ViewInterface に注目してほしい。ViewInterface、Presenter、Presentation をひとつのコンポーネントに入れておくと、HumbleView がそのコンポーネントに依存するようになる。これは高レベルのプレゼンターから詳細な実装である HumbleView に依存させないようにするためのアーキテクチャ戦略である。

テスト設計

　本番コードをうまく設計すべきことは誰もが知っている。だが、テストの設計について考えたことはあるだろうか？　おそらくないだろう。実際、多くのプログラマーが設計を考えずにテストを書いている。それがいくつかの問題を引き起こしている。

壊れやすいテストの問題

TDD に不慣れなプログラマーを悩ましているのは、壊れやすいテストの問題である。本番コードに小さな変更を加えたときに多くのテストが動かなくなるならば、テストスイートが壊れやすくなっている。本番コードの変更が小さいほど、壊れるテストの数が多いほど、この問題は扱いが面倒になる。多くのプログラマーが数か月程度で TDD を諦めてしまうのは、この問題が原因である。

壊れやすい問題は常に設計の問題である。ひとつのモジュールに小さな変更を加えたときに、他のモジュールにも多くの変更を加える必要があるとしたら、明らかに設計に問題がある。実際、設計が貧弱であることの定義は「小さな変更で多くの部分が壊れてしまう」である。

テストはシステムと同じように設計する必要がある。本番コードに適用する設計のルールをテストにも適用すべきだ。テストを特別扱いする必要はない。テストを壊れにくくするには、適切に設計する必要がある。

TDD の初期のガイダンスの多くはテストの設計を無視していた。実際、優れた設計に反した構造を推奨しており、本番コードと密結合した壊れやすいテストになっていた。

1対1の対応関係

特に有害な問題として、本番コードのモジュールがテストのモジュールと「1 対 1 の対応関係」になるというものがある。TDD の初心者は、本番の X（モジュールやクラス）には対応する XTest（モジュールやクラス）が必要だという誤った知識を教えられる。

残念ながら、これでは本番コードとテストコードが構造的に結合してしまう。結合していると、テストが壊れやすくなる。プログラマーが本番コードのモジュール構造を変更しようとすると、テストのモジュール構造も変更することになる。

この構造的な結合は、図で見るとわかりやすい（**図 4-7**）。

図の右側には、本番コードのモジュールが 5 つある（α、β、γ、δ、ε）。α と ε は独立しているが、β は γ と、γ は δ と結合している。図の左側には、テストモジュールがある。テストモジュールは対応する本番コードのモジュールと結合している。β は γ と δ と結合しているため、β Test も γ や δ と結合することになる。

こうした結合はわかりにくい。β Test が γ や δ と結合しているのは、β が γ と δ で構築されているか、β のメソッドが γ や δ を引数として受け取るからだろう。

β Test が複数の本番コードと結合しているということは、δ に変更を加えると β Test、γ Test、δ Test に影響を与えるということである。テストコードと本番コードが 1 対 1 に対応

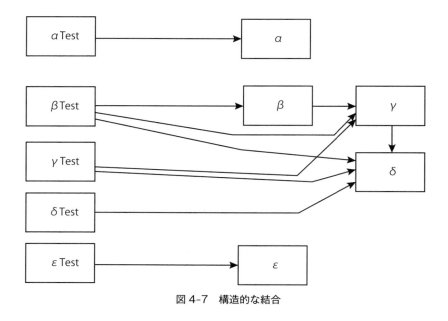

図 4-7　構造的な結合

しているため、両者が密結合して壊れやすくなっているのである。

　ルール 12：テストの構造を本番コードの構造から分離する。

対応関係の解消

　テストコードと本番コードの対応関係を解消するには、あるいはそもそも対応関係を作らないようにするには、テストモジュールを他のモジュールと同じように考える必要がある。つまり、相互に分離した独立したモジュールにするのである。

　最初はバカげているように思えるかもしれない。テストから本番コードを**使用する**のだから、両者は結合しなければならないと思うだろう。テストから本番コードを使用するのは真だが、両者は結合しなければならないは偽である。コードの使用は強い結合を意味しない。実際、優れた設計者はモジュールが相互に使用することを許しながら、モジュール間の強い結合を解消しようとする。

　では、どのように実現するのだろうか？　インターフェイス層を作るのである。

　図 **4-8** では、α Test が α と結合している。α の裏側には α をサポートするモジュール群があるが、α Test からは見えないようになっている。つまり、α がモジュール群のインターフェイスなのである。優れたプログラマーであれば、α のモジュール群の詳細がインターフェイス

から漏れないように注意を払うだろう。

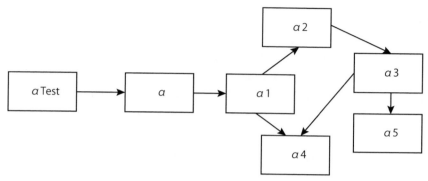

図 4-8　インターフェイス層

　図 **4-9** に示すように、規律あるプログラマーは α Test を α のモジュール群の詳細から保護
するだろう。両者の間にポリモーフィックインターフェイスを挟むのである。これによりテス
トモジュールと本番コードのモジュールの推移的な依存関係が解消される。

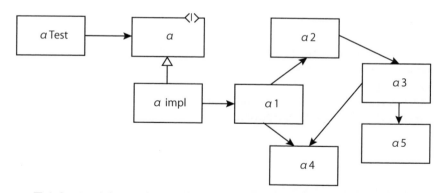

図 4-9　テストと α モジュール群の間にポリモーフィックインターフェイスを挟む

　繰り返しになるが、TDD 初心者はバカげていると思うだろう。α Test からアクセスできな
い α5 のテストをどうやって書けばいいんだ？　と疑問に思うはずだ。答えは簡単である。α5
の機能をテストするために α5 にアクセスする必要はない。

　α5 が α にとって重要な機能を担っているのなら、α5 の機能は α インターフェイス経由でテ
スト可能でなければならない。これは任意のルールではない。数学的に確かなことである。振
る舞いが重要であれば、インターフェイスを経由して見えなければならない。実際に見えるの
であれば、直接的であっても間接的であっても構わない。

　この点を明確にするために、例を使って説明しよう。

ビデオストア

　「ビデオストア」は、テストコードと本番コードの分離の概念を示す古典的な例である。皮肉なことに、この例は偶然から生まれている。当初はマーチン・ファウラーが『リファクタリング』の第1版[6]において、リファクタリングの例として使用していた問題である。彼は「テストがない Java の悪いコード」を紹介したあとに、リファクタリングによってコードをクリーンにしている。

　ここではスクラッチから TDD を使ってプログラムを作っていこう。テストを読みながら要件を学んでほしい。

要件1：通常の映画は初日は 1.5 ドルでレンタルできる。また、1日ごとに1レンタルポイントを獲得できる。

レッド：CustomerTest という名前の顧客のテストクラスを作り、最初のテストメソッドを追加しよう。

```java
public class CustomerTest {
  @Test
  public void RegularMovie_OneDay() throws Exception {
    Customer c = new Customer();
    c.addRental("RegularMovie", 1);
    assertEquals(1.5, c.getRentalFee(), 0.001);
    assertEquals(1, c.getRenterPoints());
  }
}
```

グリーン：これは簡単にパスできる。

```java
public class Customer {
  public void addRental(String title, int days) {
  }

  public double getRentalFee() {
    return 1.5;
  }
```

6　Martin Fowler, *Refactoring* (Addison-Wesley, 1999).（邦訳『リファクタリング ─ プログラムの体質改善テクニック』ピアソンエデュケーション）

```
    public int getRenterPoints() {
      return 1;
    }
  }
```

リファクタ：クリーンにしよう。

```
  public class CustomerTest {
    private Customer customer;

    @Before
    public void setUp() throws Exception {
      customer = new Customer();
    }

    private void assertFeeAndPoints(double fee, int points) {
      assertEquals(fee, customer.getRentalFee(), 0.001);
      assertEquals(points, customer.getRenterPoints());
    }

    @Test
    public void RegularMovie_OneDay() throws Exception {
      customer.addRental("RegularMovie", 1);
      assertFeeAndPoints(1.5, 1);
    }
  }
```

要件2：通常の映画は2日目と3日目は無料でレンタルできる。なお、2日目と3日目はポイントを獲得できない。

グリーン：本番コードに変更はない。

```
  @Test
  public void RegularMovie_SecondAndThirdDayFree() throws Exception {
    customer.addRental("RegularMovie", 2);
    assertFeeAndPoints(1.5, 1);
    customer.addRental("RegularMovie", 3);
    assertFeeAndPoints(1.5, 1);
  }
```

要件3：以降は1日に1.5ドルでレンタルできる。また、1日に1レンタルポイントを獲得で

きる。

レッド：テストはシンプルだ。

```
@Test
public void RegularMovie_FourDays() throws Exception {
  customer.addRental("RegularMovie", 4);
  assertFeeAndPoints(3.0, 2);
}
```

グリーン：修正は難しくない。

```
public class Customer {
  private int days;

  public void addRental(String title, int days) {
    this.days = days;
  }

  public double getRentalFee() {
    double fee = 1.5;
    if (days > 3)
      fee += 1.5 * (days - 3);
    return fee;
  }

  public int getRenterPoints() {
    int points = 1;
    if (days > 3)
      points += (days - 3);
    return points;
  }
}
```

リファクタ：削除できる重複が少しあるが、いくつかの問題が発生する。

```
public class Customer {
  private int days;

  public void addRental(String title, int days) {
    this.days = days;
```

```
    }

    public int getRentalFee() {
      return applyGracePeriod(150, 3);
    }

    public int getRenterPoints() {
      return applyGracePeriod(1, 3);
    }

    private int applyGracePeriod(int amount, int grace) {
      if (days > grace)
        return amount + amount * (days - grace);
      return amount;
    }
  }
```

レッド：レンタルポイントと料金の両方に applyGracePeriod を使いたいが、ポイントは int で、料金は double だ。お金は double にはできない！　そこで、fee を int に変更したが、すべてのテストが壊れてしまった。元に戻して、すべてのテストを修正する必要がある。

```
  public class CustomerTest {
    private Customer customer;

    @Before
    public void setUp() throws Exception {
      customer = new Customer();
    }

    private void assertFeeAndPoints(int fee, int points) {
      assertEquals(fee, customer.getRentalFee());
      assertEquals(points, customer.getRenterPoints());
    }

    @Test
    public void RegularMovie_OneDay() throws Exception {
      customer.addRental("RegularMovie", 1);
      assertFeeAndPoints(150, 1);
    }

    @Test
```

```
  public void RegularMovie_SecondAndThirdDayFree() throws Exception {
    customer.addRental("RegularMovie", 2);
    assertFeeAndPoints(150, 1);
    customer.addRental("RegularMovie", 3);
    assertFeeAndPoints(150, 1);
  }

  @Test
  public void RegularMovie_FourDays() throws Exception {
    customer.addRental("RegularMovie", 4);
    assertFeeAndPoints(300, 2);
  }
}
```

要件 4：子ども向けの映画は 1 日 1 ドルでレンタルできる。また、1 レンタルポイントを獲得できる。

レッド：初日のビジネスルールはシンプルだ。

```
  @Test
  public void ChildrensMovie_OneDay() throws Exception {
    customer.addRental("ChildrensMovie", 1);
    assertFeeAndPoints(100, 1);
  }
```

グリーン：汚いコードだが、これをパスさせるのは難しくない。

```
  public int getRentalFee() {
    if (title.equals("RegularMovie"))
      return applyGracePeriod(150, 3);
    else
      return 100;
  }
```

リファクタ：汚いところをクリーンにする必要がある。ビデオの種類をタイトルに結び付ける方法はないので、レジストリを作成しよう。

```
  public class Customer {
    private String title;
    private int days;
```

```java
    private Map<String, VideoType> movieRegistry = new HashMap<>();

    enum VideoType {REGULAR, CHILDRENS};

    public Customer() {
      movieRegistry.put("RegularMovie", REGULAR);
      movieRegistry.put("ChildrensMovie", CHILDRENS);
    }

    public void addRental(String title, int days) {
      this.title = title;
      this.days = days;
    }

    public int getRentalFee() {
      if (getType(title) == REGULAR)
        return applyGracePeriod(150, 3);
      else
        return 100;
    }

    private VideoType getType(String title) {
      return movieRegistry.get(title);
    }

    public int getRenterPoints() {
      return applyGracePeriod(1, 3);
    }

    private int applyGracePeriod(int amount, int grace) {
      if (days > grace)
        return amount + amount * (days - grace);
      return amount;
    }
}
```

いい感じだ。だが、単一責任の原則[7]に違反している。Customer クラスはレジストリの初期化を担当すべきではないからだ。レジストリの初期化はシステムの初期設定のところでやるべきだ。それでは、レジストリを Customer から分離しよう。

7　Robert C. Martin, *Clean Architecture: A Craftsman's Guide to Software Structure and Design* (Addison-Wesley, 2018)（邦訳『Clean Architecture ── 達人に学ぶソフトウェアの構造と設計』アスキードワンゴ）

```java
public class VideoRegistry {
  public enum VideoType {REGULAR, CHILDRENS}

  private static Map<String, VideoType> videoRegistry =
                new HashMap<>();

  public static VideoType getType(String title) {
    return videoRegistry.get(title);
  }

  public static void addMovie(String title, VideoType type) {
    videoRegistry.put(title, type);
  }
}
```

VideoRegistry は Monostate クラスである[8]。これはインスタンスが 1 つであることを保証するものだ。テストから静的に初期化する。

```java
@BeforeClass
public static void loadRegistry() {
  VideoRegistry.addMovie("RegularMovie", REGULAR);
  VideoRegistry.addMovie("ChildrensMovie", CHILDRENS);
}
```

これで Customer クラスがかなりクリーンになる。

```java
public class Customer {
  private String title;
  private int days;

  public void addRental(String title, int days) {
    this.title = title;
    this.days = days;
  }

  public int getRentalFee() {
    if (VideoRegistry.getType(title) == REGULAR)
      return applyGracePeriod(150, 3);
```

8　Robert C. Martin, *Agile Software Development: Principles, Patterns, and Practices* (Prentice Hall, 2003)（邦訳『アジャイルソフトウェア開発の奥義』SB クリエイティブ）

```
      else
        return 100;
    }

    public int getRenterPoints() {
      return applyGracePeriod(1, 3);
    }

    private int applyGracePeriod(int amount, int grace) {
      if (days > grace)
        return amount + amount * (days - grace);
      return amount;
    }
  }
```

レッド：要件4では、子ども向けの映画は「1日に1ポイント」ではなく「1ポイント」獲得できるとしている。したがって、次のテストは以下のようになる。

```
@Test
public void ChildrensMovie_FourDays() throws Exception {
  customer.addRental("ChildrensMovie", 4);
  assertFeeAndPoints(400, 1);
}
```

4日を選んだのは、Customer の getRenterPoints メソッドから applyGracePeriod を呼び出すときに、2つ目の引数に3を使っているからだ（TDD では無邪気なふりをしているが、実際には何が起きているかを把握している）。

グリーン：レジストリを導入すれば、簡単に修復できる。

```
public int getRenterPoints() {
  if (VideoRegistry.getType(title) == REGULAR)
    return applyGracePeriod(1, 3);
  else
    return 1;
}
```

ここで VideoRegistry クラスにテストがないことに気づいてもらいたい。正確には、直接的なテストがない。VideoRegistry が正しく動作していないならば、テストがパスしていないは

165

ずなので、VideoRegistry は間接的にはテストされている。

レッド：この時点で、Customer クラスはひとつの映画しか扱えない。複数の映画を扱えるようにしよう。

```
@Test
public void OneRegularOneChildrens_FourDays() throws Exception {
  customer.addRental("RegularMovie", 4); // $3+2p
  customer.addRental("ChildrensMovie", 4); // $4+1p

  assertFeeAndPoints(700, 3);
}
```

グリーン：リストとループを追加した。また、レジストリ関係を Rental クラスに移動した。

```
public class Customer {
  private List<Rental> rentals = new ArrayList<>();

  public void addRental(String title, int days) {
    rentals.add(new Rental(title, days));
  }

  public int getRentalFee() {
    int fee = 0;
    for (Rental rental : rentals) {
      if (rental.type == REGULAR)
        fee += applyGracePeriod(150, rental.days, 3);
      else
        fee += rental.days * 100;
    }
    return fee;
  }

  public int getRenterPoints() {
    int points = 0;
    for (Rental rental : rentals) {
      if (rental.type == REGULAR)
        points += applyGracePeriod(1, rental.days, 3);
      else
        points++;
    }
```

166

```
      return points;
    }

    private int applyGracePeriod(int amount, int days, int grace) {
      if (days > grace)
        return amount + amount * (days - grace);
      return amount;
    }
}

public class Rental {
  public String title;
  public int days;
  public VideoType type;

  public Rental(String title, int days) {
    this.title = title;
    this.days = days;
    type = VideoRegistry.getType(title);
  }
}
```

これだと古いテストが失敗する。Customer が 2 つのレンタルを合計しているからだ。

```
@Test
public void RegularMovie_SecondAndThirdDayFree() throws Exception {
  customer.addRental("RegularMovie", 2);
  assertFeeAndPoints(150, 1);
  customer.addRental("RegularMovie", 3);
  assertFeeAndPoints(150, 1);
}
```

テストを 2 つに分ける必要がある。このほうがいいだろう。

```
@Test
public void RegularMovie_SecondDayFree() throws Exception {
  customer.addRental("RegularMovie", 2);
  assertFeeAndPoints(150, 1);
}

@Test
```

```
public void RegularMovie_ThirdDayFree() throws Exception {
  customer.addRental("RegularMovie", 3);
  assertFeeAndPoints(150, 1);
}
```

リファクタ：Customer クラスに気に入らないところがたくさんある。2つのループとそこに含まれる奇妙な if 文がひどい。これらのループをメソッドに抽出しよう。

```
public int getRentalFee() {
  int fee = 0;
  for (Rental rental : rentals)
    fee += feeFor(rental);
  return fee;
}

private int feeFor(Rental rental) {
  int fee = 0;
  if (rental.getType() == REGULAR)
    fee += applyGracePeriod(150, rental.getDays(), 3);
  else
    fee += rental.getDays() * 100;
  return fee;
}

public int getRenterPoints() {
  int points = 0;
  for (Rental rental : rentals)
    points += pointsFor(rental);
  return points;
}

private int pointsFor(Rental rental) {
  int points = 0;
  if (rental.getType() == REGULAR)
    points += applyGracePeriod(1, rental.getDays(), 3);
  else
    points++;
  return points;
}
```

private の2つの関数は Customer よりも Rental とやり取りをしているように見える。ユー

ティリティ関数である applyGracePeriod に移動しよう。これで Customer クラスはクリーン
になった。

```java
public class Customer {
  private List<Rental> rentals = new ArrayList<>();

  public void addRental(String title, int days) {
    rentals.add(new Rental(title, days));
  }

  public int getRentalFee() {
    int fee = 0;
    for (Rental rental : rentals)
      fee += rental.getFee();
    return fee;
  }

  public int getRenterPoints() {
    int points = 0;
    for (Rental rental : rentals)
      points += rental.getPoints();
    return points;
  }
}
```

Rental クラスが大きくなり、ひどくなってきた。

```java
public class Rental {
  private String title;
  private int days;
  private VideoType type;

  public Rental(String title, int days) {
    this.title = title;
    this.days = days;
    type = VideoRegistry.getType(title);
  }

  public String getTitle() {
    return title;
  }
```

```
    public VideoType getType() {
      return type;
    }

    public int getFee() {
      int fee = 0;
      if (getType() == REGULAR)
        fee += applyGracePeriod(150, days, 3);
      else
        fee += getDays() * 100;
      return fee;
    }

    public int getPoints() {
      int points = 0;
      if (getType() == REGULAR)
        points += applyGracePeriod(1, days, 3);
      else
        points++;
      return points;
    }

    private static int applyGracePeriod(int amount, int days, int grace)
    {
      if (days > grace)
        return amount + amount * (days - grace);
      return amount;
    }
  }
```

　if 文は取り除く必要があるだろう。新しいタイプの映画ができるたびに if 文に節が増えて
しまうからだ。サブクラスとポリモーフィズムで回避しよう。

　まず、Movie という抽象クラスを用意した。applyGracePeriod というユーティリティ関数
と、料金とポイントを取得するための 2 つの抽象関数を持っている。

```
public abstract class Movie {
  private String title;

  public Movie(String title) {
    this.title = title;
  }
```

```
    public String getTitle() {
      return title;
    }

    public abstract int getFee(int days, Rental rental);
    public abstract int getPoints(int days, Rental rental);
    protected static int applyGracePeriod( int amount, int days,
                                           int grace) {
      if (days > grace)
        return amount + amount * (days - grace);
      return amount;
    }
}
```

RegularMovie は非常にシンプルだ。

```
public class RegularMovie extends Movie {
  public RegularMovie(String title) {
    super(title);
  }

  public int getFee(int days, Rental rental) {
    return applyGracePeriod(150, days, 3);
  }

  public int getPoints(int days, Rental rental) {
    return applyGracePeriod(1, days, 3);
  }
}
```

ChildrensMovie はさらにシンプルである。

```
public class ChildrensMovie extends Movie {
  public ChildrensMovie(String title) {
    super(title);
  }

  public int getFee(int days, Rental rental) {
    return days * 100;
  }
```

```
    public int getPoints(int days, Rental rental) {
      return 1;
    }
}
```

Rental に残っているものはあまりない。デリゲーター関数がいくつかだけである。

```
public class Rental {
  private int days;
  private Movie movie;

  public Rental(String title, int days) {
    this.days = days;
    movie = VideoRegistry.getMovie(title);
  }

  public String getTitle() {
    return movie.getTitle();
  }

  public int getFee() {
    return movie.getFee(days, this);
  }

  public int getPoints() {
    return movie.getPoints(days, this);
  }
}
```

VideoRegistry クラスは Movie のファクトリーになった。

```
public class VideoRegistry {
  public enum VideoType {REGULAR, CHILDRENS;}

  private static Map<String, VideoType> videoRegistry =
                 new HashMap<>();

  public static Movie getMovie(String title) {
    switch (videoRegistry.get(title)) {
      case REGULAR:
        return new RegularMovie(title);
```

```
      case CHILDRENS:
        return new ChildrensMovie(title);
    }
    return null;
  }

  public static void addMovie(String title, VideoType type) {
    videoRegistry.put(title, type);
  }
}
```

あとは Customer だっけ？　ええと、これは名前を間違えていた。実際には RentalCalculator クラスだ。テストを他のクラスから保護するクラスである。

```
public class RentalCalculator {
  private List<Rental> rentals = new ArrayList<>();

  public void addRental(String title, int days) {
    rentals.add(new Rental(title, days));
  }

  public int getRentalFee() {
    int fee = 0;
    for (Rental rental : rentals)
      fee += rental.getFee();
    return fee;
  }

  public int getRenterPoints() {
    int points = 0;
    for (Rental rental : rentals)
      points += rental.getPoints();
    return points;
  }
}
```

最終的な図を見てみよう（**図 4-10**）。

コードを進化させながら、さまざまなリファクタリングによって、RentalCalculator の右側にあるクラスを作っていった。RentalCalculatorTest は、これらについて VideoRegistry（テストデータで初期化する必要がある）以外のことを知らない。また、他のテストモジュール

173

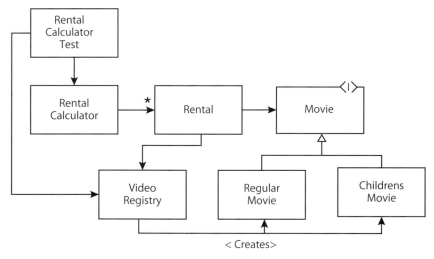

図 4-10　最終的な図

はこれらのクラスを実行していない。つまり、RentalCalculatorTest がすべてのクラスを間接的にテストしているのである。1 対 1 の対応関係が解消されている。

　これは、優れたプログラマーが本番コードの構造をテストの構造から分離・保護しているやり方だ。これによって、壊れやすいテストの問題を回避している。

　大規模なシステムでは、このパターンが何度も繰り返される。多くのモジュールがファサードやインターフェイスのモジュールによって、テストモジュールから保護されている。

　ファサード経由で複数のモジュールをテストするのは「統合テスト」だと主張する人もいるだろう。統合テストについては、本書の後半で詳しく説明する。とりあえず今は、統合テストの目的はここで示したテストの目的とは大きく違っていると言っておこう。これらはあくまでも**プログラマーテスト**だ。振る舞いを明確にするために、プログラマーがプログラマーのために作成するテストである。

具体化と一般化

　テストと本番コードは、第 2 章の素因数分解の例で学んだ要因でも分離する必要がある。第 2 章では、これはマントラであると書いた。それをルールにしてみよう。

　ルール 13：テストを具体的にすれば、コードは一般化される。

　本番コードのモジュールとテストは同じように増えていく。ただし、進化の方向性は違う。

　新しいテストケースを追加するたびに、テストスイートは具体的になる。だが、テストされるモジュールは反対方向に進める必要がある。つまり、一般化していく必要がある（**図 4-11**）。

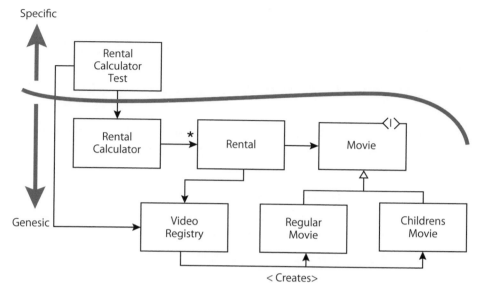

図 4-11　テストスイートは具体化、テストされるモジュールは一般化する

　これはリファクタリングのステップの目標になっている。ビデオストアの例でも見ることができた。最初に、テストケースを追加した。次に、テストをパスさせるために、本番コードを追加した。本番コードは一般化されたものではない。多くの場合、非常に具体的である。リファクタリングのステップで、具体的なコードを一般化されたものに変えた。

　テストと本番コードが別々に進化するということは、2 つの形状が大きく異なることを意味する。テストは制約と仕様のリストに成長する。本番コードはアプリケーションの抽象概念に対応する豊富なロジックと振る舞いに成長する。

　別々に進化することで、テストと本番コードが分離していく。それによって、片方の変更からもう片方を保護するのである。

　もちろん完全に分離できるわけではない。片方を変更すると、もう片方も変更することになるだろう。変更を完全に排除するのではなく、最小限に抑えるのである。ここで説明しているテクニックは、そのためのものだ。

変換の優先順位説

これまでの章には見どころがあった。TDD の規律を実践するときには、テストは具体化、本番コードは一般化する。だが、どのように変更するのだろうか？

テストに制約を追加するのは簡単である。既存のテストに新しいアサートを追加するか、新しいテストメソッドを追加すればいい。そして、新しい制約を「準備、実行、アサート」する。この操作は追加的なものである。既存のコードを変更することはない。新しいコードを追加するだけだ。

だが、テストをパスさせるのは、追加的なプロセスではない。本番コードの振る舞いに変換が必要である。こうした変換は、コードの振る舞いを変える小さな変更だ。

その後、本番コードをリファクタリングでクリーンにする。リファクタリングも小さな変更になるが、本番コードの振る舞いは保持される。

レッド/グリーン/リファクタのループの関係性がわかった。レッドのステップは追加である。グリーンのステップは変換である。リファクタのステップは修復である。

修復については、第5章で説明する。ここでは、変換について説明しよう。

変換とはコードの小さな変更のことである。振る舞いを変化させると同時に、ソリューションを一般化する。例を使って説明するとわかりやすいだろう。

第2章の素因数分解のカタを思い出してほしい。失敗する退化したテストから実装した。

```java
public class PrimeFactorsTest {
  @Test
  public void factors() throws Exception {
    assertThat(factorsOf(1), is(empty()));
  }

  private List<Integer> factorsOf(int n) {
    return null;
  }
}
```

それから、null を new ArrayList<>() に変換して、失敗しているテストをパスさせた。

```java
private List<Integer> factorsOf(int n) {
  return new ArrayList<>();
}
```

　この変換によりソリューションの振る舞いが変わった。それと同時に、ソリューションを一般化できた。null は具体的だ。ArrayList は null よりも一般化されている。

　以下の失敗するテストケースも、ソリューションを一般化する変換につながった。

```
assertThat(factorsOf(2), contains(2));

private List<Integer> factorsOf(int n) {
  ArrayList<Integer> factors = new ArrayList<>();
  if (n>1)
    factors.add(2);
  return factors;
}
```

　まず、ArrayList を変数 factors に抽出した。次に、if 文を追加した。どちらも一般化する変換だ。変数は固定値よりも一般化されている。だが、この if 文には 1 と 2 が残っており、n>1 の不等式で少し和らげているが、このテストに特化したものとなっている。この不等式については、最後まで一般化されたソリューションの一部として残ることになった。

　この知識を使って、その他の変換を見ていこう。

{} → Nil

　これは TDD の開始時に使用する変換だ。コードが存在しないところから、考えられる最も退化したコードを書くのである。コンパイルして失敗させるために、テストしている関数から null[9]を戻すようにする。素因数分解のカタのところでやった。

```
private List<Integer> factorsOf(int n) {
  return null;
}
```

　何も戻さない関数については、何も変換しない。テストが失敗することもないはずだ。したがって、すぐに次の変換に移ることになる。

9　あるいは、許容される最も退化した戻り値。

Nil → 固定値

これも素因数分解のカタで使った。null を戻すところを整数の空のリストに変換した。

```
private List<Integer> factorsOf(int n) {
  return new ArrayList<>();
}
```

第 2 章のボウリングゲームでも使ったが、そこでは {} → Nil の変換をスキップして、固定値に直行した。

```
public int score() {
  return 0;
}
```

固定値 → 変数

この変換では、固定値を変数にする。第 2 章のスタックのカタのところで、isEmpty が戻す true を保持する変数 empty を作った。

```
public class Stack {
  private boolean empty = true;

  public boolean isEmpty() {
    return empty;
  }
    ・・・
}
```

これは素因数分解のときにも見た。3 のケースをパスさせるために、固定値の 2 を引数の n に置き換えた。

```
private List<Integer> factorsOf(int n) {
  ArrayList<Integer> factors = new ArrayList<>();
  if (n>1)
```

178

```
      factors.add(n);
    return factors;
}
```

　これまでの変換によって、コードが具体的な状態から一般化された状態に移行していることがわかる。一般化することで、コードが幅広い制約を処理できるようになる。

　テストを失敗させることでコードに制約をかけているわけだが、よく考えてみると、これらの変換によって可能性が広がっていることがわかる。テストによる制約とコードの一般化の戦いは、変換によって一般化の勝利に終わるのだ。最終的には、要件に含まれるすべての制約に対応できるまで、本番コードは一般化されていく。

　少しだけ話を脱線させよう。

無条件 → 選択

　この変換では if 文などを追加する。必ずしも一般化ではない。プログラマーは失敗しているテストに特化した述語を作らないように注意する必要がある。

　素因数分解のカタでは、2 の因数分解をするときにこの変換を使った。そのときの if 文の述語が (n==2) ではなかったことに注意してほしい。それではあまりにも具体的すぎる。(n>1) という不等式は、if 文を一般化するための試みだった。

```
private List<Integer> factorsOf(int n) {
  ArrayList<Integer> factors = new ArrayList<>();
  if (n>1)
    factors.add(2);
  return factors;
}
```

値 → リスト

　この変換では、単一の値を保持する変数を値のリストにする。リストは配列またはコンテナになる。スタックのカタでは、変数 element を配列 elements に変換した。

```
public class Stack {
  private int size = 0;
```

```java
  private int[] elements = new int[2];

  public void push(int element) {
    this.elements[size++] = element;
  }

  public int pop() {
    if (size == 0)
      throw new Underflow();
    return elements[--size];
  }
}
```

文 → 再帰

　この変換では、単一の文をループの代わりの再帰の文にする。こうした変換は、再帰以外にループ機能を持たない Lisp や Logo などの言語では一般的である。この変換によって、すでに評価された式をその式の観点から評価する式へと変更できる。この変換は第 3 章のワードラップのカタのところで見た。

```java
  private String wrap(String s, int w) {
    if (w >= s.length())
      return s;
    else
      return s.substring(0, w) + "\n" + wrap(s.substring(w), w);
  }
```

選択 → 反復

　素因数分解のカタでは、if 文を while 文に何度も変換した。反復は選択の一般化された形式であり、選択は反復を退化させたものなので、これは明らかに一般化である。

```java
  private List<Integer> factorsOf(int n) {
    ArrayList<Integer> factors = new ArrayList<>();
    if (n > 1) {
```

```
    while (n % 2 == 0) {
      factors.add(2);
      n /= 2;
    }
  }
  if (n > 1)
    factors.add(n);
  return factors;
}
```

値 → 変異値

　この変換では、変数の値を変更する。ループや漸増計算で途中の値を累積するためだ。いくつかのカタで見てきたが、わかりやすいのは第3章のソートだろう。

　最初の2つの代入は変更ではない。first と second は初期化されただけだ。変更しているのは list.set(…) の操作である。これはリストの要素を変更している。

```
private List<Integer> sort(List<Integer> list) {
  if (list.size() > 1) {
    if (list.get(0) > list.get(1)) {
      int first = list.get(0);
      int second = list.get(1);
      list.set(0, second);
      list.set(1, first);
    }
  }
  return list;
}
```

例：フィボナッチ

　簡単なカタで変換を追跡してみよう。おなじみのフィボナッチのカタをやってみたい。fib(0) = 1、fib(1) = 1、fib(n) = fib(n-1) + fib(n-2) であることを思い出してほしい。

　いつものように、失敗するテストから始める。BigInteger を使っているのを不思議に思ったかもしれないが、フィボナッチ数はすぐに大きくなるからだ。

```java
public class FibTest {
  @Test
  public void testFibs() throws Exception {
    assertThat(fib(0), equalTo(BigInteger.ONE));
  }

  private BigInteger fib(int n) {
    return null;
  }
}
```

このテストは Nil → 固定値の変換でパスできる。

```java
private BigInteger fib(int n) {
  return new BigInteger("1");
}
```

引数が String なのは変だと思うが、Java ライブラリなので仕方がない。
次のテストはすぐにパスできる。

```java
@Test
public void testFibs() throws Exception {
  assertThat(fib(0), equalTo(BigInteger.ONE));
  assertThat(fib(1), equalTo(BigInteger.ONE));
}
```

次のテストは失敗する。

```java
@Test
public void testFibs() throws Exception {
  assertThat(fib(0), equalTo(BigInteger.ONE));
  assertThat(fib(1), equalTo(BigInteger.ONE));
  assertThat(fib(2), equalTo(new BigInteger("2")));
}
```

このテストは無条件 → 選択の変換でパスできる。

```java
private BigInteger fib(int n) {
  if (n > 1)
```

```
    return new BigInteger("2");
  else
    return new BigInteger("1");
}
```

fib 関数に負の引数を渡したくなるが、これは一般化よりも具体化に近づいている。
次のテストでは、金メダルを目指したくなる。

assertThat(fib(3), *equalTo*(new BigInteger("3")));

ソリューションとして、文 → 再帰を使おう。

```
private BigInteger fib(int n) {
  if (n > 1)
    return fib(n-1).add(fib(n-2));
  else
    return new BigInteger("1");
}
```

非常にエレガントなソリューションだ。だが、時間とメモリの面では恐ろしく高価だ[10]。あまりにも早い段階で金メダルを目指そうとするとコストがかかる。最後のステップを別の方法にできないだろうか？

たとえば、以下のようにもできるだろう。

```
private BigInteger fib(int n) {
  return fib(BigInteger.ONE, BigInteger.ONE, n);
}

private BigInteger fib(BigInteger fm2, BigInteger fm1, int n) {
  if (n>1)
    return fib(fm1, fm1.add(fm2), n-1);
  else
    return fm1;
}
```

末尾再帰のアルゴリズムだ。これなら許容できる[11]。

---

10 fib(40)==165580141 は 2.3GHz の MacBook Pro で 9 秒かかった。
11 fib(100)==573147844013817084101 は 10 ミリ秒だった。

　最後の変換のことを文 → 再帰の応用だと思ったかもしれないが、それは違う。これは選択
→ 反復である。Java コンパイラが末尾呼び出し最適化をしてくれるなら[12]、以下のようなコー
ドに翻訳されただろう。if が while になっていることに注意してほしい。

```java
private BigInteger fib(int n) {
  BigInteger fm2 = BigInteger.ONE;
  BigInteger fm1 = BigInteger.ONE;
  while (n>1) {
    BigInteger f = fm1.add(fm2);
    fm2 = fm1;
    fm1 = f;
    n--;
  }
  return fm1;
}
```

　重要なポイントを指摘するために、少しだけ話を脱線させた。

　ルール 14：ある変換で最適なソリューションにならなければ、別の変換を試してみる。

　ある変換で最適なソリューションにならず、別の変換のほうが結果がよかったのは 2 回目で
ある。1 回目はソートのカタのときだ。バブルソートを実装してしまったのは値 → 変異値の
変換を使ったからだ。無条件 → 選択の変換に置き換えたところ、クイックソートを実装でき
た。以下が重要なステップである。

```java
private List<Integer> sort(List<Integer> list) {
  if (list.size() <= 1)
    return list;
  else {
    int first = list.get(0);
    int second = list.get(1);
    if (first > second)
      return asList(second, first);
    else
      return asList(first, second);
  }
}
```

12　ああ、Java、Java、あなたはどうして Java なの？

変換の優先順位説

　これまで見てきたように、TDD の３つの法則に従っていると分かれ道に出会うことがある。分かれ道では、テストをパスさせるためにさまざまな変換を使う。最適な変換を選択する方法はあるのだろうか？　あるいは、他の変換よりも常に優れた変換はあるのだろうか？　変換に**優先順位**はあるのだろうか？

　私はあると信じている。これから紹介しよう。ただし、私の信念はあくまでも**説**であることを明確にしておきたい。数学的な証明はないし、あらゆるケースで成立するかどうかもわからない。私がある程度確信しているのは、以下の順番で変換を選択していくと、良い実装になる可能性が高いということだ。

1. {} → Nil
2. Nil → 固定値
3. 固定値 → 変数
4. 無条件 → 選択
5. 値 → リスト
6. 選択 → 反復
7. 文 → 再帰
8. 値 → 変異値

　この順番は絶対に守るべきものではない（Nil → 固定値するまで固定値 → 変数してはいけないなど）。多くのプログラマーはテストをパスさせるために、Nil → 固定値のステップを経由することなく、Nil を２つの固定値の選択に変換していることだろう。

　言い換えれば、複数の変換を組み合わせたくなったら、いくつかのテストが抜けている可能性がある。ひとつの変換でパスさせることのできるひとつのテストを見つけよう。分かれ道に立ったとき、上記のリストの**優先順位が高い**変換を使う道を選ぼう。

　このやり方は常に有効だろうか？　おそらくそうではないだろう。だが、私にとってはうまくいっている。これまで見てきたように、ソートとフィボナッチのアルゴリズムではどちらもうまくいった。

　賢明な読者は気づいたかもしれないが、指定された順番で変換していくと、関数型プログラミングのスタイルで実装することになる。

結論

　これで TDD の規律についての説明は終わりだ。3 つの章では、多くのことを学んだ。本章では、テスト設計の問題点とパターンについて説明した。GUI からデータベースまで、具体化から一般化まで、変換から優先順位まで説明した。

　もちろん、これで終わりではない。第 4 の法則であるリファクタリングを考える必要がある。これが次の章のトピックだ。

リファクタリング 第5章

1999 年に私はマーチン・ファウラーの『リファクタリング』を読んだ[1]。古典的な名著なのでぜひ読んでほしい。最近、第 2 版も出版された[2]。かなり修正が加えられ、現代風になっている。第 1 版は Java、第 2 版は JavaScript で例が示されている。

第 1 版を読んでいた頃、息子のジャスティンは 12 歳だった。息子はアイスホッケーのチームに所属していた。アイスホッケーの試合では、選手は何度も交代する。氷の上で 5 分ほどプレーしたら、10〜15 分は休憩するのである。

息子が休憩していたときに、マーチン・ファウラーの素晴らしい本を読んだ。**鍛え直せる**コードが載っている本は見たことがなかった。それまでの書籍に載っていたのは最終的なコードだけだった。だが、この本には「悪いコードをクリーンなコードに変える方法」が示されていた。

本を読みながら、氷の上の子どもたちを応援する声が聞こえた。私も一緒になって応援した。私が応援していたのはホッケーの試合ではない。本の内容を応援していたのである。さまざま

---

1 Martin Fowler, *Refactoring: Improving the Design of Existing Code,* 1st ed. (Addison-Wesley, 1999). （邦訳『リファクタリング ― プログラムの体質改善テクニック』ピアソンエデュケーション）

2 Martin Fowler, *Refactoring: Improving the Design of Existing Code,* 2nd ed. (Addison-Wesley, 2019). （邦訳『リファクタリング （第 2 版）：既存のコードを安全に改善する』オーム社）

な意味で、この本は『Clean Code』[3]を書くきっかけになった。

マーチン・ファウラーがこれ以上ないほどいいことを言っている。

コンピューターが理解できるコードは誰にでも書ける。すぐれたプログラマーは、人間にとってわかりやすいコードを書く。

本章では、私の視点からリファクタリングの技法を紹介する。マーチン・ファウラーの書籍の代わりになるものではない。

リファクタリングとは？

マーチン・ファウラーの言葉を私なりに言い換えた。

リファクタリングとは、ソフトウェアの振る舞いを保ったまま、構造を改善していく一連の小さな変更である。このことは、変更するたびに包括的なテストスイートをパスさせることで証明できる。

この定義には重要なポイントが２つある。

まずは、リファクタリングは振る舞いを**保つ**。リファクタリング後にソフトウェアの振る舞いが変更されることはない。振る舞いが変更されていないことを証明するには、**包括的な**テストスイートをパスさせる以外に方法はないだろう。

次に、個々のリファクタリングは**小さな**変更である。では、どれだけ小さいのか？　私の指針は「**デバッグの必要がないほど小さい**」である。

具体的なリファクタリングは数多く存在するが、これからいくつかを紹介する。リファクタリングではない変更も含まれているが、いずれも振る舞いを保ったまま、構造を変化させている。いくつかのリファクタリングには手順があり、IDE が代わりにやってくれる。手動で実行できるほどシンプルなものもある。反対に、複雑でかなりの注意力を必要とするものもある。後者の場合、私は指針を適用している。デバッガーを使うことを恐れている場合、変更をできるだけ小さく安全な単位に分割する。それでもデバッガーを使うことになった場合、注意力が高まるように恐怖の閾値を調整する。

ルール 15：デバッガーを使ってはならない。

リファクタリングの目的はコードをクリーンにすることだ。リファクタリングのプロセスは

3　Robert C. Martin, *Clean Code* (Addison-Wesley, 2009).（邦訳『Clean Code アジャイルソフトウェア達人の技』アスキードワンゴ）

「レッド → グリーン → リファクタ」のサイクルである。リファクタリングは計画した活動ではなく、継続的な活動だ。「レッド → グリーン → リファクタ」のループのなかで、リファクタリングによって常にコードをクリーンに保つのである。

大きなリファクタリングが必要になることもあるだろう。たとえば、システムの設計を更新する必要があり、それをコード全体に反映したくなることがある。これは予定していたものではない。だが、機能を追加したりバグを修正したりすることをやめるべきではない。「レッド → グリーン → リファクタ」のサイクルに少しだけリファクタリングを追加するだけでいい。そうすれば、ビジネス価値を継続的に提供しながら、少しずつ必要な変更を加えていくことができる。

基本的なツールキット

私がよく使っているリファクタリングがある。これらは IDE で自動化できる。これらのリファクタリングを暗記して、IDE の自動化を覚えることを推奨する。

名前の変更

私の著書『Clean Code』には、名前付けに関する章がある。名前付けについては、他にも参考になる書籍がいくつもある[4]。重要なのは……名前をうまく付けることだ。

名前付けは難しい。適切な名前を見つけるというのは、連続的で反復的な改良のプロセスである。適切な名前を追求しよう。プロジェクトの早い段階で、できるだけ何度も名前を改良していこう。

プロジェクトが進んでいくと、名前を変更することが難しくなる。名前を覚えているプログラマーの人数が増えていくと、名前の変更は歓迎されない。時間が経過していると、重要なクラスや関数の名前の変更にはミーティングや合意が必要になる。

したがって、新しいコードを書くときは、コードが広く知られていないうちに名前をいくつか試してみよう。クラスやメソッドの名前を何度も変更しよう。そうしているうちに、クラスやメソッドを別のグループに変更したくなるかもしれない。新しい名前との一貫性を保つために、メソッドを別のクラスに移動させたくなるかもしれない。新しい命名規則に対応するために、関数やクラスの分割を変更したくなるかもしれない。

つまり、最適な名前を見つけるという行為が、クラスやモジュールの分割に大きくてポジティ

---

4 *Domain-Driven Design: Tackling Complexity in the Heart of Software* by Eric Evans (Addison-Wesley, 2013)（邦訳『エリック・エヴァンスのドメイン駆動設計』翔泳社）などがある。

ブな影響を与える可能性があるということだ。

　名前の変更のリファクタリングを何度もうまく使えるように覚えよう。

メソッドの抽出

　メソッドの抽出のリファクタリングは最も重要かもしれない。実際、コードをクリーンにして整理するための最も重要なメカニズムである。

「落ちるまで抽出する（Extract 'till you drop)」の規律に従うといいだろう。

　この規律には2つの目標がある。まずは、すべての関数で**ひとつのこと**をやるようにする[5]。次に、コードを**うまく書かれた文章**のように読めるようにする[6]。

　他の関数に抽出できなくなれば、その関数は**ひとつのこと**をしている。したがって、すべての関数で**ひとつのこと**ができるように、これ以上抽出できなくなるまで、抽出して、抽出して、抽出しまくるのである。

　そうすると当然、小さな関数がたくさんできる。あなたは困惑するかもしれない。小さな関数がたくさんあると、コードの意図がわかりにくくなるからだ。関数の大群に埋もれてしまい、すぐに道に迷うのではないかと心配になるかもしれない。

　だが、実際はその反対だ。コードの意図はむしろ明確になる。抽象化のレベルがはっきりして、境界線が明確になる。

　現代の言語には、モジュール、クラス、ネームスペースがあることを思い出してほしい。これらを使えば、関数を配置する名前を階層化できる。ネームスペースはクラスを保持する。クラスは関数を保持する。パブリックな関数はプライベートな関数を参照する。クラスは内部クラスやネストされたクラスを保持する。これらのツールを使って、他のプログラマーがあなたの書いた関数を見つけられるような構造を作ろう。

　それから、良い名前を選ぼう。関数の名前の長さはスコープに**反比例**することを覚えておこう。パブリックな関数の名前は比較的短くしておこう。プライベートな関数の名前は長くしておこう。

　抽出すればするほど、関数の名前は長くなる。関数の目的が具体的になっていくからだ。抽出された関数の多くはひとつの場所から呼び出される。したがって、関数の目的は非常に特化した詳細なものになる。このように特化した詳細な関数の名前は、長くしておかなければならない。これは節や文にも言えるだろう。

　これらの関数は while ループや if 文の条件から呼び出される。また、これらの本体からも呼び出される。その結果、コードは以下のようになる。

5　『Clean Code』の7ページ（邦訳では32ページ）
6　『Clean Code』の8ページ（邦訳では33ページ）。（訳注：正確には「散文」だが、わかりやすく「文章」とした。）

```
if (employeeShouldHaveFullBenefits())
  AddFullBenefitsToEmployee();
```

このようにすれば、コードをうまく書かれた文章のように読める。

メソッドの抽出は、関数に「**逓減規則**[7]」を適用する方法でもある。関数の各行は抽象化のレベルを同じにしたい。また、関数の名前よりもレベルは下げたい。そのためには、関数からレベルの低いすべてのコードを抽出するのである。

変数の抽出

メソッドの抽出が最も重要なリファクタリングだとしたら、**変数の抽出**は便利なアシスタントである。メソッドを抽出するために、先に変数を抽出することが多い。

たとえば、第2章「テスト駆動開発」のボウリングゲームのリファクタリングを考えてみよう。最初はこうだった。

```
@Test
public void allOnes() throws Exception {
  for (int i=0; i<20; i++)
    g.roll(1);
  assertEquals(20, g.score());
}
```

そして、最後はこうだった。

```
private void rollMany(int n, int pins) {
  for (int i = 0; i < n; i++) {
    g.roll(pins);
  }
}

@Test
public void allOnes() throws Exception {
  rollMany(20, 1);
  assertEquals(20, g.score());
}
```

---

7 『Clean Code』の37ページ（邦訳では67ページ）。

リファクタリングの順序は以下のとおりである。

1. **変数の抽出**：g.roll(1) の 1 を変数 pins に抽出。
2. **変数の抽出**：assertEquals(20, g.score()); の 20 を変数 n に抽出。
3. 2 つの変数を for ループの上に移動。
4. **メソッドの抽出**：for ループを rollMany 関数に抽出。変数の名前は引数の名前になった。
5. **インライン化**：2 つの変数をインライン化。これらは目的を果たしたので不要になった。

　変数の抽出の一般的な使用法には、**説明用変数**を作るというものもある[8]。たとえば、以下の if 文を考えてみよう。

```
if (employee.age > 60 && employee.salary > 150000)
    ScheduleForEarlyRetirement(employee);
```

これは説明用変数を使うと読みやすくなる。

```
boolean isEligibleForEarlyRetirement = employee.age > 60 &&
                                      employee.salary > 150000
if (isEligibleForEarlyRetirement)
    ScheduleForEarlyRetirement(employee);
```

フィールドの抽出

　このリファクタリングは大きくてポジティブな影響を与える。私はそれほど使うことはないが、使用すればコードを確実に改良できる。

　これは**メソッドの抽出**に失敗するところから始まる。以下のクラスを考えてみよう。CSV ファイルをレポートに変換している。少しだけ散らかっている。

```
public class NewCasesReporter {
  public String makeReport(String countyCsv) {
    int totalCases = 0;
    Map<String, Integer> stateCounts = new HashMap<>();
```

8　Kent Beck, *Smalltalk Best Practice Patterns* (Addison-Wesley, 1997), 108.（邦訳『ケント・ベックの Smalltalk ベストプラクティス・パターン』（ピアソンエデュケーション）では 118 ページ）

```java
List<County> counties = new ArrayList<>();

String[] lines = countyCsv.split("\n");
for (String line : lines) {
  String[] tokens = line.split(",");
  County county = new County();
  county.county = tokens[0].trim();
  county.state = tokens[1].trim();
  //compute rolling average
  int lastDay = tokens.length - 1;
  int firstDay = lastDay - 7 + 1;
  if (firstDay < 2)
    firstDay = 2;
  double n = lastDay - firstDay + 1;
  int sum = 0;
  for (int day = firstDay; day <= lastDay; day++)
    sum += Integer.parseInt(tokens[day].trim());
  county.rollingAverage = (sum / n);

  //compute sum of cases.
  int cases = 0;
  for (int i = 2; i < tokens.length; i++)
    cases += (Integer.parseInt(tokens[i].trim()));
  totalCases += cases;
  int stateCount = stateCounts.getOrDefault(county.state, 0);
  stateCounts.put(county.state, stateCount + cases);
  counties.add(county);
}
StringBuilder report = new StringBuilder("" +
  "County State Avg New Cases\n" +
  "====== ===== =============\n");
for (County county : counties) {
  report.append(String.format("%-11s%-10s%.2f\n",
    county.county,
    county.state,
    county.rollingAverage));
}
report.append("\n");
TreeSet<String> states = new TreeSet<>(stateCounts.keySet());
for (String state : states)
  report.append(String.format("%s cases: %d\n",
    state, stateCounts.get(state)));
  report.append(String.format("Total Cases: %d\n", totalCases));
```

```
      return report.toString();
  }
  public static class County {
    public String county = null;
    public String state = null;
    public double rollingAverage = Double.NaN;
  }
}
```

　幸いなことに、作者はテストを書いてくれている。素晴らしいテストというわけではないが、それでも十分である。

```
public class NewCasesReporterTest {
  private final double DELTA = 0.0001;
  private NewCasesReporter reporter;

  @Before
  public void setUp() throws Exception {
    reporter = new NewCasesReporter();
  }

  @Test
  public void countyReport() throws Exception {
    String report = reporter.makeReport("" +
      "c1, s1, 1, 1, 1, 1, 1, 1, 1, 7\n" +
      "c2, s2, 2, 2, 2, 2, 2, 2, 2, 7");
    assertEquals("" +
        "County State Avg New Cases\n" +
        "====== ===== =============\n" +
        "c1 s1 1.86\n" +
        "c2 s2 2.71\n\n" +
        "s1 cases: 14\n" +
        "s2 cases: 21\n" +
        "Total Cases: 35\n",
      report);
  }

  @Test
  public void stateWithTwoCounties() throws Exception {
    String report = reporter.makeReport("" +
      "c1, s1, 1, 1, 1, 1, 1, 1, 1, 7\n" +
      "c2, s1, 2, 2, 2, 2, 2, 2, 2, 7");
```

194

```
      assertEquals("" +
          "County State Avg New Cases\n" +
          "====== ===== =============\n" +
          "c1 s1 1.86\n" +
          "c2 s1 2.71\n\n" +
          "s1 cases: 35\n" +
          "Total Cases: 35\n",
        report);
    }


    @Test
    public void statesWithShortLines() throws Exception {
      String report = reporter.makeReport("" +
        "c1, s1, 1, 1, 1, 1, 7\n" +
        "c2, s2, 7\n");
      assertEquals("" +
          "County State Avg New Cases\n" +
          "====== ===== =============\n" +
          "c1 s1 2.20\n" +
          "c2 s2 7.00\n\n" +
          "s1 cases: 11\n" +
          "s2 cases: 7\n" +
          "Total Cases: 18\n",
        report);
    }
  }
```

　テストのおかげで、プログラムが何をやっているかがわかる。入力は CSV の文字列だ。各行は郡（county）と COVID の1日の新規感染者数のリストを表している。出力は郡ごとの新規感染者数の過去7日間の移動平均と、州ごとの合計および総計を表したレポートである。

　まずは巨大な関数からメソッドを抽出したい。最上部にあるループから着手しよう。このループはすべての郡の計算をしているので、calculateCounties（郡を計算する）のような名前にするといいだろう。

　ループを選択してメソッドに抽出しようとすると、**図 5-1** のようなダイアログが表示される。

　この IDE は getTotalCases という名前にしたいようだ。IDE に名前を知らせる必要がある。IDE がこの名前に決めたのは、ループのあとのコードで新規感染者数が必要だからだ。新しい関数から値を戻さなければ、それを知る術がない。

　だが、getTotalCases にしたくはない。この関数の意図はそういうものではないからだ。この関数は calculateCounties にしたい。さらには、引数を4つも渡したくない。抽出した関数

195

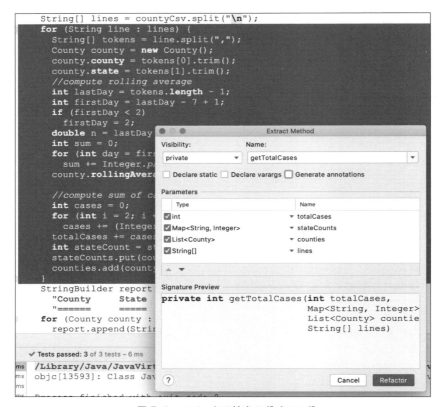

図 5-1　メソッドの抽出のダイアログ

に渡していいのは、配列の `lines` だけだ。

［キャンセル］を押して、もう一度見てみよう。

　うまくやるには、ループにあるいくつかのローカル変数をクラスのフィールドに抽出する必要がある。ここで**フィールドの抽出**のリファクタリングを使う。

```java
public class NewCasesReporter {
  private int totalCases;
  private final Map<String, Integer> stateCounts = new HashMap<>();
  private final List<County> counties = new ArrayList<>();

  public String makeReport(String countyCsv) {
    totalCases = 0;
    stateCounts.clear();
    counties.clear();
```

```
    String[] lines = countyCsv.split("\n");
    for (String line : lines) {
      String[] tokens = line.split(",");
      County county = new County();
```

makeReport の冒頭でこれらの変数を初期化している。元の振る舞いを保つためだ。

これで必要以上に変数を渡したり、totalCases の値を戻したりすることなく、ループを抽出できるようになった。

```
public class NewCasesReporter {
  private int totalCases;
  private final Map<String, Integer> stateCounts = new HashMap<>();
  private final List<County> counties = new ArrayList<>();

  public String makeReport(String countyCsv) {
    String[] countyLines = countyCsv.split("\n");
    calculateCounties(countyLines);

    StringBuilder report = new StringBuilder("" +
      "County State Avg New Cases\n" +
      "====== ===== =============\n");
    for (County county : counties) {
    report.append(String.format("%-11s%-10s%.2f\n",
      county.county,
      county.state,
      county.rollingAverage));
  }

  report.append("\n");
  TreeSet<String> states = new TreeSet<>(stateCounts.keySet());
  for (String state : states)
    report.append(String.format("%s cases: %d\n",
      state, stateCounts.get(state)));
  report.append(String.format("Total Cases: %d\n", totalCases));
  return report.toString();
  }

  private void calculateCounties(String[] lines) {
    totalCases = 0;
    stateCounts.clear();
    counties.clear();
```

```
    for (String line : lines) {
      String[] tokens = line.split(",");
      County county = new County();
      county.county = tokens[0].trim();
      county.state = tokens[1].trim();
      //compute rolling average
      int lastDay = tokens.length - 1;
      int firstDay = lastDay - 7 + 1;
      if (firstDay < 2)
        firstDay = 2;
      double n = lastDay - firstDay + 1;
      int sum = 0;
      for (int day = firstDay; day <= lastDay; day++)
        sum += Integer.parseInt(tokens[day].trim());
      county.rollingAverage = (sum / n);

      //compute sum of cases.
      int cases = 0;
      for (int i = 2; i < tokens.length; i++)
        cases += (Integer.parseInt(tokens[i].trim()));
        totalCases += cases;
        int stateCount = stateCounts.getOrDefault(county.state, 0);
        stateCounts.put(county.state, stateCount + cases);
        counties.add(county);
      }
    }

    public static class County {
      public String county = null;
      public String state = null;
      public double rollingAverage = Double.NaN;
    }
  }
```

変数をフィールドにできたので、思いっきり抽出と名前の変更を続けられる。

```
public class NewCasesReporter {
  private int totalCases;
  private final Map<String, Integer> stateCounts = new HashMap<>();
  private final List<County> counties = new ArrayList<>();

  public String makeReport(String countyCsv) {
```

```java
    String[] countyLines = countyCsv.split("\n");
    calculateCounties(countyLines);

    StringBuilder report = makeHeader();
    report.append(makeCountyDetails());
    report.append("\n");
    report.append(makeStateTotals());
    report.append(String.format("Total Cases: %d\n", totalCases));
    return report.toString();
}

private void calculateCounties(String[] countyLines) {
    totalCases = 0;
    stateCounts.clear();
    counties.clear();
    for (String countyLine : countyLines)
        counties.add(calcluateCounty(countyLine));
}

private County calcluateCounty(String line) {
    County county = new County();
    String[] tokens = line.split(",");
    county.county = tokens[0].trim();
    county.state = tokens[1].trim();

    county.rollingAverage = calculateRollingAverage(tokens);

    int cases = calculateSumOfCases(tokens);
    totalCases += cases;
    incrementStateCounter(county.state, cases);

    return county;
}

private double calculateRollingAverage(String[] tokens) {
    int lastDay = tokens.length - 1;
    int firstDay = lastDay - 7 + 1;
    if (firstDay < 2)
        firstDay = 2;
    double n = lastDay - firstDay + 1;
    int sum = 0;
    for (int day = firstDay; day <= lastDay; day++)
        sum += Integer.parseInt(tokens[day].trim());
```

```java
    return (sum / n);
}

private int calculateSumOfCases(String[] tokens) {
    int cases = 0;
    for (int i = 2; i < tokens.length; i++)
        cases += (Integer.parseInt(tokens[i].trim()));
    return cases;
}

private void incrementStateCounter(String state, int cases) {
    int stateCount = stateCounts.getOrDefault(state, 0);
    stateCounts.put(state, stateCount + cases);
}

private StringBuilder makeHeader() {
    return new StringBuilder("" +
        "County State Avg New Cases\n" +
        "====== ===== =============\n");
}

private StringBuilder makeCountyDetails() {
    StringBuilder countyDetails = new StringBuilder();
    for (County county : counties) {
        countyDetails.append(String.format("%-11s%-10s%.2f\n",
            county.county,
            county.state,
            county.rollingAverage));
    }
    return countyDetails;
}

private StringBuilder makeStateTotals() {
    StringBuilder stateTotals = new StringBuilder();
    TreeSet<String> states = new TreeSet<>(stateCounts.keySet());
    for (String state : states)
        stateTotals.append(String.format("%s cases: %d\n",
            state, stateCounts.get(state)));
    return stateTotals;
}

public static class County {
    public String county = null;
```

```
    public String state = null;
    public double rollingAverage = Double.NaN;
  }
}
```

　かなり良くなった。だが、レポートをフォーマットするコードがデータを計算するコードと同じクラスにあるのが気に入らない。これは単一責任の原則に違反している。レポートのフォーマットと計算は異なる理由で変更される可能性があるからだ。

　計算をしている部分を新しいクラスにするために、**スーパークラスの抽出**を使う。NewCasesCalculator というスーパークラスを抽出して、NewCasesReporter をそのクラスから派生させるのである。

```
public class NewCasesCalculator {
  protected final Map<String, Integer> stateCounts = new HashMap<>();
  protected final List<County> counties = new ArrayList<>();
  protected int totalCases;

  protected void calculateCounties(String[] countyLines) {
    totalCases = 0;
    stateCounts.clear();
    counties.clear();

    for (String countyLine : countyLines)
      counties.add(calcluateCounty(countyLine));
  }

  private County calcluateCounty(String line) {
    County county = new County();
    String[] tokens = line.split(",");
    county.county = tokens[0].trim();
    county.state = tokens[1].trim();

    county.rollingAverage = calculateRollingAverage(tokens);

    int cases = calculateSumOfCases(tokens);
    totalCases += cases;
    incrementStateCounter(county.state, cases);

    return county;
  }
```

```java
    private double calculateRollingAverage(String[] tokens) {
      int lastDay = tokens.length - 1;
      int firstDay = lastDay - 7 + 1;
      if (firstDay < 2)
        firstDay = 2;
      double n = lastDay - firstDay + 1;
      int sum = 0;
      for (int day = firstDay; day <= lastDay; day++)
        sum += Integer.parseInt(tokens[day].trim());
      return (sum / n);
    }

    private int calculateSumOfCases(String[] tokens) {
      int cases = 0;
      for (int i = 2; i < tokens.length; i++)
        cases += (Integer.parseInt(tokens[i].trim()));
      return cases;
    }

    private void incrementStateCounter(String state, int cases) {
      int stateCount = stateCounts.getOrDefault(state, 0);
      stateCounts.put(state, stateCount + cases);
    }

    public static class County {
      public String county = null;
      public String state = null;
      public double rollingAverage = Double.NaN;
    }
  }

=======

public class NewCasesReporter extends NewCasesCalculator {
  public String makeReport(String countyCsv) {
    String[] countyLines = countyCsv.split("\n");
    calculateCounties(countyLines);

    StringBuilder report = makeHeader();
    report.append(makeCountyDetails());
    report.append("\n");
    report.append(makeStateTotals());
    report.append(String.format("Total Cases: %d\n", totalCases));
```

```
      return report.toString();
   }

   private StringBuilder makeHeader() {
      return new StringBuilder("" +
         "County State Avg New Cases\n" +
         "====== ===== ============\n");
   }

   private StringBuilder makeCountyDetails() {
      StringBuilder countyDetails = new StringBuilder();
      for (County county : counties) {
         countyDetails.append(String.format("%-11s%-10s%.2f\n",
            county.county,
            county.state,
            county.rollingAverage));
      }
      return countyDetails;
   }

   private StringBuilder makeStateTotals() {
      StringBuilder stateTotals = new StringBuilder();
      TreeSet<String> states = new TreeSet<>(stateCounts.keySet());
      for (String state : states)
         stateTotals.append(String.format("%s cases: %d\n",
            state, stateCounts.get(state)));
      return stateTotals;
   }
}
```

うまく分割できた。レポートと計算が別々のモジュールで実現されている。すべては最初のフィールドの抽出のおかげだ。

ルービックキューブ

これまでに小さなリファクタリングがいかに強力であるかを説明した。通常の仕事であれば、その他のリファクタリングを使うことはほとんどない。これらのリファクタリングを学び、IDEの使い方とコツを覚えることが重要である。

私はよくリファクタリングをルービックキューブに例える。ルービックキューブの経験がなければ、やり方を学ぶ必要がある。コツさえわかれば、比較的簡単にできる。

　ルービックキューブには「操作」があり、予測どおりにキューブの位置を維持したり変化させたりできることがわかっている。3〜4種類の操作を知っていれば、キューブが解ける位置まで少しずつ持っていける。

　多くの操作を知り、操作を習得すれば、より速く、より直接的にキューブが解けるようになる。ただし、こうした操作をうまく学ぶ必要がある。一歩間違えると、キューブはランダムな状態になって崩壊し、最初からやり直すことになる。

　コードのリファクタリングはこれとよく似ている。多くのリファクタリングを知り、リファクタリングの使い方を習得すれば、好きな方向にコードを押したり、引いたり、伸ばしたりできるようになる。

　それから、テストも必要だ。テストがなければ、確実に崩壊する。

規律

　リファクタリングは、定期的に規律正しく行えば、安全、簡単、強力なものである。だが、場当たり的、一時的、散発的に行えば、それらの利点は消え去ってしまう。

テスト

　最初の規律はもちろんテストである。テスト、テスト、テスト、テスト、そしてテスト。安全かつ確実にコードをリファクタリングするには、心から信頼できるテストスイートが必要だ。とにかくテストが必要なのである。

高速なテスト

　テストは高速でなければならない。テストの実行に数時間（場合によっては数分間）かかるようなら、リファクタリングはうまくいかない。

　大規模システムでは、数分以内にテストを終わらせることは難しい。したがって、リファクタリングしているコードだけをチェックできるように、テストスイートの**該当部分**だけを高速かつ簡単に実行できるようにする。こうすることで、テスト時間を数分から数秒に短縮できる。また、バグが紛れ込んでいないことを確認するために、1時間に1回程度は、すべてのテストスイートを実行する。

1対1の対応関係を解消する

　該当部分だけを実行できるようにテスト構造を作るということは、モジュールやコンポーネントのコードの設計をテストの設計にも反映させるということである。そうすると、テストのモジュールと本番コードのモジュールに1対1の対応関係ができてしまう。

　前章で学んだように、テストと本番コードが1対1の対応関係になっていると、テストが壊れやすい問題が発生する。

　モジュールやコンポーネントのレベルでは、1対1の対応関係のコストよりもテストの該当部分のみを実行できるメリットのほうが大きい。ただし、壊れやすいテストを防ぐために、1対1の対応関係は続けたくない。したがって、モジュールやコンポーネントのレベルより下のレベルでは、意図的に1対1の対応関係を解消する。

継続的にリファクタリングする

　私は料理をするときに、下ごしらえに使ったお皿を片付けながら調理している[9]。シンクに積み重ねるようなことはしない。食材を調理しながらでも、調理器具やフライパンを片付ける時間は常に残されている。

　リファクタリングはこれとよく似ている。リファクタリングの時間を待つべきではない。リファクタリングは何かをやりながらやるものだ。「レッド → グリーン → リファクタ」のループを頭に入れて、数分ごとに繰り返そう。そうすることで、恐怖を感じるような乱雑を防ぐことができる。

容赦ないリファクタリング

「容赦ないリファクタリング」とは、ケント・ベックがXPで使った言葉だ。素晴らしい言葉である。リファクタリングするときには勇気を持てという規律だ。恐れることなく挑戦しよう。変更をためらってはならない。自分を彫刻家だと思い、コードを粘土のように扱おう。恐れてはいけない。コードに対する恐怖は心を麻痺させる[10]。そして、それはダークサイドにつながる。ダークサイドに入り込んだら最後、永久に運命を支配される。食い尽くされる[11]。

9　私の妻は異論を唱えている。
10　訳注：「デューン／砂の惑星」からの引用。
11　訳注：「スター・ウォーズ／帝国の逆襲」からの引用。

テストをパスさせ続けろ！

構造的な間違いを犯し、コードの大部分を変更せざるを得ないことがある。これは、現在の設計を無効にするような新しい要件がやって来たときに発生する。あるいは、ある日突然、プロジェクトの将来のためにふさわしい構造があると気づくこともある。

容赦なく、それと同時に賢くやろう。テストを絶対に壊してはならない！　厳密に言えば、テストを数分以上壊したままにしてはならない。

再構築に数時間や数日かかるようであれば、再構築を小分けにしよう。すべてのテストをパスさせながら、他の活動も続けよう。

たとえば、システムの基本データ構造（コードの大部分が利用しているデータ構造）を変更する必要があると気づいたとしよう。データ構造を変更すると、大部分のコードが動かなくなり、多くのテストが壊れてしまう。

古いデータ構造の内容を反映した新しいデータ構造を作る必要がある。テストをパスさせながら、古いデータ構造から新しい構造にコードを少しずつ移動していく。

それと同時に、通常の作業スケジュールに従い、機能の追加やバグの修正も行う。再構築のために特別な時間をもらう必要はない。古いデータ構造を削除できるようになるまで、他の作業を続けながら、臨機応変にコードを操作すればいい。

再構築の影響度によって異なるが、こうした作業には数週間から数か月かかるだろう。だが、開発のためにシステムを停止させることは絶対にない。再構築が部分的であっても、テストはパスしているので、システムを本番にデプロイできる。

逃げ道を残しておく

パイロットは天候が悪い地域では必ず逃げ道を残しておくようにと教わる。リファクタリングも同じだ。一連のリファクタリングを始めてから1〜2時間後に行き詰まってしまうことがある。当初のアイデアが何らかの理由でうまくいかなかったのだ。

このような状況では、git reset --hard があなたの友達だ。

このような一連のリファクタリングを始めるときは、必要なときに戻れるようにリポジトリにタグを打っておこう。

結論

　本章を意図的に簡潔にしたのは、マーチン・ファウラーの『リファクタリング』に追加したいアイデアが少なかったからだ。繰り返しになるが、リファクタリングを深く理解するには『リファクタリング』を読んでほしい。

　リファクタリングを習得する最良の方法は、自分にとって快適な何度も使えるレパートリーを作り、その他についても実用的な知識を身に付けることである。IDE がリファクタリングの操作を提供してくれるのなら、それについても深く理解しよう。

　テストのないリファクタリングは意味がない。テストがなければ、エラーが発生する可能性が高くなる。IDE が提供する自動リファクタリングも間違えることがある。したがって、包括的なテストスイートを使い、**常に**リファクタリングを支援すべきである。

　最後になるが、規律を守ろう。頻繁にリファクタリングしよう。容赦なくリファクタリングしよう。言い訳をせずにリファクタリングしよう。絶対にリファクタリングの許可を得てはならない。

シンプルな設計 第**6**章

　設計。作品としてのソフトウェアの究極の目的である。我々は楽に機能を追加できる「完璧な設計」を追求している。何年も保守をしていても、設計が堅牢であれば、システムは扱いやすく柔軟性がある。結局のところ、設計とはそのようなものである。

　私はこれまで設計について多くのことを書いてきた。設計原則、デザインパターン、アーキテクチャに関する書籍も執筆した。このトピックを扱っているのは私だけではない。ソフトウェア設計に関する書籍は膨大にある。

　だが、本章で扱うのはそれではない。設計を学習し、書籍を読み、原則、パターン、ソフトウェアの設計やアーキテクチャの全体像を理解することである。

　設計の特性を一言で言えば、**シンプリシティ**である。かつてチェット・ヘンドリクソン[1]が言ったように「アンクル・ボブがクリーンコードについて何千ページもかけて書いたことをケント・ベックは4行で表している」。ここで注目するのはその4行だ[2]。

1　AATC2017でチェット・ヘンドリクソンが言った言葉をマーチン・ファウラーがツイートしたもの。私もその場にいたが、完全に同意。（訳注：https://www.agilealliance.org/resources/videos/aatc-2017-pair-programming/ の29:25のあたり）

2　訳注：その4行とは『Clean Code』にもある「1. 全テストを実行する、2. 重複がない、3. プログラマの意図が表現されている、4. クラスとメソッドを最小化する」のこと。

　システムの最高の設計とは、機能要件をすべて満たし、変更に対して柔軟性があるシンプルな設計である。当たり前のように思えるが、「シンプル」の意味を考える必要がある[3]。シンプルは「簡単」という意味ではない。シンプルとは「もつれていない、絡み合っていない」という意味である。もつれさせないことは**難しい**。

　ソフトウェアシステムで「もつれる」とは何だろう？　最も高価で重大な「もつれ」とは、高レベルの方針が低レベルの詳細と結合しているものである。たとえば、SQL と HTML、フレームワークとコアバリュー、レポートフォーマットと値を計算するビジネスルールが結合していると非常に複雑になる。もつれを作るのは簡単だ。だが、新機能を追加したり、バグを修正したり、設計を改善したりするのは難しい。

　シンプルな設計とは、高レベルの方針が低レベルの詳細を知らない設計である。低レベルの詳細の変更が高レベルの方針に影響を与えないように、高レベルの方針を低レベルの詳細から隔離・分離しておく[4]。

　こうした隔離・分離を実現する主な手段が**抽象化**である。抽象化とは、本質的なものを強化し、無関係なものを排除することだ。高レベルの方針は本質的なので強化する。低レベルの詳細は無関係なので隔離・分離する。

　抽象化の具体的な方法が**ポリモーフィズム**だ。ポリモーフィックインターフェイスを使用するように高レベルの方針を配置するのである。低レベルの詳細はポリモーフィックインターフェイスを実装する。こうすることで、コードの依存は低レベルの詳細から高レベルの方針へ向かい、高レベルの方針は低レベルの詳細の実装を知らずに済む。高レベルの方針に影響を与えることなく、低レベルの詳細を変更できる（**図 6-1**）。

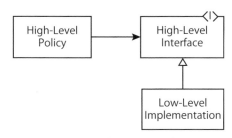

図6-1　ポリモーフィズム

システムの最高の設計がシンプルな設計であるとすれば、それは高レベルの方針を低レベル

---

[3] 2012 年にリック・ヒッキーが「Simple Made Easy」という素晴らしい講演をしている。ぜひ聴いてほしい。https://www.youtube.com/watch?v=oytL881p-nQ。（訳注：リンクが切れている。同名の講演がこちらにある。https://www.infoq.com/presentations/Simple-Made-Easy/）

[4] 詳細については、*Clean Architecture: A Craftsman's Guide to Software Structure and Design* (Addison-Wesley, 2018)（邦訳『Clean Architecture ─ 達人に学ぶソフトウェアの構造と設計』アスキードワンゴ）で説明している。

の詳細から分離する抽象化が最も少ない設計であると言える。

1980 年代から 1990 年代の我々の戦略は正反対だった。当時、将来考えられる変更に対応す**べくフックを仕込む**ことで、コードを**永続させる**ことに夢中になっていた。

このような道を選んだのは、当時のソフトウェアは、たとえシンプルに設計していたとしても、変更することが難しかったからである。

なぜソフトウェアを変更することが難しかったのか？ ビルド時間が長く、テストにも時間がかかっていたからだ。

1980 年代は小規模なシステムであっても、ビルドに 1 時間以上、テストに数時間はかかっていた。もちろんテストは手動であり、ひどく不完全なものだった。システムが大規模で複雑になると、プログラマーは変更を恐れるようになった。このことが過剰設計につながり、必要とする機能以上に複雑なシステムを作ってしまうことになった。

エクストリームプログラミングやその後のアジャイルが生まれた 1990 年代に方向転換することになった。その頃にはマシンが高速になり、ビルド時間は数分から数秒にまで短縮された。また、テストを自動化して高速に実行する余裕が生まれた。

こうした技術的飛躍に後押しされ、YAGNI の規律やケント・ベックによるシンプルな設計の 4 つの原則が実用的になった。

YAGNI

必要にならないとしたらどうする？

1999 年、私はマーチン・ファウラー、ケント・ベック、ロン・ジェフリーズたちと XP を教えていた。そこで、過剰設計や早すぎる一般化の危険性の話題になった。誰かがホワイトボードに「YAGNI」と書いて、「You aren't gonna need it. (それは必要にならない)[5]」と言った。ケント・ベックが口を開き、必要になるかもしれないときは「必要なかったらどうする？」と自分に問いかけるべきだ、というようなことを言った。

これが YAGNI の原点である。**フックが必要になるかもしれない**と思ったら「必要なかったらどうする？」と自分に問いかけるのである。フックがなくても許容できるのであれば、フックを作るべきではないだろう。設計にフックを含めるとコストが積み重なり、今後もフックを必要とする可能性が低ければ、フックを作るべきではないだろう。

1990 年代後半に登場したこの新しい視点が騒動を巻き起こしたことは想像に難くない。世界

5　Jeffries, Ron, Ann Anderson, and Chet Hendrickson. *Extreme Programming Installed*. Addison-Wesley, 2001.（邦訳『XP エクストリーム・プログラミング導入編 − XP 実践の手引き』ピアソン・エデュケーション）

中の設計者がフックを含めることに慣れていたからである。当時は、フックを作ることが常識であり、ベストプラクティスだと考えられていた。

　そのため、XP の YAGNI の規律が出てきたときは「異端だ」「くだらない」と酷評された。

　皮肉なことに現代では、ソフトウェア設計における最も重要な規律のひとつになっている。動作するテストスイートがあり、リファクタリングのスキルがあれば、いつか必要になるかもしれないフックを実装して保守するコストよりも、新機能の追加やそのための設計の変更のコストのほうが確実に小さくなる。

　とにかくフックには問題がある。うまくいくことはほとんどない。顧客が実際に何をするかを予測することはできないからだ。予測できないからこそ、必要以上にフックを作ってしまう。実現しない仮定に基づいてフックを作ってしまうのだ。

　要するに、ギガヘルツのクロックレートとテラバイトのメモリが、ソフトウェアの設計とアーキテクチャのプロセスに影響を与え、我々を驚かせたということだ。1990 年代後半になるまで、こうした技術的進歩によってソフトウェアの設計が大幅に**シンプル**になることを理解していなかったのである。

　ムーアの法則の指数関数的増加によって、我々は複雑なソフトウェアシステムを作ることが可能になったと同時に、システムの設計をシンプルにすることも可能になった。このことは我々の業界における最大の皮肉である。

　YAGNI とは、事実上無制限に使える計算機パワーがもたらした、予想外の結果である。ビルド時間が秒単位まで短縮され、数秒で実行できる包括的なテストスイートを書くことができるようになったからこそ、**フックを作らずに**、要件の変更に合わせて設計をリファクタリングできるようになった。

　フックを絶対に作らないということだろうか？　現在必要な機能のためだけにシステムを設計するということだろうか？　将来を見据えた計画を立てないということだろうか？

　どれも違う。それは YAGNI ではない。フックを作ったほうがいい場合もある。コードを時代遅れにしないことは重要である。将来について考えることは常に賢明である。

　ただし、この数十年でトレードオフが劇的に変化しており、フックを使わないことがほとんどになってきた。私が問いかけているのもそのためだ。

　必要にならないとしたらどうする？

テストでカバーする

私がケント・ベックのシンプルな設計のルールに出会ったのは『Extreme Programming Explained』[6]だった。4つのルールは以下のように書いてあった。

1. システム（コードとテスト）はあなたが伝えたいものをすべて伝えなければならない。
2. システムは重複するコードを含んではならない。
3. システムは最小限のクラスを持たなければならない。
4. システムは最小限のメソッドを持たなければならない。

2011年には、以下のように進化した。

1. テストをパスさせる
2. 意図を明らかにする
3. 重複を排除する
4. 小さい

2014年には、コーリー・ヘインズが4つのルールに関する書籍を書いた[7]。
2015年には、マーチン・ファウラーが4つのルールを言い換えたものをブログに書いた[8]。

1. テストをパスさせる
2. 意図を明らかにする
3. 重複を排除する
4. 要素を最小限にする

本書では、最初のルールを以下のように表現したい。

1. テストでカバーする

オリジナルのルールがどのように変化してきたのかに注目してほしい。最初のルールが2つ

6　Kent Beck, *Extreme Programming Explained* (Addison-Wesley, 1999).（邦訳『XP エクストリーム・プログラミング入門 ― ソフトウェア開発の究極の手法』）

7　Corey Haines, *Understanding the Four Rules of Simple Design* (Leanpub, 2014).

8　Martin Fowler, "BeckDesignRules," March 2, 2015, `https://martinfowler.com/bliki/BeckDesignRules.html`.（邦訳 `https://bliki-ja.github.io/BeckDesignRules/`）

に分かれ、最後の2つのルールが1つに統合された。また、テストの重要性がコミュニケーションからカバレッジへと移行した。

カバレッジ

テストカバレッジの概念は古い。私が発見できた最初の言及は1963年のものだ[9]。この論文は2つのパラグラフで始まる。刺激的ではないにしても、興味深いものだろう。

> 効果的なプログラムのチェックは、複雑なコンピュータープログラムには必須である。プログラムを実際の問題に適用する前に、1つ以上のテストケースを実行する。各テストケースは、計算で実際に使用されるプログラムをチェックする。しかし、プログラムの運用を開始してから数か月（あるいは数年）後にミスが発覚することがよくある。このことは、まれにしか発生しない入力条件から呼び出されるプログラムが、チェックの段階に適切にテストされていないことを示している。
>
> プログラムを信頼するには、プログラムがほとんどの場合に動作することや、これまでにミスがなかったことを知るだけでは不十分である。本当に把握すべき問いは、機能の仕様を毎回満たせるかどうかである。つまり、プログラムがチェックの段階をパスしたならば、まれにしか発生しない入力データや条件の組み合わせにより、プログラムに予期せぬミスが発生する可能性をゼロにしなければならない。チェックの段階でプログラムのすべての部分を使用して、その正しさを確認しなければならない。

1963年は世界初のコンピューターで最初のプログラムが実行されたわずか17年後のことである[10]。ソフトウェアのエラーを軽減するには、コードのすべての行をテストする以外に方法はないことを当時から把握していたのである。

カバレッジツールは数十年前から存在している。私がはじめて出会ったときのことは覚えていない。おそらく1980年代の後半か1990年代の前半だったと思う。当時はSun Microsystemsの SPARCstation で仕事をしていた。Sun には tcov というツールがあった。

はじめて「カバレッジはどうなっていますか？」と質問されたときのことも覚えていない。おそらく2000年代前半のことだったと思う。その後、カバレッジが数値であるという考え方が一般的になった。

それ以来、カバレッジツールの実行は継続的ビルドプロセスの一部となり、ビルドごとのカバレッジの数値を公開することがソフトウェアチームの常識になっている。

カバレッジの数値はいくつにすべきだろうか？　80%だろうか？　それとも90%？　多くの

9　Joan Miller and Clifford J Maloney, "Systematic Mistake Analysis of Digital Computer Programs," *Communications of the ACM* 6, no. 2 (1963): 58--63.

10　世界初のコンピューターは Automated Computing Engine であり、最初のプログラムが実行されたのが1946年と仮定している。

チームがそのような数値を満足気に報告している。だが、先ほどの 60 年前の論文の答えは違う。彼らの答えは「100%」である。

100%以外の数値に意味があるだろうか？　80%で満足しているとしたら、20%のコードが動くかどうかはわからないという意味だ。それで本当に満足しているのだろうか？　顧客はそれに満足できるのだろうか？

シンプルな設計の最初のルールの**カバーされている**という言葉は、**網羅されている**という意味である。つまり、100%の行と100%の分岐が網羅されているという意味だ。

漸近的な目標

100%は到達不能な目標だと思うかもしれない。私もそう思う。100%の行と100%の分岐を網羅するのは並大抵のことではない。実際、不可能なこともあるだろう。だが、カバレッジを上げることができないということにはならない。

100%という数値は漸近的な目標だと考えてほしい。到達することはできないかもしれないが、チェックインするたびに100%に近づけていく努力をしよう。

私は数十万行のプロジェクトに参加したことがあるが、カバレッジは常に90%台後半を保っていた。

設計とは？

カバレッジとシンプルな設計に何か関係があるのだろうか？　なぜカバレッジが最初のルールなのだろうか？

テスト可能なコードは分離されたコードである。

コードの行や分岐のカバレッジを上げるには、その部分がテストコードからアクセス可能でなければならない。つまり、その部分が他から分離されており、個々のテストから独立して呼び出し可能でなければならない。したがって、これらのテストは振る舞いのテストだけではなく、分離のテストでもある。このようなテストの作成は設計活動である。コードはテスト可能なように設計しなければならないからだ。

第 4 章「テスト設計」では、テストが本番コードと強く結合しないように、別々の方向に進化させることを説明した。こうすることで、壊れやすいテストの問題を防ぐことができる。壊れやすいテストの問題とは、壊れやすいモジュールの問題と何ら変わりはない。どちらも治療法は同じだ。システムの設計によってテストが壊れやすいことを防げるのであれば、その他の

要素が壊れやすいことも防げるはずである。

だが、それだけではない

　テストは分離された堅牢な設計を生み出すだけではない。時間をかけて設計を改良することもできる。これまでに何度も説明しているように、信頼できるテストスイートは変更の恐怖を大幅に軽減してくれる。そのようなテストスイートがあり、素早く実行できるのであれば、より良いアプローチを見つけるたびにコードの設計を改良していける。現在の設計では簡単に対応できないような要件の変更があったとしても、テストがあれば新しい要件に合わせて恐れることなく設計を移行していける。

　これが、カバレッジが最も重要なルールである理由だ。システムをカバーするテストスイートがなければ、残りの 3 つのルールは実現困難になる。これらは**事後的に**適用するものだからだ。3 つのルールはリファクタリングに関わるルールである。リファクタリングは包括的なテストスイートがなければ不可能である。

表現の最大化

　プログラミングの初期の数十年間、我々の書くコードは意図を表すことができなかった。実際、「コード」という名前からして意図が明確ではないことを示している。当時のコードは**図6-2** のようなものだった。

　コメントが多いことに注目してほしい。コードがプログラムの意図を表せないため、コメントが絶対に必要だった。

　我々はもはや 1970 年代の仕事をしているわけではない。我々の使用している言語は表現力が**非常に**豊かである。適切な規律を用いれば「設計者の意図をないがしろにしないうまく書かれた文章[11]」として読めるコードを生み出せる。

　そのようなコードの例として、第 4 章のビデオストアから持ってきた小さな Java のコードを見てみよう。

```java
public class RentalCalculator {
  private List<Rental> rentals = new ArrayList<>();

  public void addRental(String title, int days) {
```

---

11 『Clean Code』の 8 ページ（邦訳では 33 ページ）

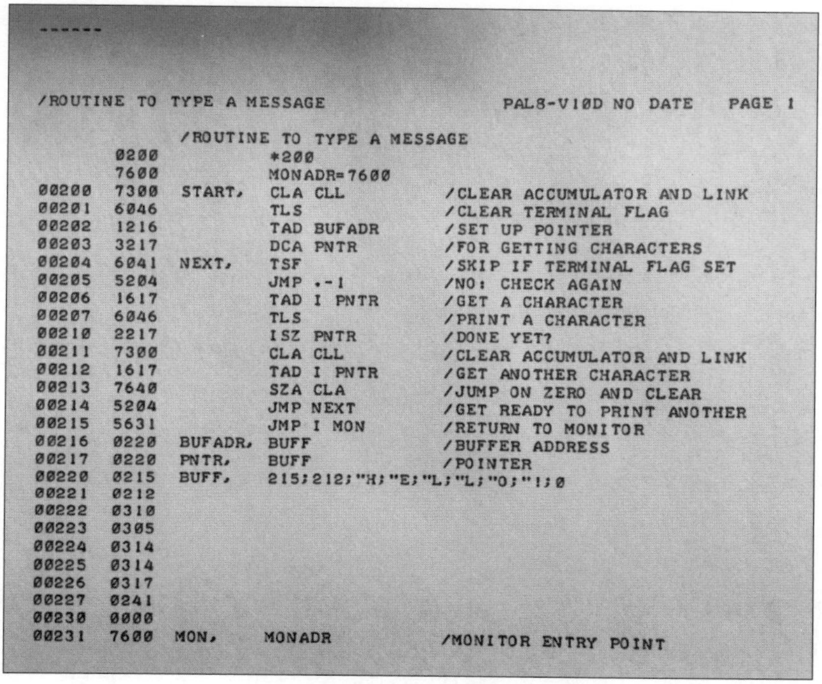

```
------

/ROUTINE TO TYPE A MESSAGE                    PALS-V10D NO DATE    PAGE 1

                /ROUTINE TO TYPE A MESSAGE
        0200            *200
        7600            MONADR=7600
00200   7300    START,  CLA CLL          /CLEAR ACCUMULATOR AND LINK
00201   6046            TLS             /CLEAR TERMINAL FLAG
00202   1216            TAD BUFADR      /SET UP POINTER
00203   3217            DCA PNTR        /FOR GETTING CHARACTERS
00204   6041    NEXT,   TSF             /SKIP IF TERMINAL FLAG SET
00205   5204            JMP .-1         /NO: CHECK AGAIN
00206   1617            TAD I PNTR      /GET A CHARACTER
00207   6046            TLS             /PRINT A CHARACTER
00210   2217            ISZ PNTR        /DONE YET?
00211   7300            CLA CLL         /CLEAR ACCUMULATOR AND LINK
00212   1617            TAD I PNTR      /GET ANOTHER CHARACTER
00213   7640            SZA CLA         /JUMP ON ZERO AND CLEAR
00214   5204            JMP NEXT        /GET READY TO PRINT ANOTHER
00215   5631            JMP I MON       /RETURN TO MONITOR
00216   0220    BUFADR, BUFF            /BUFFER ADDRESS
00217   0220    PNTR,   BUFF            /POINTER
00220   0215    BUFF,   215;212;"H;"E;"L;"L;"O;"1;0
00221   0212
00222   0310
00223   0305
00224   0314
00225   0314
00226   0317
00227   0241
00230   0000
00231   7600    MON,    MONADR          /MONITOR ENTRY POINT
```

図6-2　初期のプログラムの例

```java
    rentals.add(new Rental(title, days));
  }

  public int getRentalFee() {
    int fee = 0;
    for (Rental rental : rentals)
      fee += rental.getFee();
    return fee;
  }

  public int getRenterPoints() {
    int points = 0;
    for (Rental rental : rentals)
      points += rental.getPoints();
    return points;
  }
}
```

このプロジェクトのプログラマーでなければ、このコードのすべてを理解することはできな

いかもしれない。だが、ざっと目を通すだけで、設計者の基本的な意図は容易に確認できる。変数、関数、型の名前が説明してくれている。アルゴリズムの構造もわかりやすい。コードに表現力がある。コードがシンプルである。

内在する抽象概念

　表現力とは関数や変数にいい名前をつけるだけではない。他にも扱うべき点がある。それは、レベルの区分と内在する抽象概念の提示である。

　コード、関数、モジュールが、コードのレベルと抽象化の位置づけを明確に表した部分に定義されていれば、そのソフトウェアシステムは表現力があると言える。

　説明がわかりにくかったと思うので、もう少し長い文章で明確に説明したい。

　複雑な要件を持つアプリケーションを想像してほしい。私が好んで使用する例は「給与システム」だ。

- 時給制の社員には、提出したタイムカードに基づいて毎週金曜日に給与が支払われる。週に 40 時間以上働いた人には、1 時間あたり 1 時間半分の給与が支払われる。
- 委託社員には、毎月第 1 と第 3 の金曜日に給与が支払われる。基本給に加え、営業成績に応じた歩合給が支払われる。
- その他の社員には、月末に給与が支払われる。毎月の給与は固定である。

　これらの要件を満たすには、複雑な switch 文や if/else を駆使した複数の関数が必要になることはすぐに想像できるだろう。だが、そうした関数は内在する抽象概念をあいまいにしてしまう可能性がある。それでは、内在する抽象概念とは何だろうか？

```java
public List<Paycheck> run(Database db) {
  Calendar now = SystemTime.getCurrentDate();
  List<Paycheck> paychecks = new ArrayList<>();
  for (Employee e : db.getAllEmployees()) {
    if (e.isPayDay(now))
      paychecks.add(e.calculatePay());
  }
  return paychecks;
}
```

　要件を司る恐怖の詳細に言及していないことに注目してほしい。このアプリケーションに内在する抽象概念は「全社員の給料日に支払いをする必要がある」というものだ。低レベルの詳

細から高レベルの方針を分離することは、設計をシンプルにして表現力を豊かにするための最も基本的な部分である。

テスト：問題のもう半分

ケント・ベックのオリジナルの最初のルールを見てみよう。

1. システム（コードとテスト）はあなたが伝えたいものをすべて伝えなければならない。

彼がこのように表現したのには理由がある。表現が変わってしまったのは残念だ。

どれだけ本番コードの表現力を高めても、それが使用される文脈を伝えることはできない。それはテストの仕事である。

あなたが書いているテストは、特に隔離・分離されているテストは、本番コードがどのように使用されるのかを表している。うまく書かれたテストは、テストしている部分の実際の使用例になる。

まとめると、コードとテストは、システムの各要素が何を行っていて、どのように使用すべきかを表現したものである。

これが設計に関係するのだろうか？　もちろんだ。すべてに関係している。設計で達成したいのは、他のプログラマーがシステムを理解しやすく、改良しやすく、アップグレードしやすくすることである。それを達成するには、システムが何を行っていて、どのように使用すべきかを表現する以上の方法はない。

重複の最小化

ソフトウェアの黎明期には、ソースコードエディターなどなかった。コードはあらかじめ印刷されたコーディング用紙に鉛筆で書いていた。最高の編集ツールは消しゴムだった。コピー&ペーストの手段はなかった。

したがって、コードを複製することはなかった。ひとつのコードを作り、それをサブルーチンに入れるほうが簡単だった。

その後、ソースコードエディターが登場した。エディターにはコピー&ペーストの機能があった。コードをコピーして、新しい場所にペーストし、動くようになるまでいじくることが簡単になった。

それ以来、多くのシステムでコードの重複が見られるようになった。

　通常、重複は問題である。2つ以上の類似したコードを同時に修正することになるからだ。類似したコードを見つけるのは難しい。適切に修正するのはもっと難しい。それぞれの文脈に置かれているからだ。したがって、重複は壊れやすさにつながる。

　一般的には、コードを抽象化して新しい関数を作り、類似したコードをひとつのインスタンスにまとめる。そして、文脈を伝える適切な引数を渡すことになるだろう。

　だが、この戦略がうまくいかないこともある。たとえば、複雑なデータ構造をトラバースするコードの重複だ。システムのさまざまな部分でデータ構造をトラバースする場合、同じようなループや処理でデータ構造を操作することになるだろう。

　データ構造が変化すると、トラバースしているコードの重複を見つけ、適切に更新する必要がある。コードの重複が増えると、壊れやすくなるリスクが高まる。

　トラバースするコードの重複は、ひとつの場所にカプセル化することで排除できる。トラバースに必要な操作については、Lambda、コマンドオブジェクト、ストラテジーパターン、テンプレートメソッドパターン[12]などを使って渡せばいい。

偶然の重複

　すべての重複を排除すればいいというものではない。コードが類似していても（同一であっても）変更する理由が異なる場合がある[13]。私はこれを**偶然の重複**と呼んでいる。偶然の重複は排除すべきではない。残しておくべき重複だ。要件が変われば、こうした重複は別々に進化していく。いずれ偶然の重複は解消されるだろう。

　重複の管理が難しいことは明らかだろう。本物の重複と偶然の重複を区別して、本物の重複をカプセル化して分離するには、かなりの思考と注意力が必要である。

　本物の重複と偶然の重複の区別は、コードがどれだけ意図を表現できているかに依存する。偶然の重複には、発散的な意図がある。本物の重複には、収束的な意図がある。

　抽象化、Lambda、デザインパターンを使い、本物の重複をカプセル化して分離するには、かなりの量のリファクタリングが必要になる。リファクタリングには、しっかりとしたテストスイートが必要だ。

　したがって、シンプルな設計のルールの3番目は重複の排除である。優先順位が高いのは、テストと表現力だ。

12　Erich Gamma, Richard Helm, Ralph Johnson, and John M Vlissides, *Design Patterns: Elements of Reusable Object-Oriented Software* (Addison-Wesley, 1995).（邦訳『オブジェクト指向における再利用のためのデザインパターン』ソフトバンククリエイティブ）

13　Robert C. Martin, *Agile Software Development: Principles, Patterns, and Practices* (Pearson, 2003).（邦訳『アジャイルソフトウェア開発の奥義』SB クリエイティブ）の単一責任の原則を参照してほしい。

サイズの最小化

シンプルな設計はシンプルな要素で構成されている。シンプルな要素は小さい。すべてのテストをパスさせて、コードの表現力を高めて、重複を最小化した**あとで**、これらの3つのルールを守りながら、関数のコードのサイズを減らすというのが、シンプルな設計の最後のルールである。

どうすればいいのだろうか？　基本的には多くの関数を抽出する。第5章「リファクタリング」で説明したように、これ以上抽出できなくなるまで、関数を抽出する。

こうすれば、表現力を高める長くて良い名前のついた、小さくて優れた関数がいくつも手に入る。

シンプルな設計

何年も前のことになるが、ケント・ベックと設計の原則について議論したことがある。そのときの彼の言葉が今でも心に残っている。それは、「カバレッジ」「表現力」「単数化」「縮小化」の4つの原則を熱心に守れば、その他のすべての設計原則が満たされるというものだ。

それが正しいかどうかはわからない。カバレッジ、表現力、単数化、縮小化を完璧に実現したプログラムが、オープン・クローズドの原則や単一責任の原則を守っているかどうかはわからない。だが、優れた設計手法やアーキテクチャの原則（例：SOLID原則）を学ぶことで、うまく分割されたシンプルな設計を作れるようになるはずだ。

本書はそのような原則をまとめたものではない。原則について書かれた書籍はいくつもある。私も以前、何度か書いたことがある[14]。技術を高めるために、これらの書籍を読み、原則について学ぶことをお勧めする。

---

14 『Clean Code』や『アジャイルソフトウェア開発の奥義』を参照してほしい。

協力的プログラミング　第7章

「チームの一員である」とはどういう意味だろうか？　チームが敵陣にボールを運んでいると想像してほしい。プレーヤーのひとりがつまずいて転んでしまった。プレーは続行している。他のプレーヤーは何をすべきだろうか？

ポジションを変更して、**ボールを運び続ける**のである。

それがチームの行動だ。メンバーが倒れても、立ち直るまでチームでカバーする。

どうすればそのようなチームにできるのだろうか？　体調を崩した人やプログラミングの調子が悪い人がいたときに、どうすればチームでカバーできるのだろうか？　コラボレーションだ！　システム全体の知識がチームに広がるように、みんなで協力すればいい。

ボブが倒れても、一緒に仕事をしている誰かがカバーするのである。

「三人寄れば文殊の知恵」が協力的プログラミングの前提だ。2人のプログラマーが協力すれば、ペアプログラミングである[1]。3人以上のプログラマーが協力すれば、モブプログラミングである[2]。

1　Laurie Williams and Robert Kessler, *Pair Programming Illuminated* (Addison-Wesley, 2002). (邦訳『ペアプログラミング――エンジニアとしての指南書』ピアソンエデュケーション)

2　Mark Pearl, *Code with the Wisdom of the Crowd* (Pragmatic Bookshelf, 2018). (邦訳『モブプログラミング・ベストプラクティス ソフトウェアの品質と生産性をチームで高める』日経BP)

　協力的プログラミングとは、2 人以上の人が、同時に、同じコードで、一緒に作業をする規律である。現在では、画面共有ソフトウェアを使うのが一般的だ。プログラマーは自分の画面で同じコードを見ることができる。自分のマウスやキーボードでコードを操作できる。コンピューター同士はローカルまたはリモートで接続されている。

　こうしたコラボレーションは 100% の時間でやるものではない。短時間に、インフォーマルで、断続的にやるものだ。チームがコラボレーションに費やすべき時間は、成熟度、スキル、場所、メンバーの構成などで決まるが、20〜70% にするといいだろう[3]。

　コラボレーションのセッションの時間は、10 分程度の短いときもあれば、1〜2 時間と長いときもある。これより短い、あるいは長いセッションは、あまり役に立たない可能性がある。私のお気に入りは、ポモドーロテクニックだ[4]。これは時間を 25 分の「トマト」に分割して、途中に 5 分の休憩を挟むというものである。コラボレーションのセッションは「トマト」を 1〜3 個続けるといいだろう。

　コラボレーションのセッションはプログラミングのタスクよりも短い。プログラマーはタスクに責任を持つ。その責任を果たすために、協力者を招待する。

　コラボレーションのセッションやセッションで扱うコードに担当者はいない。チームの全員がコードの作者であり貢献者である。セッションで論争が起きたときは、そのタスクに責任を持つプログラマーが最終的な判断を下す。

　セッションでは、全員が画面を見る。全員が問題解決に取り組む。キーボードを触っているのは 1〜2 人かもしれないが、その席はセッション中に何度も入れ替わる。セッションでは、コーディングとコードレビューが同時に行われていると考えてほしい。

　コラボレーションのセッションは集中的なものであり、精神的および感情的なエネルギーが必要である。平均的なプログラマーであれば、1〜2 時間が限界だろう。それ以上は集中力を必要としない作業に移行する必要がある。

　このようなコラボレーションは非効率であり、誰かと協力するよりもひとりで作業をしたほうが多くのことを成し遂げられると思う人もいるかもしれない。これは必ずしも正しいとは言えない。いくつかの研究によれば[5]、ペアで作業をするプログラマーの生産性の低下は、50% ではなく 15% 程度であることがわかっている。ただし、欠陥は 15% 少なく、（こちらのほうが重要だが）機能あたりのコード量は 15% 少ない。

　最後の 2 つの数値は、ひとりで作成したときよりもペアで作成したときのほうが、コードの

3　100% の時間でペアを組んでいるチームもある。それが楽しいようだし、彼らに力を与えているそうだ。

4　Francesco Cirillo, *The Pomodoro Technique* (Currency Publishing, 2018).（邦訳『どんな仕事も「25 分+5 分」で結果が出る ポモドーロ・テクニック入門』CCC メディアハウス）

5　2 つの研究を挙げておこう。"Strengthening the Case for Pair Programming" by Laurie Williams, Robert R. Kessler, Ward Cunningham, and Ron Jeffries, *IEEE Software* 17, no. 4 (2000), 19--25 と "The Case for Collaborative Programming" by J. T. Nosek, *Communications of the ACM* 41, no. 3 (1998), 105--108. である。

構造がはるかに優れていることを意味している。

モブプログラミングの研究は知らないが、心強い事例がある[6]。

シニアとジュニアもコラボレーションできる。ただし、セッション中はジュニアの速度に落とす必要がある。一方、ジュニアは速度を上げる必要がある。いい感じのトレードオフになっている。

シニアとシニアもコラボレーションできる。ただし、部屋に武器がないことを確認しておこう。

ジュニアとジュニアもコラボレーションできる。ただし、シニアが注意深く見守る必要がある。ジュニアはジュニアと作業することを**好む傾向がある**。何度も発生しているようなら、途中でシニアが介入すべきだろう。

このようなコラボレーションを好まない人もいる。ひとりで作業することを好む人もいる。必要以上に同調圧力をかけてコラボレーションを強要すべきではない。その人の好みは尊重すべきだ。多くの場合、ペアよりもモブのほうが居心地がよさそうである。

コラボレーションは習得に時間と忍耐が必要なスキルである。時間をかけて練習しなければ、うまくはならない。チーム全体にとっても、チームのプログラマーにとっても、非常に有益なスキルである。

---

6 Agile Alliance, "Mob Programming: A Whole Team Approach," AATC2017, https://www.agilealliance.org/resources/sessions/mob-programming-aatc2017/.

受け入れテスト  第8章

クリーンクラフトマンシップの規律のなかで、受け入れテストはプログラマーが最もコントロールしにくいものだ。この規律を守るにはビジネス側の参加が必要である。残念ながら、ビジネス側が快く参加してくれることは少ない。

デプロイの準備ができたことをどのように把握しているだろうか？　世界中の組織が QA 部門にデプロイを「承認」してもらっている。つまり、仕様どおりにシステムが動作することを確認できるまで、QA の人たちが膨大な手動テストを実行するのである。テストに「合格」したら、システムをデプロイできる。

つまり、システムの真の要件は**これらのテスト**である。要件定義書に何が書いてあるかは重要ではない。テストこそが重要なのだ。QA がテストを実行してサインすれば、システムはデプロイされる。したがって、テストが要件である。

受け入れテストの規律は、このシンプルな事実を認識しており、すべての要件は**テストとして記述**することを推奨する。テストは機能を実装する直前に、ビジネスアナリシス（BA）とQA のチームが書くべきである。QA にはテストを実行する責任はない。それはプログラマーの仕事だ。そして、プログラマーはテストを自動化する可能性が高い。

　マトモなプログラマーならば、手動で何度もシステムをテストしたくない。プログラマーは自動化するものだ。したがって、プログラマーがテストの実行に責任を持つとしたら、プログラマーはテストを**自動化する**のである。

　ただし、テストを作るのは BA と QA なので、プログラマーはテストが意図どおりに自動化されていることを証明する必要がある。したがって、テストを自動化する言語は、BA と QA が理解できるものでなければならない。というより、自動化できる言語で BA と QA がテストを**書くべきである**。

　この問題を解決するために、さまざまなツールが開発されてきた。たとえば、FitNesse[1]、JBehave、SpecFlow、Cucumber などがある。だが、ツールは問題ではない。ソフトウェアの振る舞いの仕様とは、インプットデータ、実行するアクション、期待するアウトプットデータを指定する単純な関数である。これが有名な Arrange（準備）/Act（実行）/Assert（アサート）の「AAA パターン」である[2]。

　すべてのテストはインプットデータの準備から始まる。次に、テストするアクションを実行する。最後に、アウトプットデータが期待とマッチしていることをアサートする。

　この 3 つの要素はさまざまな方法で指定できるが、最も使いやすいのは表形式だろう。

　たとえば、**図 8-1** は FitNesse の受け入れテストの結果の一部である。FitNesse は Wiki であり、このテストではさまざまなマークアップ記法が HTML に適切に変換されているかをチェックしている。実行するアクションは `widget should render`（**ウィジットがレンダリングされること**）、インプットデータは `wiki text`、アウトプットデータは `html text` である。

　よく使われる形式としては、Given-When-Then（前提・もし・ならば）もある。

```
前提　ページに"!1 header"が含まれている
もし　ページがレンダリングされる
ならば　ページに "<h1>header</h1>"が含まれる
```

　このように形式がそろっていれば、自動化が比較的容易であることは明らかだ。受け入れテストのツールで書いても、スプレッドシートで書いても、テキストエディターで書いても構わない。

1　fitnesse.org

2　このパターンは 2001 年にビル・ウェイクが特定したものである（`https://xp123.com/articles/3a-arrange-act-assert`）。

widget should render		
wiki text	html text	
normal text	normal text	
this is ''italic'' text	this is \<i>italic\</i> text	italic widget
this is '''bold''' text	this is \bold\ text	bold widget
!c This is centered text	\<center>This is centered text\</center>	
!1 header	\<h1>header\</h1>	
!2 header	\<h2>header\</h2>	
!3 header	\<h3>header\</h3>	
!4 header	\<h4>header\</h4>	
!5 header	\<h5>header\</h5>	
!6 header	\<h6>header\</h6>	
http://files/x	\<a href="files/x">http://files/x\</a>	file link
http://fitnesse.org	\<a href="http://fitnesse.org">http://fitnesse.org\</a>	http link
SomePage	SomePage\<a title="create page" href="SomePage\?edit&nonExistent=true">\[\?\]\</a>	missing wiki word

図 8-1　FitNesse の受け入れテストの結果の一部

規律

　最も厳格な規律であれば、受け入れテストは BA と QA が書くべきものである。BA はハッピーパスのシナリオにフォーカスする。QA はシステムが失敗する可能性がある無数の方法を探索することにフォーカスする。

　テストはテストする機能が開発される直前または同時に書く。アジャイルプロジェクトであれば、スプリントやイテレーションに分かれるだろう。テストはスプリントの最初の数日間に書き、スプリントの最終日までにすべてのテストをパスさせる。

　BA と QA がプログラマーにテストを提供する。プログラマーは BA と QA を巻き込みながらテストを自動化する。

　これらのテストは**完成の定義**になる。機能はすべての受け入れテストをパスするまでは完成しない。すべての受け入れテストをパスしたら機能は完成する。

　BA と QA の責任は重大である。記述するテストが機能の完全な仕様になっていなければならない。受け入れテストスイートがシステム全体の要件定義書である。BA と QA は、テストを書き、テストをパスさせることで、対象とする機能が完成していること、うまく機能していることを保証するのである。

　このような詳細で形式的なドキュメントを書くことに、BA と QA のすべてのチームが慣れているわけではない。その場合は、BA と QA に支援してもらいながら、代わりにプログラマー

が受け入れテストを書くことになるだろう。中間目標は、BA と QA が**読むことができる**テスト、そして承認できるテストを作ることだ。最終目標は、BA と QA が快適にテストを書けるようになることだ。

継続的ビルド

受け入れテストがパスすると、継続的ビルドで実行するテストスイートに組み込まれる。

継続的ビルドとは、プログラマーがソースコード管理システムにコードをチェックインするたびに[3]実行される、自動化された処理である。この処理は、ソースからシステムをビルドして、自動化されたユニットテストを実行して、自動化された受け入れテストを実行するものである。実行結果は（通常はメールで）すべてのプログラマーと関係者に通知される。継続的ビルドの状態は、全員が継続的に意識すべきものである。

すべてのテストを継続的に実行することで、システムの変更によって動作している既存の機能が壊れることがないようにする。パスしていた受け入れテストが継続的ビルドで失敗したら、チームは新しい変更を加える前に、すぐに修復する必要がある。継続的ビルドにおいて失敗の蓄積を許すのは自殺行為である。

---

3 数分以内に。

　基準はベースラインとなる**期待**だ。決して超えてはならないと決めた境界線である。最低限受け入れることにしたパラメーターである。基準を上回ることはできるが、基準を下回ることは許されない。

あなたの新しいCTO

　私はあなたの新しい CTO である。これからあなたに期待することを伝える。あなたはこれらの期待を 2 つの相反する視点から読むことになるだろう。

　1 つ目は、マネージャー、エグゼクティブ、ユーザーの視点だ。こちらの視点から見ると、私の期待は明らかであり、正常に見えるだろう。これを下回るような期待をするマネージャー、エグゼクティブ、ユーザーはいない。

　2 つ目は、プログラマー、アーキテクト、テクニカルリードの視点だ。あなたがプログラマーならば、こちらのほうがなじみがあるだろう。こちらの視点から見ると、私の期待は極端であ

り、不可能であり、異常に見えるだろう。

　この2つの視点の違い、つまり期待の不一致が、ソフトウェア業界の主要な失敗であり、早急に修復しなければならないものである。

あなたの新しい CTO として、私が期待することは……。

生産性 第9章

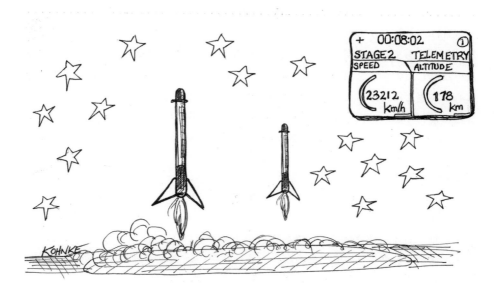

あなたの CTO として、私は生産性に対する期待を持っている。

絶対にS**Tを出荷しない

あなたの新しい CTO として、絶対に S**T を出荷しないことを期待している。

S**T が何の略なのかはご存じだろう。あなたの CTO として、**私は絶対に S**T を出荷しないことを期待している。**

これまでに S**T を出荷したことがあるだろうか？　我々のほとんどが経験あるだろう。私もある。気持ちのいいもんじゃあない。好きなわけがない。ユーザーも同じだ。マネージャーもそうだ。好きな人がいるはずがない。

では、なぜ我々はそうしてしまうのだろうか？　なぜ S**T を出荷してしまうのだろうか？

それは、それしか方法がなかったからだ。絶対に守らなければならない納期があったのかもしれない。あまりにも恥ずかしい見積りがあったのかもしれない。単に杜撰だったり、不注意だったりしたのかもしれない。マネージャーからのプレッシャーがあったのかもしれない。自尊心の問題だったかもしれない。

理由はどうあれ、言い訳にはならない。S**T を出荷しないことは絶対的な最低基準である。

S**T とは何だろうか？　みなさんはもうわかっていると思うが、あらためて説明しておこう。

- バグは S**T である。
- テストしていない関数は S**T である。
- うまく書けていない関数は S**T である。
- 詳細に対する依存は S**T である。
- 不必要な結合は S**T である。
- GUI に含まれる SQL は S**T である。
- ビジネスルールに含まれるデータベーススキーマは S**T である。

まだまだ続けられる。だが、このくらいにしておこう。これまでの章で触れた規律を守らなければ、S**T を出荷するリスクがある。

ただし、すべての規律を常に守らなければならないというわけではない。

我々はエンジニアである。エンジニアはトレードオフをするものだ。エンジニアのトレードオフは杜撰や不注意とは違う。規律を破るには、それなりの理由が必要だ。

さらに重要なのは、適切な緩和策を持っているということだ。

たとえば、CSS を書いているとしよう。CSS のテストを事前に書くのはほぼ不可能である。CSS がどのようにレンダリングされるかは、実際に画面に表示するまでわからないからだ。

では、CSS が TDD の規律を破っているという事実をどのように緩和すべきだろうか？

CSS は手動あるいは目で確認するしかないだろう。顧客が使用する可能性があるすべてのブラウザでテストする必要もあるだろう。したがって、画面に何を表示したいのか、どの程度までなら許容できるのかを記述しておくとよい。さらに重要なのは、CSS を手動で**簡単**にテストできるような技術的ソリューションを考えておくことである。開発が終わってリリースする前

に、**QA ではなく我々が**テストするからだ。

別の言い方をすれば「いい仕事をしよう！」だ。

それはみんなが期待していることである。すべてのマネージャー、すべてのユーザー、ソフトウェアに触れるすべての人、ソフトウェアに触れられるすべての人が、我々がいい仕事をすることを期待している。彼らをがっかりさせてはならない。

私は絶対に S**T を出荷しないことを期待している。

安価な適応力

「ソフトウェア」は「柔軟なプロダクト」という意味の合成語である。ソフトウェアの存在意義は、マシンの振る舞いをすばやく容易に変更できるところにある。変更が難しいソフトウェアを作っているならば、ソフトウェアの存在意義がない。

ソフトウェアの柔軟性の低さは依然として業界の大きな問題である。設計やアーキテクチャに力を入れるのは、システムの柔軟性と保守性を向上させるためである。

なぜソフトウェアは硬直化し、柔軟性を失い、壊れやすくなるのだろうか？　繰り返しになるが、柔軟性と保守性をサポートするテストとリファクタリングの規律を守っていないからだ。規律を守れないチームは、初期の設計とアーキテクチャに頼ることになるだろう。あるいは、一時的な流行を追いかけてばかりになるだろう。

だが、初期の設計やアーキテクチャのビジョンがどれだけ優れていても、マイクロサービスをどれだけ作ったとしても、テストやリファクタリングの規律が身に付いていなければ、コードは急速に劣化し、システムの保守は困難になってしまう。

私はこのようなことを期待していない。顧客が変更を要求したときに、**変更するスコープに比例した**コストの戦略で、開発チームが対応できることを期待している。

顧客はシステムの内部を理解していないかもしれないが、要求している変更のスコープについては十分に理解している。その変更が多くの機能に影響を与えることを理解している。変更のコストは変更するスコープに比例することを期待している。

残念ながら、時間が経過するとあまりにも多くのシステムから柔軟性が失われ、顧客やマネージャーが要求した変更のスコープに対して、合理的に説明できないほど変更のコストが上昇しているのである。さらに悪いことに、システムのアーキテクチャに適していないという理由で、開発者が変更を拒否することもめずらしくない。

顧客が要求する変更に対抗するアーキテクチャとは、ソフトウェアの存在意義を妨害するアーキテクチャである。そのようなアーキテクチャは、顧客の要求に対応できるように変えていかなければならない。そのためには、信頼できるテストスイートとリファクタリングされたシス

テムが必要である。

　私はシステムの設計とアーキテクチャが要求に応じて進化することを期待している。既存の
アーキテクチャやシステムの硬直性や壊れやすさによって、顧客の変更の要求が妨害されない
ことを期待している。

　安価な適応力を期待している。

常に準備万端

　あなたの新しいCTOとして、私は常に準備万端であることを期待している。

　アジャイルが有名になるずっと前から、うまくいっているプロジェクトには開発とリリース
に「リズム」があることをソフトウェアの専門家は理解していた。黎明期のリズムはとても短
く、週単位や（時には）日単位だった。だが、1970年代にウォーターフォールが登場し、この
リズムが月単位や（時には）年単位にまで落ち込んだ。

　2000年代にアジャイルが登場すると、あらためてより速いリズムが求められるようになった。
スクラムでは30日間のスプリントが推奨された。XPでは3週間のイテレーションが推奨され
た。その後、どちらも2週間になった。現在では、1日に何度もデプロイする開発チームもめ
ずらしくない。事実上、開発期間はゼロに近づいている。

　私は速いリズムを期待している。長くても1〜2週間。スプリントが終了するたびに、ソフト
ウェアが技術的にリリースできる状態になっていることを期待している。

　技術的にリリースできる状態とは、ビジネス側が**リリースしたい状態**であるとは限らない。
技術的にリリースできるソフトウェアであっても、ビジネス側が求める機能を満たしていなかっ
たり、顧客やユーザーにとって不適切であったりする可能性がある。技術的に準備ができてい
るとは、ビジネス側がリリースを決めたときに、開発チーム（QAを含む）が反対しないとい
う意味である。ソフトウェアが動作して、テストされて、ドキュメント化されて、デプロイの
準備が整っていることである。

　これが**常に準備万端**の意味だ。私は開発チームがビジネス側に「待ってほしい」と伝えるこ
とを期待していない。私は「慣らし運転」の期間や「安定化スプリント」などは期待していな
い。アルファ版やベータ版のテストは、機能の互換性を判断するためには必要である。だが、
コーディングの不具合を除去するために使用すべきではない。

　昔、法律家向けのワープロを作っているチームをコンサルティングしたことがある。彼らに
はXPを教えた。最終的には、チームは毎週新しいCDを焼けるようになった[1]。焼いたCDは

1　過去にはソフトウェアをCDで配布していた暗黒時代があったのじゃ。

開発室にある週次リリースの山の上に置くことになった。見込み客のデモに向かう営業は、開発室に立ち寄り、CD の山から 1 枚取るのである。それくらい開発チームの**準備ができていた**ということだ。これが私の期待する準備である。

　このように何度も準備完了にするには、計画、テスト、コミュニケーション、時間管理などの高い規律が求められる。これらはもちろんアジャイルの規律だ。ステークホルダーと開発者は、最も価値の高い開発ストーリーの見積りと選択ができるように、頻繁に関与しなければならない。QA は「完成」を定義する自動化受け入れテストに深く関与しなければならない。開発者は短い開発期間で進捗を出せるように、密接に連携しながら、テスト、レビュー、リファクタリングの規律を維持しなければならない。

　ただし、**常に準備万端**とは、単にアジャイルの教義や儀式に従うことではない。常に準備万端とは、態度であり、生き方である。継続的に価値を提供することに対するコミットメントである。

　私は常に準備万端であることを期待している。

安定した生産性

　ソフトウェアプロジェクトでは、時間が経つと生産性が低下しやすい。深刻な機能不全の症状である。テストやリファクタリングの規律を守っていないことが原因だ。絡み合った、壊れやすい、硬直化したコードという障害物が増大しているのである。

　この障害物は暴走する。システムのコードが硬直化して壊れやすくなれば、コードをクリーンに維持することは難しくなる。コードが壊れやすくなると、変更に対する恐怖が大きくなる。開発者は汚いコードをクリーンにすることに消極的になる。そのようなことをすると、欠陥につながるかもしれないと恐れているからだ。

　数か月以内に、生産性は大きく低下する。その後、生産性はゼロに近づいていく。

　生産性の低下に対応するため、マネージャーはプロジェクトに人員を追加しようとする。だが、この戦略は失敗する。それまでチームにいたプログラマーと同様に、新しく追加されたプログラマーも変化に対して恐怖を抱いているからだ。すぐにチームメンバーの振る舞いを真似することを覚え、この問題は永続化することになる。

　生産性の低下について責められると、開発者はコードがひどいからだと不満を言う。さらには、システムの再設計が必要だと言い始めることもある。こうした不満はマネージャーが無視できないほど大きくなっていく。

　システムを再設計できれば、生産性は向上すると開発者は主張する。過去の過ちは二度と繰り返さないという主張である。もちろんマネージャーは信用していない。だが、生産性が向上

するのであれば、何でもいいと思っている。結局、コストやリスクがあるにも関わらず、多くのマネージャーがプログラマーの要求を受け入れてしまう。

　私はこのようなことを期待していない。開発チームの生産性が常に高いことを期待している。ソフトウェアの構造を劣化させない規律を確実に守ることを期待している。

　私は安定した生産性を期待している。

品質 第**10**章

あなたの CTO として、私は品質に対する期待を持っている。

継続的改善

　私は継続的改善を期待している。

　人間は時間をかけて物事を改善する。人間はカオスに秩序を与える。人間は物事をより良くする。

　コンピューターは以前よりも良くなった。自動車は以前よりも良くなった。飛行機、道路、電話、テレビ、通信サービスは以前よりも良くなった。医療技術は以前よりも良くなった。宇宙技術は以前よりも良くなった。我々の文明は以前よりもはるかに良くなった。

　それなのに、なぜソフトウェアは時間が経過すると劣化するのか？　私はソフトウェアが劣化することを期待していない。

　私は時間の経過によってシステムの設計やアーキテクチャが改善されることを期待している。週を追うごとにソフトウェアがクリーンになり、より柔軟になることを期待している。ソフト

ウェアが古くなれば、変更コストが**下がる**ことを期待している。時間の経過によって、あらゆることが改善されることを期待している。

　時間の経過によってソフトウェアを良くするためには何が必要だろうか？　それは意思だ。態度だ。**うまくいくとわかっている**規律を守る姿勢だ。

　私はプログラマーがコードをチェックインするたびに、チェックアウトしたときよりもクリーンにすることを期待している。私はすべてのプログラマーが自分の触ったコードを（触った理由が何であれ）**改善**することを期待している。バグを修正するのであれば、コードをより良くするべきである。機能を追加するのであれば、コードをより良くするべきである。コードに触れるたびに、より良いコード、より良い設計、より良いアーキテクチャになることを期待している。

　私は継続的改善を期待している。

恐れを知らない能力

　私は恐れを知らない能力を期待している。

　システムの内部構造が劣化すると、システムが複雑になって手に負えなくなる。開発者は変更することを恐れるようになる。簡単な改良であってもリスクを伴う。変更や改良に消極的になると、システムを管理・保守する能力が劇的に低下する。

　実際には、能力が低下したわけではない。システムが複雑になって手に負えなくなり、プログラマーの能力を超え始めたのである。

　プログラマーが扱えなくなるまでシステムが複雑になると、プログラマーはそのシステムに恐怖を感じるようになる。恐怖は問題を悪化させる。システムを変更することを恐れるプログラマーは、自分が安全だと思う変更にしか手を出せなくなるからだ。そのような変更がシステムを改良することはないだろう。実際、最も安全だとされる変更は、システムをさらに悪化させることがよくある。

このような恐怖や臆病を放置しておくと、見積りは膨らみ、欠陥率は上がり、納期はますます守れなくなり、生産性は急落し、士気はどん底に落ちる。

解決策は、劣化を加速させる恐怖を排除することだ。プログラマーが心の底から信頼できるテストスイートを作れるように規律を導入して、恐怖を排除するのである。

信頼できるテストがあり、リファクタリングのスキルがあり、シンプルな設計に向かうことができれば、プログラマーは劣化したシステムをクリーンにすることに恐怖を感じなくなるだろう。劣化をすばやく修復し、ソフトウェアを常に改良していく自信と能力が身に付くだろう。

私はチームが恐れを知らない能力を発揮することを期待している。

エクストリームな品質

私はエクストリームな品質を期待している。

我々はいつからバグがソフトウェアの特性であると受け入れたのだろう？　我々はいつから一定レベルの欠陥があるソフトウェアを出荷することを受け入れたのだろう？　我々はいつから事前にベータテストが必要だと決めたのだろう？

私はバグは不可避であるとは受け入れていない。私は欠陥を当然視する態度を受け入れていない。私はすべてのプログラマーが**欠陥のない**ソフトウェアをデリバリーすることを期待している。

私は振る舞いの欠陥のことだけに言及しているのではない。私はすべてのプログラマーが振る舞いと**構造**に欠陥のないソフトウェアをデリバリーすることを期待している。

これは達成可能な目標だろうか？　この期待に応えることは可能だろうか？　できるかどうかに関わらず、私はすべてのプログラマーがこれを基準として受け入れ、達成に向けて継続的に努力することを期待している。

私はチームからエクストリームな品質が生まれることを期待している。

QAを軽視しない

　私は QA を軽視しないことを期待している。

　なぜ QA 部門は存在するのだろうか？　なぜ企業はプログラマーの成果をチェックするために、別のグループにお金を使うのだろうか？　その答えは明らかである。そして、残念なものである。企業がソフトウェアの QA 部門を設置しているのは、プログラマーが仕事をしないからだ。

　我々はいつからプロセスの最後に QA を置いているのだろうか？　プログラマーがソフトウェアをリリースするのを QA が待っている、という企業があまりにも多い。当然、プログラマーはスケジュールどおりにソフトウェアをリリースしない。したがって、QA はテストを省略して、リリース日を守ろうとする。

　QA は相当なプレッシャーを感じている。ストレスがかかり、退屈で、納期を守るためには省略が必要な仕事である。明らかに品質を保証するためのものではない。

QAの病気

　QA が良い仕事をしていることをどのように把握するのだろうか？　何を根拠にして昇給や昇進をさせるのだろうか？　欠陥の発見だろうか？　一番多く欠陥を発見した人が、最も優れた QA 担当者になるのだろうか？

　もしそうなら、QA は欠陥を「良いもの」だと考えるだろう。欠陥は多ければ多いほど良い！　もちろんそれは病気だ。

　だが、欠陥を「良いもの」だと考えるのは QA だけではない。ソフトウェアの世界には「ソフトウェアが動かなくてもいいなら、どんなスケジュールでも守れる」ということわざがある[1]。

　笑い話に思えるかもしれないが、開発者が納期を守るためにも使える戦略である。QA の仕

1　私はケント・ベックから聞いた。

事がバグを発見することならば、予定どおりにデリバリーして、QA にバグを発見してもらえばいいのではないだろうか？

　言葉は必要ない。取引も必要ない。握手も必要ない。それでも、開発者と QA はバグの経済的なやり取りを理解している。深刻な病気である。

　私は QA を軽視しないことを期待している。

QAは何も発見しない

　QA がプロセスの最後にいるのなら、QA は何も発見できないだろう。最後にいる QA がバグを発見しないことが、開発チームの目標であるべきだ。QA がバグを発見するたびに、開発者は原因を突き止め、プロセスを修正し、再発防止をしなければならない。

　QA が何も発見しないとしたら、なぜプロセスの最後にいるのかと疑問に思うべきである。

　実際、QA はプロセスの最後にいるべきではない。プロセスの最初にいるべきだ。QA の仕事はすべてのバグを発見することではない。それはプログラマーの仕事だ。QA の仕事は、システムの振る舞いをテストで指定することである。最終的なシステムから欠陥を排除できる程度に詳細なテストが必要だ。なお、これらのテストは QA ではなく、プログラマーが実行すべきである。

　私は QA が何も発見しないことを期待している。

テストの自動化

　ほとんどの場合、手動テストはお金と時間のムダである。自動化できるテストは**自動化すべき**だ。これには、ユニットテスト、受け入れテスト、統合テスト、システムテストが含まれる。

　手動テストは高価である。人間の判断が必要な状況のために残しておこう。たとえば、GUIの見た目の確認、探索的テスト、インタラクションの主観的な評価などだ。

　探索的テストに触れておこう。探索的テストは、人間の工夫・直感・洞察に依存している。探索的テストの目的は、システムの様子を徹底的に観察して、経験的にシステムの振る舞いを導き出すことである。探索的テストのテスターは、コーナーケースを推測して、それを実行するための適切な経路を見つける。これは至難の業であり、相当な経験が必要になる。

　一方、ほとんどのテストは自動化可能である。大部分は単純な「AAA パターン」の構成になる。あらかじめ準備したインプットを渡し、期待するアウトプットを調べるという実行方法である。開発者には、実行環境に特別な設定をすることなく、テストから呼び出し可能な API

を用意する責任がある。

　開発者は遅い操作や設定の多い操作を抽象化できるようにシステムを設計する必要がある。たとえば、システムが RDBMS を多用している場合、開発者はビジネスルールをカプセル化した抽象レイヤーを作るべきだろう。こうすれば、自動テストのときに RDBMS をあらかじめ準備したインプットデータに置き換えることが可能になり、テストの速度と信頼性が大幅に向上する。

　遅くて不便な周辺機器、インターフェイス、フレームワークについても、抽象化すべきである。そうすれば、個別のテストをマイクロ秒単位で実行したり、あらゆる環境[2]から独立させて実行したり、ソケットのタイミング、データベースの内容、フレームワークの動作に影響を受けたりすることがなくなる。

自動テストとユーザーインターフェイス

　自動テストはユーザーインターフェイス経由でビジネスルールを**テストしてはならない**。ユーザーインターフェイスはビジネスルールではなく、流行、便宜、マーケティングの混乱に関わる理由で変更されやすい。自動テストをユーザーインターフェイス経由で実行していると、上記の理由によってテストも変更することになる（**図 10-1**）。その結果、テストは非常に壊れやすくなり、保守できないテストとして破棄されてしまう。

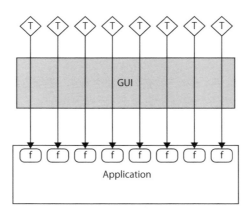

図 10-1　ユーザーインターフェイス経由で実行するテスト

　こうした状況を避けるために、**図 10-2** に示すように、開発者は関数呼び出し可能な API を用

2　太平洋の 3 万フィート上空でノートパソコンで実行する環境だとしても。

意して、ビジネスルールをユーザーインターフェイスから分離する必要がある。この API を使用するテストはユーザーインターフェイスからは完全に独立しているため、ユーザーインターフェイスの変更には影響されない。

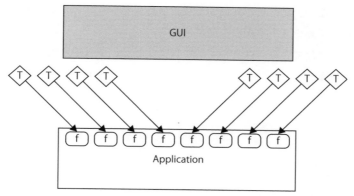

図 10-2　API 経由のテストはユーザーインターフェイスから独立している

ユーザーインターフェイスのテスト

　関数呼び出し可能な API 経由でビジネスルールを自動テストする場合、ユーザーインターフェイスの振る舞いに必要なテストは大幅に削減される。ビジネスルールから分離するために、あらかじめ準備した値をユーザーインターフェイスに提供する「スタブ」とビジネスルールを置き換える（**図 10-3**）。

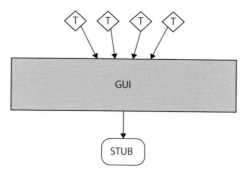

図 10-3　スタブはあらかじめ準備した値をユーザーインターフェイスに提供する

　こうすれば、ユーザーインターフェイスのテストは高速で明確になる。ユーザーインターフェイスが巨大で複雑であれば、自動テストのフレームワークを使うべきだ。ビジネスルールにスタブを使うことで、テストの信頼性が大幅に向上する。

　ユーザーインターフェイスが小さくてシンプルであれば、手動テストに頼ったほうが手間がかからないかもしれない。見た目を評価する場合は特にそうだ。ビジネスルールのスタブを使用すると、これらの手動テストもかなり簡単になる。

　私は、実用的に自動化できるテストがすべて自動化され、すばやく実行され、壊れにくくなることを期待している。

勇気 第11章

あなたのCTOとして、私は勇気に対する期待を持っている。

お互いをカバーする

　プロジェクトで仕事をしている開発者のグループを「チーム」という言葉で表現している。だが、我々はチームが何であるかを理解しているのだろうか？

　チームとは、目標と相互作用を理解した協力者たちの集まりである。何らかの理由でチームメンバーがいなくなっても、**チームの目標に向かって進捗を続ける**。たとえば、船の乗組員にはそれぞれの仕事がある。だが、他の人の仕事のことも知っている。理由は明らかだ。乗組員の誰かがいなくなっても、船を前進させなければならないからだ。

　私は、プログラミングチームのメンバーも乗組員と同じようにお互いにカバーし合うことを期待している。私は、チームメンバーがいなくなっても、その人が復帰するまでは、チームの他の誰かがその役割を引き継ぐことを期待している。

チームメンバーがいなくなる理由は、病気、家庭のトラブル、休暇などさまざまである。プロジェクトが停止することはない。残った人たちで穴を埋めなければならない。

ボブはデータベースの担当者である。ボブがいなくなっても、他の誰かがデータベースの作業を引き継ぎ、進捗を続けなければならない。ジムは GUI の担当者である。ジムがいなくなっても、他の誰かが GUI の作業を引き継ぎ、進捗を続けなければならない。

つまり、チームのメンバーは自分の作業以外にも精通しておかなければならない。誰かがいなくなっても、その作業を引き継ぐことができなければならない。

だが、裏を返せば、誰かにカバーしてもらうのは**あなた**の責任である。チームにとって欠かせないプレーヤーにならないための責任だ。誰かを探し、自分の仕事を教え、いざとなったときに代わりになってもらえるようにするのは、あなたの責任である。

自分の仕事を教えるにはどうすればいいのだろうか？　おそらく最も良い方法は、隣に座って 1 時間ほど一緒にコードを書くことだろう。あなたが賢明な人ならば、チームの複数のメンバーに対して行うはずだ。あなたの仕事を知っている人が多ければ、あなたがいなくなったときにカバーできる人が増える。

また、一度だけでは不十分である。プロジェクトの自分の作業を進めながら、他の人にもそのことを知らせる必要があるだろう。

ここで協力的プログラミングの規律が役に立つ。

プログラミングチームのメンバーがお互いにカバーし合うことを私は期待している。

正直な見積り

私は正直な見積りを期待している。

プログラマーとして最も正直な見積りは「わからない」である。実際に作業にどれだけ時間

がかかるのかは「わからない」からだ。ただし、10億年以内に終わることは「わかる」。つまり、正直な見積りとは「わかる」と「わからない」の混合物である。

正直な見積りとは、以下のようなものである。

・今週の金曜日までに作業が終わる確率は5%である。
・来週の金曜日までに作業が終わる確率は50%である。
・再来週の金曜日までに作業が終わる確率は90%である。

このような見積りは、あなたの不確実性を示した確率分布である。不確実性を示すことによって、見積りが正直になる。

大規模プロジェクトでマネージャーから見積りを聞かれたら、このような形式で答えるべきである。プロジェクトを承認する前に、コストを把握しようとしているのかもしれない。そうした場合に最も価値があるのが、不確実性の正直な見積りである。

小規模な作業では、アジャイルプラクティスの「ストーリーポイント」を使うといいだろう。ストーリーポイントは時間を約束していないので正直だ。ストーリーポイントとは、他のタスクと比べたときのコストを示すものである。ストーリーポイントに使用する数字は任意だが、相対的なものになる。

ストーリーポイントの見積りは以下のようになる。

「預金」のストーリーのコストは5。

この「5」とは何か？　これは任意のポイント数であり、すでにサイズがわかっている作業との相対値である。たとえば、「ログイン」のストーリーが3ポイントだとする。「預金」のストーリーを見積もるときに、「ログイン」のストーリーの2倍まではいかないとして、5を設定した。これだけのことである。

ストーリーポイントにはすでに確率分布が埋め込まれている。まず、ポイントは日付や時間ではない。ただのポイントだ。次に、ポイントは約束ではない。ただの推測だ。イテレーション（1〜2週間）の終了時には、完成したストーリーのポイント数を合計する。この数字を使い、次のイテレーションでは何ポイント完成できるかを見積もる。

私は不確実性を示す正直な見積りを期待している。日付の約束は期待していない。

「ノー」と言う

　私は答えが「ノー」のときは「ノー」と言うことを期待している。

　プログラマーが口にすべき最も重要な言葉は「ノー！」である。適切なときに適切な文脈でこの言葉を使えば、雇用主のお金の節約になり、失敗や恥を防ぐことができる。

　あらゆることを否定せよ、という意味ではない。我々はエンジニアである。「イエス」の方法を見つけ出すことが仕事だ。だが、「イエス」の選択肢がないこともある。それを判断できるのは我々だけだ。それを知っているのが我々である。したがって、答えが「ノー」のときに「ノー」と言えるかどうかは、我々にかかっている。

　上司から金曜日までの仕事を頼まれたとしよう。検討した結果、金曜日までに終わらないことがわかったとする。上司には「ノー」を伝えるべきだ。「火曜日までなら間に合います」とも伝えるべきだろうが、金曜日が無理であることは明確にしておきたい。

　マネージャーは「ノー」を聞きたいと思っていない。あなたの意見に耳を傾けず、無理を言ってくることもあるだろう。怒鳴られることもあるかもしれない。感情的な対立を道具として使うマネージャーもいるくらいだ。

　あなたは決して屈してはならない。答えが「ノー」であれば、その答えを守るべきだ。プレッシャーに負けてはならない。

「試しにやってみてくれないか？」の策略には気を付けよう。合理的な依頼のように思えるが、あなたはすでに試しているのだから合理的ではない。「ノー」を「イエス」に変えるためにやれることはない。「試しにやってみる」は単なるウソである。

　私は答えが「ノー」のときは「ノー」と言うことを期待している。

継続的挑戦的学習

　ソフトウェア業界はダイナミックである。そう**あるべきかどうか**は議論の余地があるが、ダイナミック**であるかどうか**は議論の余地がない。間違いなくダイナミックである。したがって、我々は「継続的挑戦的学習者」でなければならない。

　現在使っている言語を5年後も使っているとは限らない。現在使っているフレームワークを来年も使っているとは限らない。周囲に気を配り、こうした変化に備えよう。

　プログラマーは毎年新しい言語を覚えるべきだというアドバイスがある[1]。素晴らしいアドバイスだ。さらに言えば、なじみのないスタイルの言語を選ぶといいだろう。動的型付け言語を書いたことがなければ、それを学ぼう。宣言型言語を書いたことがなければ、それを学ぼう。Lisp や Prolog や Forth を書いたことがなければ、それらを学ぼう。

　こうした学習はいつどのようにやるべきだろうか？　雇用主が時間や場所を提供してくれるなら、できる限り活用しよう。雇用主がそれほど親切ではないのなら、自分の時間を使って学習しなければならない。月に数時間は時間を使ってほしい。ただし、プライベートな時間も確保すること。

　もちろん、あなたには家族の予定があり、支払うべき請求書があり、乗らなければならない飛行機があるだろう。あなたにはあなたの**人生**がある。わかっている。だが、同時にあなたは**プロ**なのだ。プロにはケアとメンテナンスが必要である。

　私はあなたに継続的挑戦的学習者であることを期待している。

1　David Thomas and Andrew Hunt, *The Pragmatic Programmer: From Journey to Mastery* (Addison-Wesley, 2020).（邦訳『達人プログラマー ─ 熟達に向けたあなたの旅 ─ 第2版』オーム社）

メンタリング

　プログラマーのニーズが高まっている。世界のプログラマーの人数は急増している。大学で教えられることは限られているため、多くのことがきちんと教えられていない。

　したがって、新人プログラマーの教育は我々の仕事である。数年間の経験があるプログラマーは、新人のプログラマーを教えるという任務を果たさなければならない。

　大変な仕事だと思うだろう。そのとおりだ。だが、利点もある。教えることが最大の学びになる。他に方法はない。何かを学びたいのなら、それを誰かに教えればいい。

　5 年、10 年、15 年とプログラマーをやってきたなら、新人プログラマーに伝えるべき経験や人生の教訓を持っているはずだ。面倒を見る相手を 1～2 人選び、最初の半年間を指導してあげてほしい。

　一緒に座って、コードを書くのを手伝ってあげよう。過去の失敗や成功の話を聞かせてあげよう。規律、基準、倫理について教えてあげよう。技術を教えてあげよう。

　私はすべてのプログラマーがメンターになることを期待している。私はあなたが誰か学習を支援することを期待している。

倫理 第 III 部

最初のプログラマー

　ソフトウェアの職業が始まったのは、アラン・チューリングが論文に取り掛かった1935年の夏のことである。彼の目的は、10年以上かけて数学者たちを悩ませていたジレンマを解消することだった。「決定問題」である。

　目的は達成された。だが、彼の論文から世界規模の産業が生み出され、今や文明社会に欠かせない存在になるとは、当時は考えもしなかっただろう。

　世界初のプログラマーは、バイロン卿の娘であり、ラブレス伯爵夫人であるエイダだとされている。それには正当な理由がある。計算機が扱う数値で非数値の概念を表現できることを最初に理解したのが、彼女だったからだ。数値の代わりに記号を使用するのである。ただし、彼女はチャールズ・バベッジの解析機関向けのアルゴリズムをいくつか作成しているが、それらは残念ながら実行されることはなかった。

　電子計算機で実行された最初のプログラムを作ったのは、アラン・チューリングである[1]。ソフトウェアの職業を最初に**定義**したのもアラン・チューリングである。

　1945 年、チューリングは ACE（Automated Computing Engine）向けのコードを作成した。このコードは 32 進数の機械語で書かれていた。それまでにこのようなコードは存在しなかったので、チューリングはサブルーチン、スタック、浮動小数点数などの概念を考案して、実装する必要があった。

　数か月かけて基礎を作り、それらを使って数学の問題を解いたあと、彼は以下のような結論のレポートを書いた[2]。

　おそらくこのような仕事は増えていくだろう。これからは能力のある数学者がかなりの人数必要になるはずだ。

　「かなりの人数」とあるが、彼はどうしてわかったのだろうか？　彼は予測したわけではないかもしれないが、現在では「かなりの人数」がこの仕事に携わっている。

　他の部分はどうだろう？　「能力のある数学者」とあるが、みなさんは自分のことを「能力のある数学者」だと思っているだろうか？

　チューリングは以下のように続けている。

　自分が何をしているかを見失わないように、適切な規律を維持することが困難になるだろう。

　「規律」だと！　彼はどうしてわかったのだろうか？　70 年後の問題が「規律」であることをどうやって見通したのだろうか？

　70 年前、アラン・チューリングがソフトウェアの職業という枠組みの基礎を築いた。そして「能力のある数学者」が「適切な規律を維持する」べきだと述べた。

　我々はそうなっているだろうか？　あなたはそうなっているだろうか？

75年

　人間の平均寿命は約 75 年。我々の職業の年齢も同じだ。この 75 年で何が起きたのだろうか？　第 1 章「クラフトマンシップ」の歴史を再び見ていこう。

　1945 年、世界にはコンピューターは 1 台、プログラマーは 1 人（アラン・チューリング）だ

1　チューリングが ACE（後述）のプログラムを作る前に、コンラート・ツーゼが自身の電子計算機のアルゴリズムを作ったと指摘する者もいる。

2　A.M. Turing's ACE Report of 1946 and Other Papers -- Vol. 10, "In the Charles Babbage Institute Reprint Series for the History of Computing", (B.E. Carpenter, B.W. Doran, eds.). The MIT Press, 1986.

けだった。これらの数は、最初の数年間で急増した。ここを起源としよう。

1945 年

- コンピューター：$O(1)$
- プログラマー：$O(1)$

その後の 10 年間で、真空管の信頼性、一貫性、電力使用量が劇的に向上し、より大型で強力なコンピューターを構築することが可能になった。

1960 年までに、IBM は「700 シリーズ」を 140 台販売した。これは巨大で高価な「化け物」であり、購入できたのは軍、政府、巨大企業だけだった。速度は遅く、リソースは限られており、壊れやすいものだった。

この時期に、グレース・ホッパーが高級言語の概念を発明し、**コンパイラー**という用語を生み出した。彼女の成果は COBOL につながった。

1953 年、ジョン・バッカスが FORTRAN の仕様を提案した。その直後に ALGOL が開発された。1958 年にはジョン・マッカーシーが LISP を開発した。言語の「動物園」が広がり始めたのである。

当時は、OS、フレームワーク、サブルーチンライブラリは存在しなかった。コンピューターで実行するものは、すべて自分で書く必要があった。1 台のコンピューターを稼働させるために、10 人以上のプログラマーが必要だった。

チューリングから 15 年後の 1960 年

- コンピューター：$O(100)$
- プログラマー：$O(1,000)$

当時のプログラマーは、グレース・ホッパー、エドガー・ダイクストラ、ジョン・フォン・ノイマン、ジョン・バッカス、ジーン・ジェニングスたちである。彼らは、科学者、数学者、エンジニアだった。そのほとんどがすでにキャリアを持ち、ビジネスや専門分野を理解した人たちだった。また、その多くが 30 代、40 代、50 代だった。

1960 年代はトランジスタの 10 年だった。小さくて、シンプルで、安価で、信頼性の高いデバイスが、少しずつ真空管から置き換わった。トランジスタのコンピューターへの影響は革命的だった。

1965 年までに、IBM はトランジスタベースのコンピューター「1401」を 1 万台以上製造していた。月額約 2,500 ドルでコンピューターを貸し出すことで、数千社ある中規模企業でも手が届くようにした。

　これらのマシンは、アセンブラ、FORTRAN、COBOL、RPG でプログラムできた。マシンを借りた企業は、アプリケーションを作成できるプログラマーを必要とした。

1965 年

当時、コンピューターを製造しているのは IBM だけではなかった。

- コンピューター：$O(10,000)$

コンピューター 1 台につき 10 人のプログラマーが必要だった。

- プログラマー：$O(100,000)$

　チューリングから 20 年後、世界には数十万人のプログラマーがいたはずだ。だが、彼らはどこから来たのだろうか？　必要な人数の数学者、科学者、エンジニアはいなかったはずだ。コンピューターサイエンスの学位を持った新卒者もいなかった。そもそもコンピューターサイエンスを教える大学はなかったからだ。

　企業は、会計士、事務員、計画立案者など、技術的な資質を持つ優秀な人材を採用したのである。そうした人材が数多く見つかった。

　彼らは別の分野の専門家である。年代は 30 代と 40 代。期限、コミットメント、何を残すか、何を捨てるかを理解している者たちだ[3]。数学者ではなかったが、規律ある専門家だった。チューリングも許してくれるだろう。

　その後もクランクは回り続けた。1966 年までに、IBM は毎月 1,000 台の「360」を製造していた。このコンピューターは至るところにあり、当時としては非常にパワフルなコンピューターだった。「360 モデル 30」は、メモリが 64K バイト、1 秒あたり 35,000 回の命令を実行できた。

　1960 年代半ば、オーレ＝ヨハン・ダールとクリステン・ニゴールが世界初のオブジェクト指向言語 Simula 67 を発明した。エドガー・ダイクストラが構造化プログラミングを発明したのもこの時期だ。ケン・トンプソンとデニス・リッチーが C と UNIX を発明したのもこの時期だった。

　クランクはまだ回っている。1970 年代初頭、集積回路が一般的になった。この小さなチップは、数十、数百、さらには数千のトランジスタを載せることができる。電子回路を大幅に小型化できるようになったのだ。

　その結果、ミニコンピューターが誕生した。

　1960 年代後半から 1970 年代にかけて、DEC（Digital Equipment Corporation）が、5 万台の PDP-8 システムと数十万台の PDP-11 システムを販売した。

　DEC だけではなかった。ミニコンピューターの市場は爆発的に拡大した。1970 年代半ばま

3　ボブ・シーガー「Against the Wind」の歌詞を使用したことを謝罪します。

でに、ミニコンピューターを販売する企業は数十社あった。

チューリングから 30 年後の 1975 年

世界には約 100 万台のコンピューターがあった。

- コンピューター：$O(1e6)$

プログラマーとコンピューターの比率は近づいていった。

- プログラマー：$O(1e6)$

数百万人のプログラマーはどこから来たのだろうか？　彼らは誰なのだろうか？

私もそこにいた。仲間もいた。若くて、エネルギッシュで、ギークな少年たちだ。

電子工学やコンピューターサイエンスを学んだ新卒者が数万人いた。みんな若かった。頭もよかった。米国では誰もが徴兵されることを心配していた。そのほとんどが男性だった。

女性が現場からいなくなったわけではない。それは 1980 年代半ばのことだ。そうではなく、多くの「少年」が現場に入ったのである。

1969 年、私の最初の職場には、数十人のプログラマーがいた。全員が 30 代か 40 代で、3 分の 1 から半数が女性だった。

10 年後、私は約 50 人のプログラマーがいる職場で働いていたが、女性はおそらく 3 人だけだった。

チューリングから 30 年後、プログラミングの人口動態は若い男性へと劇的にシフトした。数十万人の 20 代の男性。我々はチューリングが「規律ある数学者」として表現した人物では**なかった**。

だが、企業はプログラマーを必要としていた。需要は天井知らずだった。若い男性に欠けていたのは規律だった。それをエネルギーで補完していた。

給料は安かった。現代のプログラマーの給料は高額だが、当時はプログラマーを安価に雇うことができた。1969 年の私の初任給は年 7,200 ドルだった。

それ以来、このトレンドは続いている。毎年、コンピューターサイエンスを学んだ若い男性が卒業し、業界が彼らを貪欲に狙っている。

1945 年から 1975 年までの 30 年間で、プログラマーの人数は少なくとも 100 万倍に増えた。その後の 40 年間で、成長率は少し鈍化したものの、依然として高いままである。

2020 年現在、プログラマーは世界に何人いるだろうか。VBA[4]のプログラマーも含めると、数億人のプログラマーがいるに違いない。

明らかに指数関数的成長である。指数関数的成長曲線には倍加速度がある。計算してみよう。

4　Visual Basic for Applications

75 年で 1 から 1 億になったとしたら、倍加速度はいくつだろう?

底が 2 の対数が 1 億のとき、答えは約 27 になる。これで 75 を割ると、約 2.8 になる。つまり、約 2 年半ごとにプログラマーの人数が倍になったわけだ。

実際には、最初の数十年の倍加速度は高く、現在は少し緩やかになっている。私の推測では、現在の倍加速度は約 5 年といったところだろうか。つまり、5 年ごとに世界のプログラマーの人数は倍になっている。

これは大変だ。5 年ごとに世界のプログラマーが 2 倍になるならば、世界のプログラマーの半数が 5 年未満の経験しか持たないことになる。倍加率が変わらない限り、これは今後も変わることはない。プログラミング業界は「永続的な経験不足」という不安定な状況に陥っているのだ。

オタクから救世主へ

永続的な経験不足。あ、心配する必要はない。**あなた**が永続的に経験不足になるわけではない。5 年経験を積めば、プログラマーの人数が 2 倍になるだけだ。10 年経験を積めば、4 倍になる。

若い人が多いので「プログラマーは若い人の職業だ」と思う人もいる。そして「若くない人たちはどこにいるんだ?」と聞いてくる。

ここにいるよ!　どこにも行ってない。最初から人数が少ないだけだ。

ここで問題となるのは、新人プログラマーを教育する年配者が足りないことである。30 年の経験を持つプログラマー 1 人に対して、その人から何かを学ぶべきプログラマーは 63 人いる。そして、そのうち 32 人は新人である。

指導者が足りないので、永続的な経験不足はいつまでも解消されない。同じ過ちを何度も何度も繰り返すことになる。

だが、70 年間でアラン・チューリングさえも予想しなかったことが起きた。プログラマーが「評判」を手に入れたのである。

1950 年代や 1960 年代は、誰もプログラマーのことを知らなかった。社会に影響を与えるほどの人数もいなかった。プログラマーが隣に住むこともなかった。

状況が変わったのは 1970 年代である。父親がコンピューターサイエンスの学位を取るように子どもに勧めるようになった。プログラマーの人数が増えたので、誰もがプログラマーの誰かを知るようになった。そして、オタクで、トゥインキー[5]を食べている、ギークなイメージが生

5　訳注:アメリカで親しまれているスポンジケーキのこと。映画の『ダイ・ハード』『ゾンビランド』『ゴーストバスターズ』で誰もが一度は目にしたことがあるはず。

まれた。

　実際にコンピューターを見たことのある人はほとんどいなかったが、ほぼすべての人がコンピューターを知っていた。テレビ番組の『スター・トレック』や映画の『2001年宇宙の旅』に登場していたからである。これらの作品では、コンピューターは悪役として描かれていた。だが、ロバート・A・ハインラインの1966年の著書『月は無慈悲な夜の女王』では、コンピューターは自己犠牲的なヒーローとして描かれた。

　いずれの場合も、プログラマーは重要なキャラクターではなかった。当時はプログラマーの描き方がわからなかったのだ。機械と比べると、影に隠れていて、なんだか存在感が薄かったのである。

　当時のテレビCMを思い出す。夫婦がスーパーで値段を比較している。夫はメガネをかけていて、シャツにはポケットプロテクター、手には電卓を持った、オタクっぽい小柄の男性である。それを見たオルソン夫人[6]が「コンピューターの天才ね」と言って、夫婦に特定のブランドのコーヒーの特徴を説明するのである。

　そのCMに出てくるプログラマーは、世間知らずで、本が好きで、あまり重要ではない存在として描かれている。頭は良いかもしれないが、分別や常識を持っていない。パーティーに呼べるような人物ではない。実際、プログラマーは学校でいじめられているようなタイプの人間だと思われていた。

　1983年までに、パーソナルコンピューターが登場し始めた。10代の若者はさまざまな理由でパソコンに興味を持つようになった。この頃になると、かなり多くの人が、少なくとも1人のプログラマーを知っていた。我々はプロだと見なされるようになったが、それでもまだ神秘的な存在だった。

　この年、映画『ウォー・ゲーム』が公開された。マシュー・ブロデリックがコンピューターに詳しい十代のハッカーを演じた。米軍の兵器管理システムをビデオゲームだと思い込み、ハッキングしたことで、世界核戦争のカウントダウンが始まるという話だ。映画の終わりには「勝つための唯一の手はプレイしないことだ」とコンピューターに教え、世界を救うのであった。

　つまり、コンピューターとプログラマーの役割が入れ替わったのだ。今度はコンピューターが子どものような世間知らずのキャラクターになり、プログラマーが分別や常識の（源ではないにしても）橋渡し役になったのである。

　1986年の映画『ショート・サーキット』でも同様のことが描かれている[7]。子どものように無邪気なロボット「ナンバー5」が、開発者やプログラマー、そしてガールフレンドの助けを借りながら、知恵を身に付けていくという話だ。

　1993年になると、状況は大きく変わった。映画『ジュラシック・パーク』では、プログラマー

6　訳注：ヴァージニア・クリスティンという女優が演じるCMのキャラクター。
7　訳注：『ウォー・ゲーム』と『ショート・サーキット』はどちらもジョン・バダム監督の作品。

が悪役となり、コンピューターはキャラクターとしては登場しなくなった。単なるツールになったのである。

　プログラマーとは何者であり、どのような役割を果たすのかを社会が理解し始めたわけだ。わずか 20 年間で、オタクから教師や悪役になったのである。

　その後、またビジョンが変わった。1999 年の映画『マトリックス』では、主人公はプログラマーであり、世界の「救世主」だった。実際、彼の神々しいパワーは「コード」を読み解く能力に由来するものだった。

　我々の役割は急速に変化している。わずか数年間で、悪役が救世主になった。社会全体がプログラマーに（良い意味でも悪い意味でも）力があることを理解し始めたのだ。

ロールモデルと悪役

　15 年後の 2014 年、私はストックホルムにある Mojang 社のオフィスで、クリーンコードとテスト駆動開発の講演をした。ご存知ない方のために言っておくと、Mojang 社はマインクラフトを開発している会社だ。

　講演が終わってから、Mojang のプログラマーたちと屋外のビアガーデンで談笑した。その日は天気が良かった。すると突然、12 歳くらいの少年がフェンスに駆け寄って来て、プログラマーのひとりに声をかけた。

「Jeb さんですか？」

　Jeb とは、イェンス・バーゲンステンのことだ。Mojang 社のリードプログラマーである。

　少年は Jeb にサインを求め、質問攻めにした。彼の目には Jeb 以外誰も写っていなかった。もちろん私もそこにいた……。

　とにかく、ここで重要なのは、プログラマーが子どもたちのロールモデルやアイドルになっているということだ。Jeb、Dinnerbone（訳注：ネイサン・アダムズの別名）、Notch（訳注：マインクラフトを作ったマルクス・ペルソンの別名）のようになることを夢見ているのである。

　本物のプログラマーはヒーローなのだ。

　だが、本物のヒーローもいれば、本物の悪役もいる。

　2015 年 10 月、北米フォルクスワーゲンの CEO マイケル・ホーンは、環境保護庁の検査装置を不正に利用した自動車のソフトウェアについて、米国議会で証言することになった。なぜこのようなことをしたのかと問われると、彼はプログラマーを非難した。

「何らかの事由により、数名のソフトウェアエンジニアがこれを行いました[8]」

8　Volkswagen North America CEO Michael Horn prior to testifying before the House Energy and Commerce Committee in Washington, October 8, 2015.

「何らかの事由」の部分はウソである。彼はそれを知っていたはずだし、会社も把握していたはずだ。プログラマーに責任転嫁しようとする卑怯な魂胆が透けて見える。

　だが、彼は正しいことも言っている。不正をしたコードを書いたのは、数名のプログラマーである。

　数名のプログラマーは（それが誰であれ）我々に悪評をもたらした。プロの組織であれば、プログラマーとしての職務を取り消すべきである。彼らは我々を裏切った。プログラマーという職業の名誉を傷つけたのだ。

　我々は次の段階に進んだのだ。ここまでに 75 年かかった。だが、何もないところからオタクになり、そこからロールモデルや悪役になった。

　我々が何者であり、我々が提供する脅威と約束が何なのかを、社会が理解し始めたのである。まだ始まったばかりだ。

我々が世界を支配する

　だが、社会はすべてを理解しているわけではない。我々自身も理解できていない。我々はプログラマーであり、我々が世界を支配している。

　大げさな表現かもしれない。だが、よく考えてみてほしい。世界には人間の数よりも多くのコンピューターが存在する。そして、人間の数よりも多いコンピューターが、無数の重要な仕事をしてくれている。たとえば、リマインダーを記録してくれる。カレンダーを管理してくれる。Facebook のメッセージを届けてくれる。写真のアルバムを整理してくれる。電話をかけてくれる。テキストメッセージを送ってくれる。自動車のエンジン、ブレーキ、アクセル、さらにはハンドルまで制御してくれる。

　コンピューターがなければ、料理もできない。洗濯もできない。冬には部屋を暖かくしてくれる。退屈なときには楽しませてくれる。銀行口座やクレジットカードを管理してくれる。請求書の支払いを支援してくれる。

　実際、現代社会は常にソフトウェアシステムと関わっている。寝る間を惜しんでソフトウェアを使っている人もいるくらいだ。

　つまり、ソフトウェアがなければ社会で**何も起こらない**。製品が売買されることもない。法律が制定・施行されることもない。自動車が走ることもない。Amazon の商品も届かない。電話もつながらない。コンセントから電気が供給されない。食品は店舗に届かない。蛇口から水が出ない。ガスは暖炉まで届かない。これらのことはすべて、ソフトウェアが監視・調整しているのである。

　そして、そのソフトウェアを書いているのが**我々**だ。だからこそ、我々が世界のルールを作

り、世界を支配しているのである。

　なんだと？　世界のルールを作っているのは自分たちだ、と思った人もいるだろう。だが、そのルールが**我々のところ**まで届き、人間生活を監視・調整するマシンで実行できるように、**我々が**ルールを書いているのである。

　社会はまだそのことを理解していない。全然、理解していない。だが、理解できる日がすぐにやってくるだろう。

　我々プログラマーもそのことを理解していない。全然、理解していない。だが、徹底的に教育される日がすぐにやってくるだろう。

大惨事

　長年、我々はソフトウェアの大惨事を目撃してきた。なかには大規模なものもある。

　たとえば、2016 年にはソフトウェアの不具合により、スキャパレリ火星探査機とローバーが失われた。地表から 4 キロ近くも離れていたにもかかわらず、すでに探査機が着陸しているとソフトウェアが誤認識したからである。

　1999 年には、火星探査機のマーズ・クライメイト・オービターが失われた。地上局のソフトウェアが、探査機にメートル単位（ニュートン秒）ではなく、イギリス単位（ポンド秒）でデータを送信していたからである。このエラーにより、探査機は火星の大気圏に突入して粉々になった。

　1996 年、アリアン 5 ロケットとペイロードが打ち上げ 37 秒後に爆発した。64 ビットの浮動小数点数を 16 ビットの整数に未チェックで変換した際、整数オーバーフロー例外が発生したからである。この例外により、搭載されていたコンピューターがクラッシュし、ロケットが自爆した。

　レースコンディションが原因で高出力の電子線を照射し、3 人が死亡、3 人が負傷した、放射線療法機器セラック 25 についても語るべきだろうか？

　あるいは、システムに残されたデッドコードを作動させるフラグを再利用したために、45 分間で 4 億 6,000 万ドルの損失を出したナイトキャピタルグループの話をするべきだろうか？

　あるいは、トヨタのスタックオーバーフローのバグにより、加速が制御不能になり、89 人もの犠牲者を出した話をすべきだろうか？

　あるいは、ソフトウェアの不具合により、米国の医療保険制度改革法が頓挫しかけた Health Care.gov の話をすべきだろうか？

　これらの大惨事は数十億ドルのお金と多くの人命を奪った。その原因を作ったのはプログラマーである。

　我々プログラマーが、自分たちの書いたコードによって、人々の命を奪っているのである。

　みなさんは誰かの命を奪うためにこの世界に入ったわけではないはずだ。無限ループで自分の名前を印字させ、何とも言えない力を得た喜びを味わったからこそ、プログラマーになったはずだ。

　だが、事実は事実だ。我々の行動が、財産、生活、生命を破壊する可能性がある。我々はそうした社会的立場にいるのだ。

　そう遠くない未来に、愚かなプログラマーが少しだけバカなことをしでかしたせいで、数万人が命を失うことになるだろう。

　これはでたらめな推測ではない。時間の問題だ。

　そうなれば、世界の政治家たちが説明を求めてくるだろう。我々はどのようにしてエラーを防ぐことができるのかを提示する必要があるだろう。

　そこで、我々が倫理規定を持たずに登場したらどうなるだろうか。基準や規律を持たずに登場したらどうなるだろうか。上司が無理なスケジュールと納期を押し付けたからだと愚痴を言ったらどうなるだろうか。**有罪**になるだけだ。

プログラマーの誓い

ソフトウェア開発者の倫理について議論するために、私は以下の誓いを提案したい。

コンピュータープログラマーの職業の名誉を守り、維持するために、私は自分の能力と判断の限りにおいて、以下のことを約束する。

1. 私は、有害なコードを作らない。
2. 私が作るコードは、常に私の最高傑作である。振る舞いや構造に欠陥のあるコードを故意に残すことはしない。
3. 私は、コードが正常に動作する証拠をリリースごとに用意する。それは、迅速で、確実で、再現可能な証拠である。
4. 私は、誰かの進捗を妨げないように、小さく何度もリリースする。
5. 私は、あらゆる機会において、恐れることなく執拗に私の作品を改善する。決して作品を劣化させることはしない。
6. 私は、私や誰かの生産性を高めるために、できる限りのことをする。決して生産性を落とすようなことはしない。
7. 私は、他の人が私をカバーできるように、私が他の人をカバーできるように努める。
8. 私は、規模と精度の両方を正直に見積もる。合理的な確実性がないときには約束をしない。
9. 私は、仲間のプログラマーの倫理、基準、規律、スキルを尊重する。その他の属性や特性を尊

重の要因にすることはしない。
10. 私は、私の技術の学習と向上を怠らない。

有害 第**12**章

誓いの約束のいくつかは「有害」に関係している。

第一に、害を与えてはならない

約束 1：私は、有害なコードを作らない。

ソフトウェアプロフェッショナルの最初の約束は「害を与えてはならない！」である。これは、あなたのコードがユーザー、雇用主、マネージャー、同僚に害を与えるようなことがあってはならない、というものだ。

あなたは自分のコードが何をするかを把握しなければならない。コードが動作することを把握しなければならない。コードがクリーンであることを把握しなければならない。

しばらく前のことだが、フォルクスワーゲンのプログラマーが環境保護庁（EPA）の排ガス試験を意図的に妨害するコードを書いたことがあった。プログラマーたちは有害なコードを書いた。相手をだますコードだ。EPA が安全とする 20 倍の量の亜酸化窒素を排出する自動車で

265

も販売許可が下りるように、EPA をだましたのである。つまり、自動車が走る場所に住んでいるすべての人の健康に害を及ぼすようなコードだ。

　このプログラマーたちはどうなるべきだろうか？　コードの目的を知っていたのだろうか？　把握していたのだろうか？

　私なら解雇して訴えるだろう。彼らは**把握していたはず**である。他の誰かが要件を書いた、というのは言い訳にならない。動いたのはキーボードの上にあるあなたの指であり、あなたのコードである。あなたはコードの動作を把握しなければならない！

　これは難しい問題だ。我々はマシンを動かすコードを書いている。これらのマシンはとんでもない害をもたらす可能性がある。コードがもたらす害について責任を持つとしたら、我々はコードが何をするかを把握することにも責任を持つ必要がある。

　我々プログラマーは経験や任務のレベルに応じて責任を持つべきである。経験や立場が上がっていけば、自分や下にいる人たちの行動に対する責任が重くなる。

　ジュニアプログラマーにチームリードと同じ責任を負わせることはできない。チームリードにシニア開発者と同じ責任を負わせることはできない。だが、シニア開発者は高い基準を持ち、自分が指示を出す人たちに対する最終的な責任を持つべきである。

　だからといって、すべての責任がシニア開発者やマネージャーにあるわけではない。すべてのプログラマーが自分の成熟度と理解度に応じてコードに責任を持つべきである。すべてのプログラマーが自分のコードの害に対して責任を持つべきである。

社会に害を与えない

　第一に、自分が生きている社会に害を与えてはならない。

　フォルクスワーゲンのプログラマーが破ったのはこのルールだ。彼らのソフトウェアは雇用主（フォルクスワーゲン）に利益をもたらしたかもしれない。だが、社会一般には害をもたらした。我々プログラマーは、そのようなことを決してやってはならない。

　だが、社会に害を与えているかどうかをどうやって把握するのだろう？　たとえば、兵器管理システムのソフトウェアは社会に害を与えているだろうか？　ギャンブルのソフトウェアは？　暴力的や性的なゲームは？　ポルノはどうだろう？

　法律で認められているソフトウェアであっても、社会に害を与える可能性はあるのだろうか？

　正直なところ、最終的にはあなた自身の判断になる。できる限り正しい選択をするしかない。あなたの良心があなたのガイドとなるだろう。

　もうひとつの例は、HealthCare.gov のローンチの失敗だ。ただし、こちらは意図的なものではなかった。2010 年、医療保険制度改革法が可決され、大統領が署名した。そこには「ウェブサイトを 2013 年 10 月 1 日までに稼働させる」という指示があった。

　法律によって大規模システムの稼働日を指定するのも異常だが、本当の問題は 2013 年 10 月 1 日に実際にシステムが稼働したことである。

　その日に机の下に隠れていたプログラマーがいたはずだ。

「うわあああ、本当に稼働しちゃったのか」
「こんなことやるべきじゃないよ」
「かわいそうなお母さん。これからどうするの？」

　技術的な失敗によって、新しい公共政策が危機にさらされた事例である。法律が覆されてしまったのだ。政治的立場がどうあれ、社会に害を与えたことに変わりはない。

　責任は誰にあるのだろうか？　システムの準備ができていないことを知りながら、沈黙していたすべてのプログラマー、チームリード、マネージャー、役員に責任がある。

　社会に対する害は、マネジメントに対して受動的攻撃態度をとったすべてのソフトウェア開発者がもたらしたものだ。誰もが「私は自分の仕事をしただけ。すべてはマネジメントの問題だ」と言う。何かが間違っていることを知りながら、システムの開発を止めようとしなかったソフトウェア開発者も、責任の一端を担っているのである。

　あなたがプログラマーとして雇用されている理由のひとつは、間違っていることがわかるからである。問題が発生する前に、問題を特定できる知識を持っているからである。恐ろしいことが発生する前に、あなたにはそれを口に出す責任がある。

機能に対する害

　あなたは自分のコードが動作することを把握しなければならない。あなたは自分のコードの機能が企業、ユーザー、同僚のプログラマーに害を与えないことを把握しなければならない。

　2012 年 8 月 1 日、ナイトキャピタルグループがサーバーに新しいソフトウェアをロードした。だが、8 台のサーバーのうち、ロードされたのは 7 台だけだった。8 台目は古いバージョンのまま稼働することになった。

　なぜこのようなミスが起きたのかは誰にもわからない。誰かの注意不足だったのかもしれない。

　ナイトキャピタルはトレーディングシステムを運用していた。ニューヨーク証券取引所で株の取引をするものだ。その運用の一部に、ひとつの大きな親取引を複数の小さな子取引に分割するというものがあった。他のトレーダーが最初の取引の規模を見て価格を調整することを防ぐためである。

　8 年前、この親子アルゴリズムのシンプルなバージョン（Power Peg）が、改良された Smart

Market Access Routing System（SMARS）に置き換えられた。だが、奇妙なことに、Power Peg のコードはシステムから削除されなかった。フラグで無効にされただけだった。

　そのフラグは親子の取引を制御するものだった。フラグがオンのとき、子取引が行われる。子取引が親取引を満たすと、フラグがオフになる。

　彼らはこのフラグをオフにしたまま、Power Peg のコードを無効にしていた。

　だが、ソフトウェアのアップデートにより、このフラグが再利用されることになった。アップデートは 8 台中 7 台のサーバーに適用された。フラグがオンになったことで、8 台目のサーバーが高速な無限ループで子取引を開始した。

　プログラマーは何かがおかしいことに気づいていたが、どこが間違っているのかはわかっていなかった。エラーの出ているサーバーをシャットダウンするまで 45 分かかった。45 分間、無限ループで間違った取引をしていたのである。

　その 45 分間で、ナイトキャピタルは 70 億ドル以上の不要な株を購入した。そして、4 億 6,000 万ドルの損失を出しながら、すべてを売却することになった。同社の現金の残高は、3 億 6,000 万ドルしかなかった。ナイトキャピタルは倒産した。

　45 分間。一度の失敗。4 億 6,000 万ドルの損失。

　ミスは何だったのか？　プログラマーがシステムが何をしているかを把握していなかったことだ。

　ここまで読んで、私がプログラマーに完璧な知識を求めていると不安に思ったかもしれない。もちろん完璧な知識などない。必ずどこかに知識不足はあるものだ。

　完璧な知識を求めているのではない。重要なのは、害がないことを知っているかどうかだ。

　ナイトキャピタルの人たちは恐ろしく有害な知識不足だった。何が問題だったのかを考えると、そうした知識不足は絶対に許してはならなかった。

　もうひとつの例は、トヨタのソフトウェアシステムによる意図しない急加速である。

　そのソフトウェアによって 89 人もの命が失われ、さらに多くの人たちが負傷した。

　繁華街で自動車を運転しているとしよう。自動車が急加速を始める。ブレーキは利かない。数秒後、停まることができないまま、信号を無視して横断歩道に突っ込んだ。

　調査員が発見したのは、トヨタのソフトウェアでそれが実行可能なことだった。そして、高い確率でそれが実行されたのである。

　ソフトウェアが人を殺した。

　そのコードを書いたプログラマーは、自分たちのコードが人を殺さないとは知らなかったのだろう。二重否定に注意してほしい。自分たちのコードが人を「殺さない」とは「知らなかった」のだ。そして、それは知らなければならないことだった。自分たちのコードが人を「殺さない」と「知るべき」だったのだ。

　これらはリスクに関するものだ。リスクが高ければ、自分の知識をできるだけ完璧に近づけ

たいと思うだろう。命がかかっているならば、自分のコードが誰も殺さないことを知る必要がある。財産がかかっているならば、自分のコードが財産を失わないことを知る必要がある。

だが、作っているのがチャットアプリやウェブサイトのショッピングカートならどうだろう。これなら人の命も財産もかかっていない。

……本当にそうだろうか？

誰かがあなたのチャットアプリを使っていて、急に具合が悪くなり「誰か助けて！　救急車を呼んで！」と入力したとしよう。アプリの不具合でメッセージが届かなかったとしたら？

あるいは、あなたのウェブサイトから個人情報が流出したとしたら？

あるいは、コードが貧弱なために、顧客が競合他社に流れてしまったら？

つまり、ソフトウェアが与える害を過小評価しやすいということだ。重要なソフトウェアではないので、誰かに害を与えることはないと思うのは簡単だ。だが、ソフトウェアを作るのにお金がかかることを忘れてはならない。少なくとも開発にかかったお金はリスクにさらされている。もちろんそれを使うユーザーもリスクにさらされている。

まとめると、あなたが考えているよりも大きなリスクが常に存在するのである。

構造に害を与えない

コードの構造に害を与えてはならない。コードをクリーンで整理された状態に保つ必要がある。

ナイトキャピタルのプログラマーたちがコードが有害であることを知らなかった理由を考えてほしい。

その答えは明白だと思う。彼らは Power Peg が残っていることを忘れていた。彼らは再利用したフラグがアクティブになることを忘れていた。それから、彼らはすべてのサーバーで同じソフトウェアが動いていると想定していた。

彼らがシステムが有害である可能性を知らなかったのは、古いコードをそのままにして、システムの構造に害を与えていたからである。それがクリーンなコードと構造が重要である大きな理由だ。構造が絡み合っていればいるほど、コードが何をしているかを把握するのが難しくなる。乱雑になればなるほど、不確実性が増していく。

トヨタのケースを考えてみよう。ソフトウェアが人の命を奪うことをプログラマーが知らなかったのはなぜか？　グローバル変数が1万個以上あったことが要因だろうか？

ソフトウェアが乱雑になっていると、ソフトウェアが何をしているかを把握する能力が失われ、有害になることを防ぐ能力も失われる。

乱雑なソフトウェアは有害なソフトウェアである。

厄介なバグを修正するには、クイック・アンド・ダーティーなパッチが必要になることもあ

ると反対する人もいるだろう。

　もちろん、そうだ。クイック・アンド・ダーティーなパッチで危機を回避できるなら、もちろんそうすべきだろう。異論はない。

　うまくいくバカげたアイデアは、バカげたアイデアではない。

　だが、クイック・アンド・ダーティーなパッチはいずれ害を与える。コードにそうしたパッチが残っていると、害をもたらす可能性が高くなる。

　コードベースから Power Peg が削除されていれば、ナイトキャピタルの惨事は起きなかった。意図しない取引をしたのは、その古くて死んだコードである。

　「構造に害を与える」とは何だろうか？　グローバル変数が数千個もあるなら明らかに構造に欠陥がある。コードベースに死んだコードが残っているのも同じだ。

　構造的な害とは、ソースコードの構成と内容に関する害である。読みにくい、理解しにくい、変更しにくい、再利用しにくいソースコードにするものだ。

　ソフトウェアの規律と基準を知ることは、プロのソフトウェア開発者の責任である。リファクタリング、テストの書き方、悪いコードの見分け方、設計を分離してアーキテクチャの境界線を引く方法を知る必要がある。低レベルと高レベルの設計の原則を理解・適用する必要がある。また、若い開発者たちがこれらを学び、彼らが書くコードがこれらを満たせるようにすることは、すべてのシニア開発者の責任である。

ソフト

　ソフトウェアの最初の単語は**ソフト**である。ソフトウェアにはソフトであることが求められる。簡単に変更できることが求められる。簡単に変更したくないなら、**ハードウェア**と呼ぶべきだ。

　ソフトウェアの存在意義を覚えておくことが重要だ。マシンの動作を簡単に変更するためにソフトウェアが発明された。ソフトウェアが簡単に変更できないなら、ソフトウェアの存在意義を妨害している。

　ソフトウェアには 2 つの価値がある。ひとつは振る舞いの価値だ。もうひとつは「ソフト」であることの価値だ。顧客やユーザーは、高いコストをかけることなく、ソフトウェアの振る舞いを簡単に変更できることを期待している。

　2 つの価値のどちらが大きいのだろう？　どちらの価値を優先すべきだろう？　簡単な思考実験をしてみよう。

　2 つのプログラムを想像してほしい。ひとつは完全に機能するが、変更はできない。もうひとつは正しく機能しないが、簡単に変更できる。どちらに価値があるだろうか？

　こんなことは言いたくないが、ソフトウェアの要件は変更されやすい。要件が変更されると、

前者のソフトウェアは役に立たなくなる。永遠に。

後者のソフトウェアであれば、役に立たなくなることはない。簡単に変更できるからだ。最初は動作させるまでに時間とお金がかかるかもしれない。だが、いずれは最小限の労力で動作させ続けることができるようになる。永遠に。

したがって、緊急時を除き、すべての状況において優先されるべき価値は、後者の価値である。

ここで言う**緊急**とは何だろう？ 会社が1分あたり1,000万ドル損失しているなら、それは緊急だ。

ソフトウェアスタートアップは違う。スタートアップは柔軟性のないソフトウェアを作るほど緊急ではない。むしろスタートアップは柔軟性のあるソフトウェアを作るべきだ。スタートアップは確実に間違ったプロダクトを作っているからだ。

ユーザーと接触後に生き残れるプロダクトサービスは存在しない。プロダクトがユーザーの手に渡ると、間違っているところが無数に見つかる。コードを乱雑にすることなく変更できなければ絶望的だ。

これはソフトウェアスタートアップの最大の問題である。起業家はあらゆるルールを破り、ゴールまで突き進むべき「緊急事態」だと信じているため、コードに乱雑なものが残る。そして、最初のデプロイまでの速度が遅くなる。ソフトウェアの構造に害を与えなければ、より速く、より良く、より長く存続できるだろう。

ソフトウェアに関して言えば、急ぐことは割に合わない。

——ブライアン・マリック

テスト

何よりもテストが先である。先にテストを書き、先にテストをクリーンにする。コードのすべての行が動作することがわかるようになる。コードが動作することを証明するテストを書いているからだ。

コードが動作することを証明するテストがないとしたら、コードの振る舞いに対する害を防ぐことができるだろうか？

コードをクリーンにするためのテストがないとしたら、コードの構造に対する害を防ぐことができるだろうか？

テスト駆動開発（TDD）の3つの法則に従わないとしたら、テストスイートが完全であることを保証できるだろうか？

TDDは本当にプロの前提条件だろうか？ TDDを実践していなければ、プロのソフトウェ

ア開発者になれないと私は本気で主張しているのだろうか？

　そう、私は本気だ。というより、それが真実になりつつある。今はまだ一部の人だけかもしれないが、いずれ多くの人に当てはまるようになるだろう。TDD の実践がプロの開発者としての最低限の規律と行動であると同意するプログラマーが大多数になる日が来るだろう。おそらくすぐにやって来るはずだ。

　どうしてそう思うのか？

　なぜなら、すでに述べたように、我々が世界を支配しているからだ！　我々が全世界を機能させるルールを書いているからである。

　我々の社会では、ソフトウェアがなければ売買は成立しない。ほぼすべての通信はソフトウェアを介して行われる。ほぼすべてのドキュメントはソフトウェアで書かれている。ソフトウェアがなければ、法律は成立も執行もできない。ソフトウェアを使わない日常生活はないと言っていいだろう。

　ソフトウェアがなければ、我々の社会は機能しない。ソフトウェアは現代社会のインフラで最も重要なコンポーネントになっている。

　社会はまだこのことを理解していない。我々プログラマーもまだ理解できていない。だが、我々の書いているソフトウェアが重要であることには気づき始めている。多くの人の命や財産が我々のソフトウェアに依存していることに気づき始めている。そして、ソフトウェアが最低限の規律を明言できない人たちによって作られていることにも気づき始めている。

　だからこそ、TDD（や類似する規律）は、最終的にはプロのソフトウェア開発者の最低限の標準的な振る舞いになるだろう。そして、顧客やユーザーがそのことを主張する日が来るだろう。

最高傑作

　約束２：私が作るコードは、常に私の最高傑作である。振る舞いや構造に欠陥のあるコードを故意に残すことはしない。

　ケント・ベックが「動かしてから、正しくする」と言った。

　プログラムを動かすのは最初の（最も簡単な）ステップだ。その次の（さらに難しい）ステップは、コードをクリーンにすることである。

　残念ながら、多くのプログラマーがプログラムが動いたら仕事は終わりだと考えている。プログラムが動いたら、次のプログラム、その次のプログラム、また次のプログラムへと進んでいく。

その結果、開発チーム全体の速度を落とすような、絡み合って読めないコードが残ってしまう。なぜそのようなことをするかというと、開発スピードに価値があると考えているからだ。短期間で多くの機能を提供したほうが給料が上がることを知っているので、そうすべきだと感じているのである。

しかし、ソフトウェアは難しく、時間がかかる。自分たちは遅すぎで、何か間違っているのではないかと感じる。もっと速度を上げなければならないというプレッシャーが生まれる。その結果、急いで作業をすることになる。急いでプログラムを動かし、とにかく完成したと宣言する。時間がかかりすぎているからだ。プロジェクトマネージャーがイライラしても仕方ない。そんなものは推進力にはならない。

私は何度もプログラミングの研修を実施している。研修では、小さなプロジェクトのコードを書いてもらっている。新しい技術や規律を試してもらうためだ。プロジェクトが終わるかどうかは気にしていない。実際、すべてのコードは破棄してもらっている。

だが、それでも急いでいる人がいる。研修が終わっても、完全に意味のない何かを動かそうとしているのだ。

上司のプレッシャーは役に立たない。本物のプレッシャーは内なるものだ。開発のスピードは自尊心の問題である。

┃正しくする

これまでに説明したように、ソフトウェアには2つの価値がある。振る舞いの価値と構造の価値だ。そして、構造の価値のほうが重要だと強調した。長期的な価値を得るには、ソフトウェアシステムは要件の変更に対応しなければならないからだ。

変更が難しいソフトウェアは、要件の変更に追従するのも難しい。構造が良くないソフトウェアは、すぐに古くなる可能性がある。

要件に追従するには、ソフトウェアの構造をクリーンにして、変更を許容（さらには推奨）できなければならない。変更が簡単なソフトウェアは、要件の変更に合わせることができる。そして、最低限の労力で価値を維持できる。変更が難しいソフトウェアは、要件が変更されたときにシステムを動作させるまでに膨大な時間がかかる。

要件が変更されやすいのはいつだろうか？ それは、ユーザーが最初の機能を見た直後である。想定していた機能ではなく、実際に動いている機能を見たからだ。

したがって、初期の開発をすばやく進めたいのであれば、最初のうちからシステムの構造をクリーンにする必要がある。最初のうちから乱雑にしていると、最初のリリースから遅くなるだろう。

良い構造は、良い振る舞いを可能にする。悪い構造は、良い振る舞いを妨げる。構造が良け

れば、振る舞いが良くなる。構造が悪ければ、振る舞いが悪くなる。振る舞いの価値は、構造に大きく依存する。したがって、構造の価値のほうが重要だ。つまり、プロの開発者はコードの振る舞いよりも構造を優先するべきである。

「動かしてから、正しくする」はそのとおりなのだが、正しくしたあともずっと正しくする必要がある。プロジェクトの期間中、システムの構造を可能な限りクリーンにする必要がある。最初から最後まで、クリーンでなければならない。

良い構造とは？

構造が良ければ、テストしやすく、変更しやすく、再利用しやすいシステムになる。コードの一部を変更しても、他の部分が壊れることはない。ひとつのモジュールを変更しても、大掛かりな再コンパイルや再デプロイは必要ない。高レベルの方針は、低レベルの詳細から分離・独立している。

構造が悪ければ、硬直化した、壊れやすい、固定化されたシステムになる。**設計の臭い**がする。

硬直化（Rigidity）とは、システムに小さな変更を加えたときに、再コンパイル、再ビルド、再デプロイが必要になることである。変更そのものよりもシステムに変更を統合することのほうが大変であれば、そのシステムは硬直化している。

壊れやすい（Fragility）とは、システムの振る舞いに小さな変更を加えたときに、多くのモジュールに変更が必要になることである。多くのモジュールを変更していると、他の振る舞いを破壊するリスクが高まる。マネージャーや顧客は、あなたがソフトウェアを制御できず、何をしているのかわからなくなっていると考えるようになる。

固定化（Immobility）とは、既存のシステムのモジュールを新しいシステムで使いたいが、ひどく絡み合っているのでうまく抽出できないことである。

これらはすべて振る舞いの問題ではなく、構造の問題である。すべてのテストをパスして、すべての機能要件を満たしていたとしても、手を加えることが難しすぎるならば、そのシステムにはほとんど価値がないのである。

価値のある振る舞いを正しく実装した結果、構造が貧弱になり、価値がなくなっているシステムが多いというのは、ある種の皮肉である。

「価値がない」と言っても、それほど深刻な話ではない。これまでに**途中で設計をやり直した**経験はないだろうか？　これ以上進めるには、システム全体を再設計するしか方法がないと、開発者からマネージャーに伝えることである。つまり、開発者は現在のシステムに「価値がない」と評価したわけだ。

マネージャーが開発者に許可を出したならば、現在のシステムに「価値がない」という開発者の評価に賛成したことになる。

　価値のないシステムを生み出す設計の臭いは何だろう？　ソースコードの依存関係だ！　どのように修正すべきだろうか？　依存関係を管理すればいい！

　依存関係をどのように管理するのだろうか？　オブジェクト指向設計の「SOLID 原則」を使えばいい[1]。これは、価値のないシステムを生み出す設計の臭いをシステムの構造から排除するものである。

　構造の価値は振る舞いの価値よりも大きい。構造の価値は依存関係の管理に依存している。依存関係の管理は SOLID 原則によってもたらされる。したがって、システムの全体的な価値は、SOLID 原則に依存している。

　システムの価値は設計原則に依存する。なかなかの主張だ。最初は信じられないかもしれない。だが、これまでに論理的に説明してきた。また、みなさんの多くがそれを裏付ける経験をしている。結論は慎重に検討する必要があるだろう。

アイゼンハワーのマトリックス

　ドワイト・D・アイゼンハワー将軍は「私には 2 種類の問題がある。緊急と重要だ。緊急は重要ではなく、重要は緊急ではない[2]」と言った。

　この言葉には真実がある。エンジニアリングに関する真実だ。我々は以下の言葉をエンジニアのモットーにしたい。

　緊急であればあるほど、重要ではなくなっていく。

　図 **12-1** は、アイゼンハワーの決定マトリックスを示している。横軸は緊急度、縦軸は重要度だ。組み合わせは「重要かつ緊急」「緊急だが重要ではない」「重要だが緊急ではない」「重要でも緊急でもない」の 4 つになる。

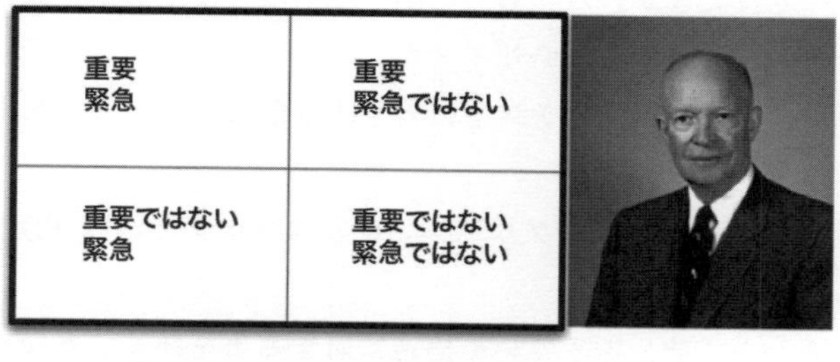

図 12-1　アイゼンハワーの決定マトリックス

1　『Clean Code』や『アジャイルソフトウェア開発の奥義』で紹介している。

2　1954 年、世界教会協議会第 2 回総会のスピーチにおいて、ノースウェスタン大学学長である J・ロスコ・ミラー博士の言葉を元米国大統領ドワイト・D・アイゼンハワーが引用したもの。

これらを優先順に並べてみよう。「重要かつ緊急」が一番上、「重要でも緊急でもない」が一番下になるのは明らかだ。

中間にある「緊急だが重要ではない」と「重要だが緊急ではない」は、どちらを優先すべきだろうか？

重要なものを優先すべきであることは明らかだ。そもそも重要ではないものに手をつけるべきではない。重要ではないものはムダだ。

重要ではないものを排除すると、やるべきことは2つだけだ。まずは「重要かつ緊急」なことをやる。次に「重要だが緊急ではない」ことをやる。

私が言いたいことをまとめると、「緊急」は時間の問題である。「重要」は時間の問題ではない。「重要」は長期的である。「緊急」は短期的である。構造は長期的なので、構造は重要である。振る舞いは短期的なので、振る舞いは緊急なだけである。

つまり、構造のほうが重要であり、振る舞いはその次である。

あなたの上司は同意しないかもしれない。だが、構造について考えるのは上司の仕事ではない。あなたの仕事だ。上司が期待しているのは、あなたが緊急の振る舞いを実装しながら、クリーンな構造を維持することである。

本章では、ケント・ベックの言葉「動かしてから、正しくする」を引用した。私は振る舞いよりも構造が優先だと言っている。これは鶏が先か卵が先かの問題だ。

先に動かすのは、振る舞いをサポートするために構造があるからだ。振る舞いを実装してから、正しい構造にする。だが、構造のほうが振る舞いよりも重要である。優先順位が高い。振る舞いの問題よりも先に構造の問題を扱うべきである。

この循環を解消するために、問題を小さな単位に分割しよう。まずは、ユーザーストーリーを作る。ストーリーを機能させてから、その構造を正しくする。構造が正しくなるまでは、次のストーリーに着手してはならない。現在のストーリーの構造は、次のストーリーの振る舞いよりも優先される。

ただし、ストーリーでは大きすぎる。もっと小さくする必要がある。それはストーリーではない。テストだ。テストがちょうどいいサイズだ。

まずは、テストをパスさせる。次のテストに着手する前に、すでにテストをパスしたコードの構造を修正する。

これまでの議論全体が、レッド → グリーン → リファクタという TDD のサイクルの**信念の基盤**になっている。

このサイクルがあるからこそ、振る舞いや構造に対する害を防ぐことができる。このサイクルがあるからこそ、振る舞いよりも構造を優先できる。だからこそ、TDD はテスト技法ではなく、**設計技法**なのである。

プログラマーはステークホルダー

プログラマーはソフトウェアの成功に関与している。つまり、プログラマーもステークホルダーである。このことを覚えておいてほしい。

このように考えたことがあるだろうか？　自分のことをプロジェクトのステークホルダーだと思ったことがあるだろうか？

もちろん考えたことがあるだろう。プロジェクトの成功は、あなたのキャリアと評判に影響する。つまり、あなたもステークホルダーである。

あなたにはステークホルダーとして、システムの開発や構造化の方法に意見する権利がある。つまり、あなたには責任があるということだ。

ただし、あなたはただのステークホルダーではない。エンジニアだ。システムの開発方法と長持ちする構造化の方法を知っている。だからこそあなたは雇用されている。そうした知識を持っているのだから、可能な限り最高のプロダクトを作る責任がある。

あなたにはステークホルダーとしての権利だけでなく、エンジニアとしての義務がある。振る舞いや構造に害を与えないシステムを作るという義務だ。

多くのプログラマーはそのような責任を望んでいない。誰かに命令されたいと思っている。これは悲劇であり、残念なことである。プロのやり方ではない。そのようなプログラマーの成果にはさほど価値がないだろうから、最低賃金で働くべきだ。

あなたに責任がないとしたら、他に誰が責任を持つのだろう？　上司だろうか？

あなたの上司は SOLID 原則を知っているだろうか？　デザインパターンは？　オブジェクト指向設計と依存性逆転については？　TDD の規律は？　自己短絡、テスト用サブクラス、質素なオブジェクトの意味がわかるか？　一緒に変化するものはグループにする必要があり、別の理由で変化するものは分離する必要があることを理解しているか？

上司は構造まで理解しているか？　それとも振る舞いまでしか理解していないのか？

構造が重要だ。あなたが構造に配慮しないなら、誰が代わりにやってくれるのか？

上司から「構造はいいから、振る舞いにだけ集中しろ」と言われたらどうするのか？　拒否するべきだ。あなたはステークホルダーである。あなたにも権利がある。あなたは、上司では代わりにならない責任を持つエンジニアである。

拒否したら解雇されると思うかもしれない。だが、そんなことはない。ほとんどのマネージャーは、必要なことや信じることのために戦わなければならないことを知っている。そして、同じことをする人をリスペクトしている。

もちろん、それは簡単ではないだろう。対立することもあるだろう。心地いいものではないだろう。だが、あなたはステークホルダーであり、エンジニアだ。ただ黙って従うことはでき

ない。それはプロではない。

　ほとんどのプログラマーは対立を望んでいない。だが、対立的なマネージャーに対応するスキルは学ぶべきだ。自分が正しいと思うことのために戦う術を学ぶ必要がある。大切なことに責任を持ち、大切なことのために戦うことが、プロの振る舞いである。

ベストを尽くす

　この約束は、常にベストを尽くすというものである。

　明らかに合理的な約束だ。もちろんあなたはベストを尽くすだろう。意図的に有害なコードをリリースすることもないはずだ。

　ただし、この約束は必ずしも白と黒で決められるものではない。スケジュールのために構造を曲げることもあるだろう。たとえば、展示会のためにクイック・アンド・ダーティーな修正が必要になることもある。

　完璧ではないコードを顧客に提供することを禁止するものでもない。顧客が明日のリリースを期待しているなら、完璧ではないままリリースすることもある。

　この約束は、新たな振る舞いを追加する前に、振る舞いや構造の問題に対処することを意味している。問題のある構造の上に振る舞いを積み重ねてはならない。欠陥を**蓄積**させてはならないのである。

　上司が命令してきたらどうすればいいだろうか？

上司：明日までにこの新しい機能を追加してほしいんだけど。

プログラマー：申し訳ありませんが、それはできません。新しい機能を追加する前に、構造をクリーンにする必要があります。

上司：それは明日でいいよ。今夜までに機能を追加してほしいんだ。

プログラマー：前回もそうだったじゃないですか。今はもっと整理されていません。新しいことを始める前に、クリーンにする必要があります。

上司：君は理解していないようだが、これはビジネスなんだ。ビジネスはやるか、やらないかだ。新機能を追加できなければビジネスにならない。すぐに機能を追加する必要があるんだ。

プログラマー：それは理解していますよ。本当に。お気持ちはわかります。すぐに機能を追加する必要があるんですよね。ですが、そのためには、この数日間で積み重なった構造の問題をクリーンにする必要があります。そうしないと、開発速度は低下しますし、追加できる機能も少なくなりますよ。

上司：そうか、君はいい奴だと思ってたんだがな。思い違いだったな。我々は一緒に仕事をすべきではないな。君を解雇すべきかもしれない。

プログラマー：そうですか。それはあなたの権利ですね。ですが、あなたはすぐにでも機能を追加したいわけですよね。今夜中にクリーンにしないと、開発スピードは低下します。提供できる機能がさらに減っていくでしょう。

　よく聞いてください。あなたも私も開発スピードを上げたいのは同じです。そして、私はその方法を知っています。だから私を雇用しているのでしょう。私に仕事をさせてください。私にベストを尽くさせてください。

上司：今夜中にクリーンにしないと、本当に開発スピードが遅くなるのか？

プログラマー：そうです。以前もそうでした。あなたも経験したはずです。

上司：それは、今夜じゃないとダメなのか？

プログラマー：放置していると、さらに悪化するでしょう。

上司：新機能は明日ならできるのか？

プログラマー：はい。構造がクリーンになれば、簡単に実装できると思います。

上司：よし、明日だな。わかった。遅れるのはダメだぞ。

プログラマー：わかりました。うまくやりますよ。

上司：（独り言）あいつはいい奴だな。根性がある。度胸がある。解雇をちらつかせても一歩も引かなかった。彼は成長するぞ。だが、本人に言うのはやめておこう。

再現可能な証拠

　約束３：私は、コードが正常に動作する証拠をリリースごとに用意する。それは、迅速で、確実で、再現可能な証拠である。

　合理的ではないと思うだろうか？　自分の書いたコードが実際に動作する証拠を示すことが、合理的ではないと思うだろうか？

　エドガー・ウィーブ・ダイクストラを紹介しよう。

ダイクストラ

　エドガー・ウィーブ・ダイクストラは、1930 年にロッテルダムで生まれた。ロッテルダムの爆撃とドイツによるオランダの占領を生き延びた彼は、1948 年に高校を卒業。数学、物理学、化学、生物学の成績が優秀だった。

　1952 年 3 月、彼が 21 歳のとき（私が生まれるわずか 9 か月前）、オランダ初のプログラマーとして、アムステルダムの数学センターの職に就いた。

　1957 年、ダイクストラはマリア・デベッツと結婚した。当時、オランダの結婚式では自分の職業を宣言することになっていた。だが、オランダ当局は、ダイクストラの職業である「プログラマー」を受け入れようとしなかった。そのような職業など聞いたことがなかったからだ。そのために彼は「理論物理学者」という肩書を受け入れた。

　1955 年、3 年間プログラマーを務めたダイクストラは、身分としてはまだ学生であり、理論物理学よりもプログラミングの知的挑戦のほうが大きいとして、自身の長期的なキャリアにプログラミングを選択した。

　プログラミングをキャリアに選ぶことについて、ダイクストラは上司のアドリアン・ファン・ワインハールデンに相談した。プログラミングという学問分野や科学を誰も明らかにしておらず、そのために自分はプログラミングに真剣に取り組むことができないと伝えたのだ。上司からの答えは、ダイクストラならプログラミングの学問分野を発見し、ソフトウェアを科学に進化させることができるというものだった。

　その目標を追求するために、ダイクストラはソフトウェアは数学の一種の形式体系であるという考えを持った。そして、ソフトウェアが「ユークリッド原論」（公理、証明、定理、補助定理のシステム）のような数学的構造になる可能性があると結論づけた。ダイクストラは、ソフトウェアを証明する言語と規律の作成に着手した。

正しさの証明

　ダイクストラは、アルゴリズムの正しさを証明するには「列挙法、帰納法、抽象化」の 3 つの手法しかないことに気づいた。列挙法は、順序のある 2 つの文、あるいはブール式で選択された 2 つの文が正しいことを証明するために使用する。帰納法は、ループが正しいことを証明するために使用する。抽象化は、複数の文のグループを証明可能な小さな塊に分割するために使用する。

　難しいと思ったかもしれない。確かに難しい。

　これが難しいことを示す例として、整数の余りを計算するシンプルな Java のプログラム（**リスト 12-1**）[3]と、このアルゴリズムの手書きの証明（**図 12-2**）を紹介しよう。

リスト 12-1　シンプルな Java のプログラム

```
public static int remainder(int numerator, int denominator){
  assert(numerator > 0 && denominator > 0);
  int r = numerator;
```

3　ダイクストラの成果を Java に翻訳したものである。

```
    int dd = denominator;
  while(dd<=r)
    dd *= 2;
  while(dd != denominator){
    dd /= 2;
    if(dd <= r)
      r -= dd;
  }
  return r;
}
```

図 12-2　アルゴリズムの手書きの証明

問題点がわかったはずだ。実際、ダイクストラが不満を述べたことでもある[4]。

シンプルなループを書くときに、こうした証明を提供することがプログラマーの義務である、などと主張するつもりはない（少なくとも現時点では！）。そんなことをしていたら、プログラマーはいかなる規模のプログラムも書けない。

ダイクストラの願いは「ユークリッド原論」のような定理のライブラリを作成することであり、こうした証明を実用的にすることだった。

だが、ダイクストラはソフトウェアが普及することを理解していなかった。コンピューターの台数が人口を上回り、膨大なソフトウェアが家の壁、ポケットの中、手首で実行されることを予測できなかった。そのことがわかっていたら、彼の構想する定理のライブラリは、人間が理解するにはあまりにも広大すぎると気づいていただろう。

プログラムを数学的に証明するというダイクストラの夢は忘却の彼方に消え去った。形式的な証明を復活させよという見込みのない希望を持ち続けている連中もいるが、彼らのビジョンはソフトウェア業界には浸透していない。

ダイクストラの夢は消え去ったかもしれないが、深い何かを残してくれた。今日も我々が使っている何かだ。何も考えずに使っている何かだ。

構造化プログラミング

1950 年代から 1960 年代のプログラミングの初期には、Fortran などの言語が使用されていた。Fortran を見たことがあるだろうか？　どのようなものかを紹介しよう。

```
        WRITE(4,99)
99      FORMAT(" NUMERATOR:")
        READ(4,100)NN
        WRITE(4,98)
98      FORMAT(" DENOMINATOR:")
        READ(4,100)ND
100     FORMAT(I6)
        NR=NN
        NDD=ND
1       IF(NDD-NR)2,2,3
2       NDD=NDD*2
        GOTO 1
```

4　Edsger W. Dijkstra: Notes on Structured Programming in Pursuit of Simplicity; the manuscripts of Edsger W. Dijkstra, Ed. Texas; 1969-1970; http://www.cs.utexas.edu/users/EWD/ewd02xx/EWD249.PDF

```
3        IF(NDD-ND)4,10,4
4        NDD=NDD/2
         IF(NDD-NR)5,5,6
5        NR=NR-NDD
6        GOTO 3

10       WRITE(4,20)NR
20       FORMAT(" REMAINDER:",I6)
         END
```

この小さな Fortran のプログラムは、先ほどの Java のプログラムと同じ剰余のアルゴリズムを実装している。

GOTO 文に注目してほしい。このような文をあまり見たことがないだろう。見たことがない理由は、現代では「有害」とされているからだ。実際、現代のほとんどの言語には、このような GOTO 文は存在しない。

GOTO 文が支持されないのはなぜか？　現代の言語がサポートしていないのはなぜか？ 1968 年にダイクストラが Communications of the ACM にレター論文「Go To Statement Considered Harmful（Go To 文は有害）」を書いたからだ[5]。

ダイクストラが GOTO 文を有害としたのはなぜか？　それは関数の正しさを証明する 3 つの戦略「列挙法、帰納法、抽象化」に由来する。

列挙法は、順番のある各文を個別に分析できること、ひとつの文の結果が次の文に流れていくという事実に依存している。列挙法が関数の正しさを証明する効果的な手法となるには、列挙されるすべての文が単一の入口と単一の出口を持つ必要がある。そうでなければ、文のインプットとアウトプットを確認できない。

帰納法は、列挙法の特殊な形式である。列挙された文が x に対して真であると仮定して、列挙法によって x + 1 に対しても真であることを証明する。

たとえば、ループの本体は列挙可能でなければならない。ループには単一の入口と単一の出口が存在しなければならない。

GOTO 文が有害なのは、列挙された文の途中でジャンプできるからだ。GOTO は列挙法の邪魔になり、列挙法や帰納法によるアルゴリズムの正しさの証明を不可能にする。

コードを証明可能にするために、ダイクストラは 3 つの標準的な要素でコードを構成することを推奨した。

・**順次**は、時系列に並べられた複数の文を指す。分岐のないコード行である。

5　Edsger W. Dijkstra, "Go To Statement Considered Harmful," *Communications of the ACM* 11, no. 3 (1968), 147--148.

・**選択**は、述語によって選択される文を指す。if/else や switch/case で表す。

・**反復**は、述語の制御下で繰り返される文を指す。while や for ループで表す。

ダイクストラは、すべてのプログラムはこれらの 3 つの構造で表現できること、このような構造のプログラムは証明可能であることを示した。

彼はこれを**構造化プログラミング**と呼んだ。

プログラムを証明する必要がないのに、どうしてこれが重要になるのだろうか？　証明可能ということは、推論できるということだ。証明不可能ということは、推論できないということだ。推論できないのであれば、適切にテストすることができない。

機能分割

1968 年、ダイクストラの考えはすぐには普及しなかった。GOTO に依存した言語を使っていたので、GOTO を排除したり制約をかけたりする考えは嫌われていたのである。

数年間かけてダイクストラの考えは炎上した。当時はインターネットがなかったので、ミームや論争などは起きなかった。だが、我々は主要なソフトウェアジャーナルの編集者に手紙を書いた。怒りの手紙だ。「ダイクストラは神」と主張する者もいた。「ダイクストラはバカ」と主張する者もいた。現代のソーシャルメディアと同じだ。速度が遅かっただけである。

やがて議論は沈静化した。そして、ダイクストラの立場は支持されていった。現代では、ほとんどの言語に GOTO がないほどだ。

現代の我々は構造化プログラマーである。使用する言語に他の選択肢がないからだ。誰もが「順次、選択、反復」を使ってプログラムを作る。制約のない GOTO 文を日常的に使用する者はいない。

3 つの要素でプログラムを構成するときの副作用は**機能分割**である。機能分割とは、プログラムを再帰的に分割して、証明可能な単位まで小さくしていくプロセスである。これが構造化プログラミングの推論プロセスだ。構造化プログラマーは、トップダウンで証明可能な関数になるまで再帰的に小さくしながら、推論しているのである

構造化プログラミングと機能分割の関係は、1970 年代から 1980 年代にかけて発生した構造化革命の基盤である。この十数年間で、エドワード・ヨードン、ラリー・コンスタンティン、トム・デマルコ、メイリル・ペイジ・ジョーンズのような人たちが、構造化分析と構造化設計の技法を普及させた。

テスト駆動開発

　TDD（レッド → グリーン → リファクタのサイクル）は機能分割である。分割された小さな問題に対してテストを書く必要があるからだ。つまり、問題をテスト可能な要素に機能的に分割する必要がある。

　TDDで構築されたシステムは、機能分割された要素で構築されており、構造化プログラミングに準拠している。それは、システムが証明可能であることを意味している。

テストは証明である。

　あるいは、**テストは理論である。**

　TDDで作成したテストはダイクストラが望んでいたような数学的な証明ではない。実際、ダイクストラは「テストはプログラムが間違っていることしか証明できない。プログラムが正しいことは証明できない」と言っている。

　私に言わせれば、これはダイクストラが見逃したところである。ダイクストラはソフトウェアを数学の一種だと考えていた。そして、公理、定理、推論、補助定理の上部構造が構築されることを望んでいた。

　我々が気づいたのは、ソフトウェアは**科学**の一種ということだ。科学は実験で検証する。他の科学と同様に、我々もパスしたテストをベースに理論の上部構造を構築する。

　進化論、相対性理論、ビッグバン理論、あるいは科学の主要な理論は、証明されているだろうか？　証明されていない。数学的に証明することはできないのだ。

　だが、我々は制限の範囲内でそれらを信じている。自動車や飛行機に乗るたびに、ニュートンの運動法則に命を預けている。GPSシステムを使用するたびに、アインシュタインの相対性理論が正しいと思い込んでいる。

　理論を数学的に証明できないからといって、十分な証拠がないわけではない。

　それがTDDが提供する証拠だ。数学的な証明ではなく、実験的で経験的な証拠である。我々が日常的に頼りにしている証拠である。

　これがプログラマーの誓いの3番目の約束につながる。

　私は、コードが正常に動作する証拠をリリースごとに用意する。それは、迅速で、確実で、再現可能な証拠である。

　迅速とは、テストスイートを短時間で実行するという意味である。数時間ではなく数分単位である。

　確実とは、テストスイートがパスすると、出荷できるという意味である。

　再現可能とは、システムが正しく動作することを確認するために、いつでも誰でもテストを実行できるという意味である。実際、テストは 1 日に何度も実行したくなる。

　プログラマーにこのレベルの証明を求めるのは、求めすぎだと考える人もいるだろう。プログラマーはこのような高い基準で縛られるべきではないと考える人もいるだろう。だが、私は他に有意義な基準を思いつかない。

　顧客からソフトウェア開発の対価をいただく以上、開発したソフトウェアが顧客が求めたものに合致していることを可能な限り証明する義務があるのではないか？

　もちろん証明すべきだ。我々は顧客、雇用主、同僚に対する義務がある。ビジネスアナリスト、テスター、プロジェクトマネージャーに対する義務がある。また、自分自身に対する義務がある。自分の仕事が対価に合っているかどうかを証明できないとしたら、それはプロだと言えるのだろうか？

　この約束をするとき、ダイクストラの夢見た数学的な証明は必要ない。求められる振る舞いを網羅した、数秒から数分で実行できる、実行するたびに成功と失敗を明確に示した、科学的なテストスイートがあればいい。

誠実 第13章

いくつかの約束には「誠実」が含まれている。

小さなサイクル

約束4：私は、誰かの進捗を妨げないように、小さく何度もリリースする。

リリースを小さくするというのは、リリースのために変更するコードが少量であるという意味だ。大規模なシステムであっても、システムの変更量は小さい。

ソースコード管理の歴史

少しだけ1960年代に戻ろう。カードデッキにソースコードをパンチしていた時代のソースコード管理システムは何だろうか？（**図13-1**）

ソースコードはディスクに保存されていない。「コンピューターの中」にはない。ソースコー

図 13-1　パンチカード

ドは（文字通り）手の中にある。

　ソースコード管理システムとは何か？　それは机の引き出しだ。

　ソースコードを（文字通り）**所有**していれば「管理」する必要はない。誰も触れることができないからだ。

　こうした状況は、1950 年代から 1960 年代まで続いた。「ソースコード管理システム」のようなものを夢見た者はいなかった。引き出しやキャビネットに入れるだけで、ソースコードを管理できたからだ。

　ソースコードを「チェックアウト」したいのなら、キャビネットから取り出せばよかった。作業が終わったら、元に戻すのである。

　マージの問題はなかった。2 人のプログラマーが同じモジュールに同時に変更を加えることは「物理的に不可能」だった。

　だが、1970 年代に変わり始めた。ソースコードを磁気テープやディスクに保存するようになった。テープにあるソースファイルの行を追加、置換、削除できるラインエディターが開発された。ラインエディターはスクリーンエディターではない。パンチカードでは、追加、変更、削除の指示を**パンチ**していた。エディターでは、ソーステープを読み取り、編集デッキから変更を適用して、新しいソーステープに書き込んだ。

ひどい環境だと思ったかもしれない。思い返してみると……確かにひどかった。だが、カードでプログラムを管理するよりはるかにマシだった！　カードの場合、6,000 行のコードの重さは 30 ポンド（約 13.6 キログラム）だ。誤ってカードを落としてしまったらどうなるだろう？

床全体に散らばり、家具の下や通気孔に入り込んでしまうだろう。

テープなら落としても拾えばよかった。

話を戻そう。ソーステープを編集する場合、新しいソーステープを用意する。古いテープも残しておく。古いテープをラックに戻すと、他の誰かが誤って変更することがあるからだ。すると、マージの問題が発生してしまう。

これを防ぐために、編集とテストが終わるまで、マスターソーステープを所有する必要があった。作業が終わったら、新しいテープをラックに戻す。テープを手元に所有することで、ソースコードを管理していたのである。

ソースコードを保護するには、プロセスとルールが必要だった。本物の「ソースコード管理プロセス」が必要だった。ソフトウェアはまだない。あるのは人間のルールだけだ。それでも、ソースコード管理の概念とソースコードは分かれていた。

システムが大きくなると、同じコードを同時に作業するプログラマーの人数が増えた。誰かがマスターテープを所有していると、他の人たちに迷惑がかかった。つまり、マスターテープをしばらく貸し出せないようにすることができた。

そこで、マスターテープからモジュールを抽出することになった。モジュラープログラミングの考えは、当時はかなり新しいものだった。複数のソースファイルでプログラムを構成する、という考えが革新的だった。

我々は図 13-2 のような掲示板を使うことになった。

掲示板にはラベルが貼られており、それぞれがシステムのモジュールを表している。プログラマーは自分の色のピンを持っている。私は青色、ケンは赤色、相棒の CK は黄色、という感じだ。

たとえば、私が Trunk Manager のモジュールを編集する場合、掲示板のモジュールのところにピンがあるかどうかを確認する。ピンがなかったら、自分の青いピンを刺す。そして、ラックからマスターテープを取り出し、別のテープにコピーする。

Trunk Manager のモジュールを編集したら、変更を加えた新しいテープを作成する。変更したものが動作するまで、コンパイル、テスト、修正を繰り返す。再びラックからマスターテープを取り出す。マスターテープをコピーして新しいマスターを作成する。ただし、Trunk Manager のモジュールは自分が変更したものと置き換える。新しいマスターができたらラックに戻す。

最後に、掲示板から青いピンを外す。

これがうまくいった。だが、うまくいったのはお互いのことを知っていたからだろう。同じ

図 13-2　掲示板

オフィスで一緒に働き、お互いが何をしているかを知っていたからだ。また、我々はいつも**話し合いをしていた**。

私は開発室で大声を出していた。

「ケン、これから Trunk Manager のモジュールを変更するぞ！」
「ピン刺しとけよ！」
「もうやってる！」

　ピンは単なるリマインダーだった。我々はコードの状況と誰が何をしているのかを把握していたのである。だからこそ、このシステムがうまくいったのだ。

　実際、非常にうまくいった。他のプログラマーが何をしているかを把握しているということは、お互いに助け合っているということである。お互いにアドバイスや警告を出すことができた。そして、マージを回避することができた。

　当時、マージは楽しいものではなかった。

　1980 年代にはディスクが登場した。ディスクは大きくなり、永続化できるようになった。ここで言う**大きく**とは、数百 MB のことである。**永続化**とは、常にマウントされている（オンラインである）ことを意味する。

　また、PDP-11 や VAX などのマシンを手に入れた。スクリーンエディター、リアルタイム OS、マルチターミナルを手に入れた。同時に複数人が編集する可能性が出てきた。

　ピンと掲示板の時代を終わらせる必要があった。

　プログラマーの人数は 20～30 人になり、ピンの色が足りなくなっていた。モジュールの数は数百個になり、掲示板のスペースが足りなくなっていた。

　だが、解決策があった。

　1972 年、マーク・ロックカインドが最初のソースコード管理プログラムを作成した。それは SCCS（Source Code Control System）と呼ばれ、SNOBOL で開発された[1]。

　その後、彼は C で書き直し、PDP-11 上で動作する UNIX ディストリビューションの一部になった。SCCS は一度に扱えるファイルはひとつだけだったが、他のユーザーが編集できないようにファイルをロックすることができた。救世主だった。

　1982 年にウォルター・ティッチーが RCS（Revision Control System）を開発した。これもファイルベースであり、プロジェクト全体を把握するものではなかった。だが、SCCS の改良と見なされ、すぐに当時の標準的なソースコード管理システムになった。

　1986 年には CVS（Concurrent Versions System）が登場した。RCS を拡張したものであり、個別のファイルだけでなくプロジェクト全体を管理できた。また、**楽観的ロック**の概念が導入された。

　それまでのソースコード管理システムは掲示板のピンと同じだった。モジュールをチェックアウトすると、誰も編集できなかった。これは**悲観的ロック**と呼ばれていた。

　CVS は楽観的ロックを使用していた。2 人のプログラマーが同じファイルを同時にチェックアウトして変更することもできた。CVS はコンフリクトのない変更をマージしてくれた。マージできないときは警告を出してくれた。

　その後、ソースコード管理システムは爆発的に普及し、商用製品になった。数百種類もの製

1　1960 年代に作られた小さな文字列処理言語。現代の言語にもあるパターンマッチングの機能が備わっていた。

品が市場に投入された。楽観的ロックを使用するものもあれば、悲観的ロックを使用するものもあった。ロック戦略は業界の宗教的分裂にまで発展した。

そして、2000年にSubversionが開発された。これはCVSを大幅に改良したものだった。業界から悲観的ロックが一掃された。Subversionはクラウドで使用された最初のソースコード管理システムでもあった[2]。SourceForgeを覚えている者はいるだろうか？

この時点までは、掲示板時代のマスターテープの考え方と同じだった。ソースコードは中央にあるマスターリポジトリに保存されていた。ソースコードをマスターリポジトリからチェックアウトして、再びマスターリポジトリにコミットするのである。

だが、すべてが変わろうとしていた。

Git

2005年。ノートパソコンのディスクは数ギガバイトになった。ネットワークはますます速くなった。.プロセッサのクロックレートは2.6GHzで横ばいになった。

掲示板を使ったソースコード管理システムの時代は遠い昔の話だ。それなのに、まだマスターテープの考え方は残っていた。全員がマスターリポジトリにチェックインやチェックアウトをしていた。コミット、リバージョン、マージをするには、マスターに接続する必要があった。

そして、gitが登場した。

実際には、gitの前にはBitKeeperやmonotoneがあった。だが、プログラミングの世界で注目を集め、すべてを変えたのはgitだった。

なぜなら、マスターテープを削除したからだ。

もちろん、信頼できる最新バージョンは必要だ。だが、gitはその場所を提供してくれない。gitは気にしない。信頼できるバージョンをどこに置くかは、あなた次第である。gitは関与しないのだ。

gitでは、ソースコードの履歴全体をローカルマシンに保持する。ノートパソコンを使っていれば、ノートパソコンに保持される。変更のコミット、ブランチの作成、古いバージョンのチェックアウトなど、Subversionなどの中央リポジトリシステムでやれることは何でもできる。違うのは、中央サーバーに接続する必要がないことだ。

いつでも他のユーザーのところに接続して、変更をプッシュすることもできる。あるいは、他のユーザーの変更を自分のローカルリポジトリにプルすることもできる。どちらもマスターではない。どちらも同等だ。ピア・ツー・ピアである。

本番リリースのための信頼できる場所も単なるピアだ。誰もがいつでもプッシュしたりプル

2　訳注：SourceForgeではCVSも使用できたので、Subversionが最初ではないと思われる。

したりできる。

どこかにプッシュする前に、自由に何度も変更を加えることができる。30秒ごとにコミットしても構わない。ユニットテストをパスするたびにコミットすることもできる。

そして、これがこれまでの歴史の重要な点につながる。

ソースコード管理システムの進化の軌跡を見てみると、おそらく無意識のうちにひとつの規則によって動かされていることがわかる。

短いサイクル

最初の頃を思い出してほしい。物理的にカードデッキを所有していたときのサイクルはどれくらいだったろう？

キャビネットからカードを取り出して、ソースコードをチェックアウトしていた。作業が終わるまで、カードを所有していた。変更をコミットするために、新しいカードをキャビネットに戻していた。サイクルタイムは作業全体だった。

掲示板とピンを使っていたときも同じルールだ。作業が終わるまで、変更しているモジュールにピンを刺していた。

1970年代後半から1980年代のSCCSとRCSの時代も悲観的ロックの戦略を使っていた。変更が終わるまで、他の人にモジュールを触らせないようにしていた。

CVSから（少なくとも一部の人たちにとって）事態が変わった。楽観的ロックでは、他の人にモジュールを触らせないようにすることはできなくなった。作業が終わればコミットするが、他の人も同じモジュールで作業している可能性がある。つまり、コミットの平均間隔時間は大幅に短縮された。だが、当然ながらマージのコストが発生した。

我々はマージを嫌っていた。マージはひどいものだった。ユニットテストのないものは最悪だった！　退屈で、時間がかかり、危険なものだった。

マージに対する嫌悪感は、我々を新しい戦略へと駆り立てた。

継続的インテグレーション

2000年頃には、数分ごとにコミットするという規律が教えられるようになった（ツールはSubversionなどを使用していた）。

理論的根拠はシンプルだった。コミットの頻度が高ければ、マージが発生する可能性が低くなるからだ。仮にマージが必要であっても、簡単なマージで済んだ。

こうした規律を**継続的インテグレーション**と呼んだ。

継続的インテグレーションはユニットテストに大きく依存している。適切なユニットテスト

がなければ、マージエラーが発生し、他の人のコードが壊れてしまう可能性がある。継続的インテグレーションはテスト駆動開発（TDD）と密接に関連している。

　gitのようなツールを使用すると、サイクルをどこまで短くするかに制限がない。では、なぜ我々はサイクルを短くしたいのだろうか？

　サイクルが長いとチームの進捗が妨げられるからだ。

　コミットの間隔が長ければ、チームの他の誰か（おそらくチーム全体）があなたを待つ可能性が高くなる。そして、それは約束に違反する。

　本番リリースのときだけだと思っているかもしれない。それは違う。すべてのサイクルが対象になる。イテレーションやスプリントもそうだ。編集／コンパイル／テストのサイクルもそうだ。コミット間の時間もそうだ。**すべてが対象になる。**

　理論的根拠を忘れないでほしい。他の人の進捗を妨げないようにするためである。

ブランチとトグル

　私はかつて「ブランチ警察」だった。CVSやSubversionを使用していたときは、チームのメンバーがブランチを作ることを禁止していた。すべての変更をメインラインに戻してもらいたいと思っていた。

　私の理論的根拠はシンプルだ。ブランチは長期的なチェックアウトである。そして、これまで説明してきたように、長期的なチェックアウトはインテグレーションの間隔を長引かせ、他の人の進捗を妨げる。

　だが、gitに切り替えたときにすべてが変わった。

　当時、私はオープンソースのFitNesseというプロジェクトを管理していた。プロジェクトには十数人が関わっていた。リポジトリをSubversion（SourceForge）からgit（GitHub）に移行した。すると、ブランチが至るところで頻発するようになった。

　最初の数日間は混乱した。ブランチ警察をやめるべきだろうか？　継続的インテグレーションやサイクルタイムの問題を忘れ、誰もが自由にブランチを作成できるようにするべきだろうか？

　だが、これらのブランチは従来のブランチではないことに気づいた。それはプッシュとプッシュの間のコミットの流れだった。gitは開発者のアクションを記録しているだけだ。それが継続的インテグレーションのサイクルの間に埋め込まれているのである。

　ブランチの制限は継続することにした。メインラインにすぐに戻すのはコミットではなくプッシュである。継続的インテグレーションは維持されることになった。

　1時間ごとにプッシュしながら継続的インテグレーションをしていると、中途半端に完成した機能が増えていく。これに対応するには、ブランチとトグルの2つの戦略がある。

ブランチ戦略はシンプルだ。機能を開発するためのブランチを作成する。機能が完成したらマージして戻す。機能が完成するまではプッシュを遅らせることになる。

数日あるいは数週間プッシュを遅らせていると、大きなマージが発生する可能性が高い。おそらくチームの妨げになるだろう。

新機能が他のコードから切り離されていれば、大きなマージが発生しない可能性がある。そのような状況であれば、継続的インテグレーションをする必要はなく、開発者は安全に新機能に取り組むべきだろう。

実際、数年前に FitNesse で起きたことがある。パーサーを書き直していたときのことだ。数週間かかるような大掛かりな作業だった。段階的にやれるようなものでもなかった。つまり、パーサーはパーサーなのだ。

したがって、ブランチを作成して、パーサーの準備ができるまでシステムの他の部分から切り離すことにした。

最後にマージをする必要があったが、それほどひどいものではなかった。システムの他の部分からうまく切り離されていたからだ。また、包括的なユニットテストと受け入れテストも持っていた。

パーサーのブランチは成功を収めたが、やはり新機能の開発はメインラインでやるべきだと思う。機能の準備ができるまでは、トグルを使ってオフにしておけばいい。

トグルのためにフラグを使うこともある。だが、コマンドパターン、デコレーターパターン、ファクトリーパターンの特別なバージョンを使用して、中途半端に書かれた機能が実行されないようにすることが多いだろう。

また、新機能を使う選択肢をユーザーに提供しないこともある。つまり、ページにボタンが存在しないので、機能を実行することができないというわけだ。

多くの場合、新機能はイテレーションのなかで（少なくとも次のリリースまでに）完成するため、切り替えのためのトグルが必要になることはないだろう。

トグルが必要になるのは、機能が完成していないのにリリースしなければならないときだけである。リリースはどれくらいの頻度にすべきだろうか？

┃継続的デプロイメント

リリース間の遅延をなくすことができたらどうだろう？　1日に何度もリリースできるとしたらどうだろう？　結局のところ、リリースを遅らせると他の人の妨げになる。

みなさんは1日に何度もリリースできるようにしてほしい。プッシュするたびにリリースするようなやり方に慣れてもらいたい。

もちろん、自動テストが重要になる。プログラマーが作成する自動テスト（コードのすべて

の行をカバーしている）と、ビジネスアナリストと QA テスターが作成する自動テスト（望ましい振る舞いをカバーしている）だ。

第 12 章「有害」の説明を思い出してほしい。テストはすべてが想定どおりに動作することを示す科学的な**証明**である。すべてが想定どおりに動作するならば、次のステップは本番環境にデプロイすることだ。

余談になるが、これはテストが十分かどうかを判断する方法でもある。テストがパスしてデプロイに不安がないのであれば、テストは十分である。テストがパスしてもデプロイができないのであれば、テストは不十分である。

毎日あるいは 1 日に数回デプロイしていると、カオスになると思うかもしれない。**あなたが**デプロイの準備ができていても、**ビジネス側が**デプロイの準備ができているわけではない。開発チームとしては、常に準備完了にしておくことが基準になる。

また、デプロイサイクルを短縮できるように、ビジネスのあらゆる障害物を取り除けるように支援してもらいたい。デプロイするまでの儀式が多いと、デプロイのコストが高くなる。ビジネス側では、費用を削減したいと思っているはずだ。

あらゆるビジネスの究極の目標は、継続的で、安全な、儀式のないデプロイである。デプロイを特別なイベントにするべきではない。

デプロイにはサーバーの設定やデータベースの読み込みなどの作業が膨大にあるため、デプロイ手順を**自動化する**必要がある。また、デプロイ用のスクリプトもシステムの一部なので、テストを書く必要がある。

継続的デプロイメントの考え方が現在のプロセスとかけ離れているため、想像できないという人も多いだろう。だがそれは、サイクルを短縮できないという意味ではない。

毎月、毎年、サイクルを少しずつ短縮していると、ある日突然、継続的にデプロイできていることに気づくのである。

継続的ビルド

短いサイクルでデプロイするのであれば、短いサイクルでビルドする必要がある。継続的にデプロイするのであれば、継続的にビルドする必要がある。当然のことだ。

ビルド時間が遅い人もいるだろう。もしそうなら、スピードアップしよう。現代のシステムのメモリと速度を考えれば、ビルドが遅いというのは言い訳にならない。スピードアップしよう。これは設計の課題と考えてほしい。

次に、Jenkins、Buildbot、Travis などの継続的ビルドのツールを使用しよう。プッシュするたびにビルドを開始して、ビルドが失敗しないように対策を練ろう。

ビルドが失敗したら警告を出す。緊急事態だ。ビルドが失敗したら、チームメンバー全員に

メールとテキストメッセージを送信する。サイレンも鳴らしたい。CEOの机の上に置いた赤いライトも点滅させたい。全員が手を止めて、緊急事態に対処してほしい。

　ビルドが失敗しないようにすることは高度な科学ではない。ローカル環境でビルドとテストを実行して、テストをパスしたときにだけ、コードをプッシュすればいい。

　それでもビルドが失敗したら、それは環境の問題だろう。すぐに修正しよう。

　ビルドの失敗を許してはならない。ビルドの失敗を許してしまうと、失敗することに慣れてしまうからだ。失敗に慣れてしまうと、失敗を無視するようになる。失敗を無視するようになると、アラートがわずらわしくなる。そして、失敗したテストをあとで修正するまでオフにしておきたくなる。……あとで？

　このときテストがウソになる。

　失敗したテストをオフにすると、再びビルドできるようになる。みんなの気分がよくなる。だが、それはウソだ。

　継続的にビルドしよう。ビルドを失敗させてはならない。

容赦ない改善

> 約束5：私は、あらゆる機会において、恐れることなく執拗に私の作品を改善する。決して作品を劣化させることはしない。

　ボーイスカウトの父であるロバート・ベーデン＝パウエルは、スカウトに向けて「世界を見つけたときよりもいい場所にしてほしい」という言葉を遺した。私の「ボーイスカウトの規則」もこの言葉が元になっている。これは「チェックインするコードはチェックアウトしたときよりも美しく」というものだ。

　どうするのか？　コードをチェックインするたびに「親切な行為」をすればいい。

　たとえば、テストカバレッジを増やすのだ。

テストカバレッジ

　テストでカバーされているコードの量を測定しているだろうか？　テストでカバーされているコードの行数を知っているだろうか？　テストでカバーされているブランチの割合を知っているだろうか？

　カバレッジを測定するツールはたくさんある。これらのツールはIDEの一部になっていて、実行するのも簡単である。したがって、カバレッジの数値がわからないというのは、まったく

言い訳にならない。

　これらの数値で何をすべきだろうか？　まずは、**何をすべきではないか**を伝えよう。これらの数値をマネジメントの指標にしてはならない。テストカバレッジが低くても、ビルドを失敗させてはならない。テストカバレッジは複雑な概念なので、素朴に使用してはならない。

　素朴に使用していると、不正行為につながる。テストカバレッジをごまかすのは簡単だ。カバレッジツールは、テストするコードではなく、**実行された**コードを測定している。つまり、失敗しているテストからアサートを削除すれば、カバレッジを高くできるということだ。そうすると、当然ながら、その指標は役に立たなくなる。

　カバレッジの数値はコードを改良するための開発者ツールとして使うといいだろう。テストを実際に書くことで、カバレッジを**意味のある** 100%に近づけるべきだ。

　100%を目指すべきだが、これは漸近的な目標である。ほとんどのシステムは 100%に到達することはないだろう。だが、カバレッジを高めることを諦めてはならない。

　これがカバレッジの数値の使い方だ。チームを罰したりビルドを失敗させたりするためのものではなく、改善を支援するための指標として使用すべきである。

ミューテーションテスト

　テストカバレッジが 100%というのは、意味的な変更をすればテストが失敗するということである。TDD はその目標に近づけるための規律である。TDD の規律に厳格に従えば、テストをパスさせるためにすべてのコード行を書くことになるからだ。

　だが、厳格に従うことは非現実的である。プログラマーは人間であり、規律は常に語用論（解釈）の対象になる。したがって、熱心なテスト駆動開発者であっても、テストカバレッジにはギャップが残る。

　そうしたギャップを見つける方法がミューテーションテストであり、そのためのミューテーションテストツールが存在する。ミューテーションテスターはテストスイートを実行してカバレッジを測定する。次に、ループに入って意味的にコードを変更してから、再びテストスイートを実行してカバレッジを測定する。意味的な変更とは、>を<に、==を!=に、x=何か を x=null に変更するようなものである。こうした意味的な変更を**ミューテーション**と呼ぶ。

　こうしたツールはミューテーションによってテストが失敗することを期待している。テストが失敗しないミューテーションは**生き残ったミューテーション**と呼ばれる。生き残ったミューテーションを存在させないことが目標になる。

　ミューテーションテストの実行には膨大な時間がかかる。比較的小規模なシステムであっても、数時間かかる可能性があるため、週末や月末に実行するといいだろう。ミューテーションツールが発見したものを見たときには衝撃を受けた。不定期でもミューテーションテストを実

行しておこう。確実に価値がある。

意味的な安定性

テストカバレッジとミューテーションテストの目的は、**意味的な安定性**を保証するテストスイートを作成することである。システムの意味とは、システムに求められる振る舞いのことである。意味的な安定性を保証するテストスイートとは、求められる振る舞いが壊されたときに失敗するものである。このようなテストスイートを使用して、リファクタリングやクリーニングの恐怖を排除するのである。意味的に安定したテストスイートがなければ、変更の恐怖が大きくなりすぎてしまう。

意味的に安定したテストスイートを作るには、TDD から始めるといいだろう。だが、それだけでは十分ではない。意味的な安定性を完璧に近づけるには、カバレッジ、ミューテーションテスト、受け入れテストも使用する必要がある。

クリーニング

コードを改良する親切な行為のなかで最も効果的なのは、クリーニングである。つまり、改良を目的としたリファクタリングだ。

どのような改良が可能だろうか？　もちろんコードの臭いは排除する必要がある。だが、私は臭いがしなくてもコードをクリーンにしている。

私は、名前、構造、構成に少しだけ手を入れている。こうした変更は誰も気づかない可能性がある。逆にコードを汚くしている人たちもいる。だが、私が目指しているのはコードの改良だけではない。自分で手を加えることで、コードについて**学習**しているのである。コードのことがわかり、快適になるのである。客観的にはコードは改良されていないかもしれない。だが、私のコードに対する理解と腕前は向上している。クリーニングによって、コードの開発者としての**私**が成長しているのである。

クリーニングにはもうひとつの利点がある。コードをクリーンにすることで、コードを**柔軟**にできる。コードを柔軟にするには、定期的に「ほぐす」ことである。私がやっているクリーニングは、柔軟性のテストというわけだ。ちょっとしたクリーニングが難しいと思ったら、柔軟性に欠ける部分を検出したことになる。

ソフトウェアは「ソフト（柔軟）」であるべきだ。柔軟性はどうすればわかるのだろうか？定期的にテストすればいい。ちょっとしたクリーニングや改良をしてみよう。そして、変更が簡単かどうかを**感じて**みよう。

作品

約束 5 には「作品」という言葉が使われている。本章では主にコードを対象にしているが、プログラマーが作成するのはコードだけではない。設計、ドキュメント、スケジュール、計画なども作成する。これらも継続的に改善すべき「作品」である。

我々は人間だ。人間は時間をかけて物事を改善していく。我々は自分が手掛けるものを継続的に改善するのである。

高い生産性を維持する

約束 6：私は、私や誰かの生産性を高めるために、できる限りのことをする。決して生産性を落とすようなことはしない。

生産性。難しい話題だ。仕事で重要なのは生産性だと感じることが多いのではないだろうか？本書も含めた私の書籍は、すべて生産性に関するものである。

これらは「速く進む方法」に関するものである。

過去 70 年以上のソフトウェアの世界で学んだことがある。それは、速く進む方法は、うまく進むことである、というものだ。

速く進む**唯一の方法**は、うまく進むことである。

したがって、コードをクリーンにしよう。設計をクリーンにしよう。意味的に安定したテストを書こう。カバレッジを高くしよう。適切なデザインパターンを理解して適用しよう。メソッドを小さくしよう。正確な名前をつけよう。

だが、これらはすべて生産性を高める**間接的な**方法である。生産性を高める直接的な方法をこれから紹介しよう。

1. 効率化 ── 開発環境を効率的にする
2. 集中力 ── 仕事とプライベートを大切にする
3. 時間管理 ── 退屈な作業時間と生産的な時間を切り分ける

効率化

　プログラマーは生産性を短絡的に見ている。生産性とはコードをすばやく書く能力だと思っている。

　だが、コードを書くのはプロセスのごく一部だ。コードを書くのが**無限**に速くなったとしても、全体的な生産性の向上はわずかである。

　ソフトウェアのプロセスにはコードを書く以外にもたくさんある。少なくとも以下のことが含まれる。

- ・ビルド
- ・テスト
- ・デバッグ
- ・デプロイ

　ソフトウェアプロジェクトには、他にも要件定義、分析、設計、ミーティング、リサーチ、インフラ、ツールなどもあるが、それらは考慮に入れていない。

　コードを効率的に書くことは重要だが、問題としてはそれほど大きなものではない。

　その他の問題をひとつずつ見ていこう。

ビルド

　コードを5分で書いても、ビルドに30分かかっていたら、効率的ではない。

　21世紀になってから20年以上も経つのに、ビルドに数分以上かかるはずがない。

　反対意見を述べる前に、よく考えてほしい。どうすればビルドをスピードアップできるだろうか？　クラウドコンピューティングの時代において、ビルドを劇的にスピードアップさせる方法がないと本気で思っているのだろうか？　ビルドが遅くなっている原因を見つけて修正しよう。それを設計の課題と考えよう。

テスト

　テストがビルドを遅くしている？　答えは同じだ。テストをスピードアップしよう。

　このように考えてみてほしい。私のノートパソコンには2.8GHzで動作する4つのコアが搭載されている。つまり、**1秒あたり100億回の命令**を実行できるということだ。

　あなたのシステムには100億の命令があるだろうか？　そうでなければ、1秒以内にシステム全体のテストができるはずだ。

　命令を複数回実行する場合もあるだろう。たとえば、ログインをテストするために、何回テ

ストする必要があるだろうか？　通常は1回だ。では、ログインを経由しているテストはいくつあるだろうか？　テストを2回以上実行するのはムダだ！

テストするためにログインが必要になっていれば、テストのときはログインをショートカットさせるようにしよう。たとえば、モックパターンを使ってみよう。あるいは、テスト用にログインプロセスを削除するのもいいだろう。

テストではこうした繰り返しを許容しないことが重要である。繰り返しがあるとテストが異常に遅くなる。

別の例を示そう。あなたのテストはユーザーインターフェイスにあるナビゲーションやメニュー構造をたどっていないだろうか？　トップページからいくつものリンクを経由して、最終的にテストを実行できる状態までたどり着いていないだろうか？　そうしたことを何度もやっていないだろうか？

ナビゲーションをたどるのはムダだ！　ログインやナビゲーションがなくても、テストを実行可能な状態にできるテストAPIを用意しよう。

クエリが機能することを確認するために、テストを何回実行する必要があるだろうか？　1回だけだ！　テストでは基本的にデータベースをモックアウトしよう。同じクエリを何度も実行しないようにしよう。

周辺機器は遅い。ディスクは遅い。ウェブソケットは遅い。UIは遅い。こうしたものを使ってテストを遅くするべきではない。すべてモックアウトしよう。バイパスするのである。テストのクリティカルパスから取り除こう。

遅いテストを許してはならない。テストを高速に実行し続けよう！

デバッグ

デバッグに時間がかかっているだろうか？　なぜ？　なぜデバッグは遅いのか？

みなさんはTDDを使ってユニットテストを書いているはずだ。受け入れテストも書いているはずだ。カバレッジ分析ツールを使用して、テストカバレッジを測定しているはずだ。そして、ミューテーションテスターを使用して、テストが意味的に安定していることを定期的に証明しているはずだ。

これらすべてを（あるいは一部だけでも）実行していれば、デバッグの時間を大幅に短縮できるはずである。

デプロイ

デプロイに時間がかかっている？　なぜ？　デプロイスクリプトを使っていないのだろうか？　もしかして手動でデプロイしている？

忘れないでほしい。あなたはプログラマーだ。デプロイは手続きだ。自動化しよう！　デプ

ロイの手続きのテストも書いておこう！

ワンクリックでシステムをデプロイできるはずである。

集中力

生産性を低下させる最も有害なものは集中力の欠如である。集中力を低下させるものはいくつもある。それらを認識して対抗することが重要である。

ミーティング

ミーティングのせいで速度が低下していないだろうか？

私はミーティングに関するシンプルなルールを持っている。

「ミーティングが退屈だったら退出する」

ただし、失礼のないようにしよう。会話が落ち着くまで数分待ってから、これ以上話がないようなら仕事に戻っても構わないかと尋ねよう。

ミーティングから退出することを恐れてはならない。退出方法を身に付けなければ、いくつものミーティングに出席し続けることになるだろう。

ミーティングの招待は辞退しよう。長くて退屈なミーティングに出席しない最善の方法は、最初から丁寧に断ることである。何かを聞き逃すのではないかと不安にならないでほしい。あなたが本当に必要とされているのなら、あなたを呼びに来るはずである。

ミーティングに招待されたときは、本当に必要とされているのかを確認しよう。それから、空いている時間が数分間しかないこと、ミーティングが終わる前に退出する可能性が高いことを理解してもらおう。

そして、ミーティングに参加したらドアの近くに座ろう。

あなたがリーダーやマネージャーであれば、ミーティングを遠ざけて、チームの生産性を守ることが仕事のひとつである。

音楽

昔は音楽をかけながらコードを書いていた。だが、音楽を聴いていると集中力が低下することに気づいた。その後、音楽を聴いていると集中力が高まるように**感じる**だけで、実際には低下していることがわかった。

ある日、古いコードを見ていたときのことだ。音楽のせいでコードがダメになっていることに気づいた。聴いていた歌詞がコードのコメントに書かれていたからだ。

　それ以来、私はコードを書くときに音楽を聴くのをやめた。音楽なしでも集中力を維持しながら、満足のいくコードを書けている。

　プログラミングは、順次、選択、反復の手順を配置する行為である。音楽は、順次、選択、反復の音とリズムで構成されている。音楽を聴いていると、プログラミングと同じ脳を使うのではないだろうか？　それによってプログラミングの能力が消費されているのではないだろうか？　それが私なりの理論だ。私はそれを信じている。

　これは自分でも試してみてほしい。音楽が役に立つこともあるだろう。役に立たないこともあるだろう。試しに音楽なしで一週間コードを書いてみてほしい。より多くのコードをより良く書けるかどうかを確認してみよう。

気分

　生産的であるためには、感情を制御するスキルが重要である。ストレスがあると、コードを書く能力が損なわれる。集中力を奪われ、常に心が惑わされる状態が続く。

　たとえば、大切な人とケンカしたあとにコードを書けるだろうか？　IDE にランダムな文字列を入力することならできるかもしれない。だが、それも続かない。あまり関係のなさそうなミーティングに参加したりして、生産的なフリをすることになるだろう。

　生産性を取り戻すために、効果的なものがあるので紹介しよう。

　それは行動だ。感情に合わせて行動するのである。無理にコードを書こうとしてはならない。音楽やミーティングで感情を隠そうとしてはならない。それではうまくいかない。感情を解放するために、行動するのである。

　大切な人とケンカをして、コードを書くことができないほど落ち込んでいる場合は、電話をかけて問題を解決しよう。実際に問題を解決できなくても、問題を解決しようとした行動によって心がクリアになり、コードを書けるようになるはずだ。

　実際に問題を解決する必要はない。自分は適切な行動をしたと納得すればいい。そうすれば、書かなければならないコードに思考を向けることができるだろう。

フロー

　心の状態が変わる瞬間がある。プログラマーの心が躍る瞬間だ。体中の穴からコードが流れ出ていくような、極度に集中している状態である。超人的な気分になる状態だ。

　だが、長年かけてわかってきたことだが、そうした興奮状態で書いたコードは、かなりひどいものが多い。通常の集中力で書いたときのコードと比べるとよく考えられていない。今ではそうしたフロー状態に入ることを拒否している。ペアになればフロー状態に入ることはない。コミュニケーションや協力をしなければならないということが、フロー状態を妨げているようだ。

　また、音楽を聴かないようにすると現実世界にとどまることができるため、フロー状態に入

りにくい。

　極度に集中していると感じたら、しばらく離れて何か別のことをしよう。

時間管理

　集中力を維持する最も重要な方法は、時間管理の規律を導入することだ。私が一番好きなのはポモドーロテクニックである[3]。

　「ポモドーロ」はイタリア語で「トマト」を意味する。英語チームは「トマト」と呼ぶこともあるが、Google で検索するときは「ポモドーロテクニック」にしよう。

　このテクニックの目的は、仕事中の時間と集中力を管理することである。それ以上のことは何もしない。

　考え方はシンプルだ。仕事を始める前にタイマー（本来はトマトの形をしたキッチンタイマー）を 25 分に設定する。

　次に、仕事を始める。タイマーが鳴るまで仕事を続ける。

　5 分間休憩する。心と身体をリフレッシュする。

　タイマーを 25 分に設定する。タイマーが鳴るまで仕事する。5 分間休憩する。これを何度も繰り返すのである。

　25 分に何か仕掛けがあるわけではない。15 分から 45 分の間なら何分でもいいだろう。ただし、時間を決めたら、その時間を守ろう。トマトのサイズを変えてはならない！

　あと 30 秒でテストが終わるというときにタイマーが鳴ったら、私ならテストが終わるまで待つ。だが、規律を守ることも重要である。私は 1 分以上は延長しない。

　ここまでは普通だと思うかもしれない。だが、このテクニックが本当に役に立つのは、電話などの用事で中断されたときの対応だ。**トマトを守る**ルールを守るのだ！

　あなたに用事がある人には 25 分（トマトの時間）以内に戻ってくることを伝えよう。そして、すぐに自分の仕事に戻ろう。

　休憩が始まったら、その用事に対応する。

　用事がある人には時間がかかるため、休憩時間が長くなることもあるだろう。

　その日の終わりになったら、完了したトマトを数える。それがあなたの生産性になる。これがポモドーロテクニックの美しいところだ。

　作業をトマトに分割して、用事からトマトを守ることができたら、割り当てるトマトの数でその日の計画を立てることができるだろう。トマトでタスクを見積もったり、前後のミーティングやランチの予定を立てたりすることもできるかもしれない。

3　Francesco Cirillo, *The Pomodoro Technique: The Life-Changing Time-Management System* (Virgin Books, 2018).（邦訳『どんな仕事も「25 分+5 分」で結果が出る　ポモドーロ・テクニック入門』CCC メディアハウス）

チームワーク 第14章

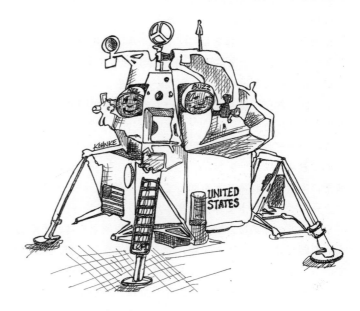

残りの約束は、「チーム」に対するコミットメントである。

チームとして働く

約束7：私は、他の人が私をカバーできるように、私が他の人をカバーできるように努める。

知識をサイロに分けることは、チームと組織にとって有害である。誰かがいなくなると、知識そのものがなくなってしまう。チームと組織の両方を麻痺させる可能性もある。また、チームメンバーがお互いを理解するのに十分なコンテクストを持っていないことも意味する。そして、多くの場合、話がかみ合わなくなる。

こうした問題を解決するために、チーム全体に知識を広げよう。他のチームメンバーの作業を把握できるようにするのである。

知識を広げる最善の方法は、一緒に（ペアかモブで）働くことである。

協力的プログラミングをする以外にチームの生産性を高める方法はない。仕事のつながりを

理解しているチームは、サイロにいるグループよりもはるかに生産性が高い。

オープンオフィスとバーチャルオフィス

　チームメンバー同士が実際に会って頻繁に交流することも重要だ。そのための最善の方法は、全員が一緒の部屋にいることである。

　2000 年代初頭、私は組織にアジャイル開発の導入支援をする会社をやっていた。インストラクターとコーチを企業に送り、組織変化をガイドするのである。コーチングを始める前に、チームが一緒に働く部屋をマネージャーに用意してもらっていた。まだコーチングを始めていないのに、同じ部屋で働くだけでチームの生産性が向上したとマネージャーから話を聞くことが何度もあった。

　このパラグラフは 2021 年の第 1 四半期に書いている。COVID-19 パンデミックは落ち着き始めており、ワクチンも行き渡ってきている（今日これから 2 回目を接種する予定だ）。誰もが通常の生活に戻れることを願っている。だが、パンデミックが過ぎ去っても多くのソフトウェアチームはリモートで作業をするだろう。

　リモートの作業は、同じ部屋で一緒に作業するほど生産的ではない。電子的な支援があっても、画面で顔を見るのと実際に会うのは違う。だが、優れたコラボレーションツールが登場している。リモートで作業するときは、こうしたツールを使ってほしい。

　バーチャルチームルームを作り、全員の顔が見えるようにしよう。可能な限り音声をオンにしておく。全員が同じ部屋にいるかのような環境を作り出すことが重要だ。

　ペアリングやモビングには多くの電子的なサポートがある。画面を共有したり一緒にプログラミングしたりするのも比較的簡単になっている。作業中はビデオと音声を常にオンにしておこう。一緒にプログラミングしているときは、お互いの顔を**見える**ようにしたい。

　リモートチームはできるだけ同じ時間帯に作業すべきである。時差が大きいと大変だ。タイムゾーンが大きく離れないようにして、チーム全員がバーチャルチームルームで、1 日に少なくとも 6 時間連続で一緒に作業できるようにしてほしい。

　車を運転しているときに他のドライバーを怒鳴りつけたことはないだろうか？　これは「フロントガラス効果」と呼ばれる。フロントガラスを挟むと、他人のことをバカ、マヌケ、敵だと見なすようになる。人間として扱わなくなるのである。コンピューターの画面にも（程度は低いものの）それと同じ効果がある。

　フロントガラス効果を回避するには、1 年に数回は物理的な部屋に集まる必要がある。四半期ごとに 1 週間ほど集まるといいだろう。チームの団結力が高まるはずだ。数週間前に一緒に昼食を食べ、物理的に一緒に作業をした人たちに対して、フロントガラス効果を発揮することはないはずだ。

正直に公正に見積もる

約束 8：私は、規模と精度の両方を正直に見積もる。合理的な確実性がないときには約束をしない。

本セクションでは、プロジェクト全体や数日間から数週間かかる大きなタスクの見積りについて説明する。小さなタスクやストーリーの見積りについては『Clean Agile』で説明している[1]。

見積りはすべてのソフトウェア開発者に不可欠なスキルである。そして、我々のほとんどが不得意なスキルである。このスキルが不可欠なのは、すべての企業はリソースを投入する前に、大まかにコストがいくらかかるかを把握する必要があるためだ。

見積りが何であり、どのように作成するかを理解していなかったため、プログラマーとビジネスの信頼が壊滅的に損なわれてしまった。

ソフトウェアの失敗による損失は数十億ドル。失敗の多くは見積りが原因である。見積りが2から3倍、あるいは4から5倍外れることもめずらしくはない。だが、なぜだろう？　見積りを正しく行うことが難しいのはなぜだろうか？

見積りが何であり、どのように作成するかを理解していないからである。見積りが役に立つためには、ウソであってはならない。ウソがなく正確であり、ウソがなく精度が高くなければならない。だが、ほとんどの見積りはそのどちらでもない。ほとんどの見積りは、ウソなのである。

ウソ

設定した終了日から逆向きに作成されるため、ほとんどの見積りはウソである。

たとえば、HealthCare.gov について考えてみよう。米国大統領はソフトウェアシステムを稼働させる日を義務付けるような法案に署名した。

あまりにも非合理で吐き気がする。はっきり言って、バカげている。誰かが終了日を見積もったわけではない。彼らは終了日を指定しただけである。それも法律によって！

当然ながら義務付けられた日付の見積りはウソである。それ以外の何物でもない。

約20年前に私がコンサルティングしていたチームの話だ。プロジェクトマネージャーがやって来たとき、チームと一緒にプロジェクトルームにいたことを覚えている。プロジェクトマネージャーは若く、25歳くらいだった。上司との打ち合わせから戻ったばかりだった。彼は目に見えて動揺していた。そして、納期がどれほど重要かをチームに伝えた。彼は「私たちは納期を守らなければなりません。つまり、私たちは**本当に**納期を守らなければなりません」と言った。

1　Robert C Martin, *Clean Agile: Back to Basics* (Pearson, 2020). （邦訳『Clean Agile — 基本に立ち戻れ』アスキードワンゴ）

もちろんチームメンバーは目を泳がせて首を振った。納期を守ることは、納期を守るための解決策ではないからだ。若きマネージャーは解決策を提供しなかった。

そのような状況で出した見積りは、計画をサポートするためのウソだ。

開発計画を壁に貼り出していたクライアントのことも思い出す。円と矢印とラベルとタスクで壁が埋め尽くされていた。プログラマーたちはそれを「録音笑い（後付けされたもの）」と呼んでいた。

本セクションでは、本物の、価値のある、正直で、正確で、精度の高い見積りについて説明する。つまり、プロの見積りである。

正直で、正確で、精度が高い

最も重要な要素は「正直（ウソがない）」である。ウソの見積りは誰の何の役にも立たない。

私：それでは、お聞きします。最も正直な見積りとは何ですか？

プログラマー：うーん。わかりませんね。

私：正解です。

プログラマー：正解というのは？

私：私もわかりません。

プログラマー：ちょっと待ってください。最も正直な見積りですよね。

私：そうです。

プログラマー：私は「わかりません」と言いました。

私：はい。

プログラマー：それって何なんですか？

私：私もわかりません。

プログラマー：ええと、それじゃあ、何と答えてほしかったんですか？

私：もう言ってくれましたよ。

プログラマー：何を？

私：「わかりません」って。

最も正直な見積りは「わかりません」だ。ただし、その見積りは正確ではない。精度が高くもない。見積りが**何か**を知っているはずだ。難しいのはそれを定量化することだ。

まず、見積りは正確でなければならない。それは日付を確定させることではない。そこまで精度を高める必要はない。自信が持てる日付の範囲を指定するだけでいい。

たとえば、Hello World の作成にかかる期間の見積りは、現在から10年後の範囲に収まるだろう。非常に正確である。ただし、精度が欠けている。

一方、「昨日の午前2時15分」は精度が高すぎる。ただし、まったく正確ではない。まだ作業を開始していないからだ。

違いがわかるだろうか？　見積りをするときは、正確度と精度の両方でウソをついてはならない。正確にするには、自信のある日付の範囲を指定する。精度を高めるには、自信のあるレベルまで範囲を狭める。

これらの操作をするには、ウソがないことが前提になる。

そのためには、自分がどれだけ間違う可能性があるかを知る必要がある。私が過去にどれほど間違っていたかについて、2つの話をしよう。

┃ストーリー（1）：ベクター化

1978年のことだ。私はイリノイ州ディアフィールドにある Teradyne という会社で働いていた。そこでは、電話会社向けの自動テスト装置を作っていた。

私は26歳の若いプログラマーだった。電話の交換局のラックにボルトで固定された組込み測定デバイスのファームウェアを担当していた。このデバイスは COLT（Central Office Line Tester：中央交換局回線テスター）と呼ばれていた。

COLT のプロセッサは、Intel 8085（初期の8ビットマイクロプロセッサ）だった。32K のソリッドステート RAM と 32K の ROM が搭載されていた。1K × 8bit の Intel 2708 チップをベースにした ROM だったので、32個のチップを使用した。

チップはメモリボードのソケットに接続されていた。各ボードには12個のチップを搭載できるため、3枚のボードを使用した。

ソフトウェアは 8085 アセンブラで書いた。ソースコードは複数のファイルに分けていて、ひとつのユニットにコンパイルした。コンパイルの出力は、32K に満たないほどのバイナリファイルだった。

そのファイルを 1K のチャンク 32 個に分割した。各チャンクを ROM チップに書き込み、ROM ボードのソケットに挿入した。

適切なチップを、適切なボードの、適切なソケットに挿入する必要があった。ラベル付けには細心の注意を払った。

このデバイスは何百台も売れた。全米および世界中の電話局に設置された。

そのプログラムを変更するとどうなると思う？　たった1行の変更だ。

コードを1行変更（追加または削除）すると、それ以降のすべてのサブルーチンのすべてのアドレスが変更された。また、これらはそれまでのルーチンからも呼び出されていた。つまり、すべてのチップが影響を受けた。たった1行の変更でも、32個のチップすべてを焼き直す必要があった。

　悪夢だった。何百セットものチップを焼いて、世界中の担当者に出荷する必要があった。担当者はその地区のすべての交換局を回るために、数百マイルを運転する必要があった。ユニットを開き、すべてのメモリボードを引き出し、32 個の古いチップをすべて取り外し、32 個の新しいチップをすべて挿入し、ボードを再挿入する必要があった。

　チップを取り外してソケットに挿入するという行為は、確実にできるものではない。チップ上の小さなピンは簡単に曲がったり折れたりする。したがって、担当者は 32 個のチップのスペアを大量に用意する必要があった。また、ユニットが動作するまでチップを取り外したり挿入したりするため、デバッグにも悩まされていた。

　ある日、上司がこの問題を解決するにはチップを個別にデプロイ可能にすべきだと言った。もちろんそのように言ったわけではないが、そういう意味だった。各チップを単独でコンパイルやデプロイが可能なユニットに変換すれば、32 個のチップすべてを焼き直すことなくプログラムを変更できる。変更されたチップのみをデプロイすればいい。

　詳細は退屈なので説明を省略する。ベクターテーブル、間接呼び出し、1K 未満のチャンクに分割したプログラム、と言えば伝わるだろう[2]。

　戦略について上司と話し合ったあと、どれくらい時間がかかるかと聞かれた。

　私は「2 週間」と答えた。

　だが、2 週間では終わらなかった。4 週間経っても終わらなかった。6 週間、8 週間、10 週間でも終わらなかった。最終的には、12 週間かかってしまった。思っていたよりもずっと複雑だったからだ。

　当初の 6 倍もかかってしまった。6 倍である！

　幸い上司から叱られることはなかった。私が毎日作業しているのをわかっていたからだ。私は定期的に状況を報告していた。上司は作業が複雑であることを理解していた。

　それでもだ。6 倍だと？　どうしてそれほどまでに間違ってしまったのだろう？

ストーリー（2）：pCCU

　1980 年代初頭、私は奇跡を起こさなければならない状況にいた。

　我々は顧客に新しいプロダクトを提供することを約束していた。CCU/CMU と呼ばれるプロダクトだ。

　銅は貴金属だ。レアで高価である。電話会社は前世紀に全国に設置された銅線の巨大なネットワークを回収することにした。デジタル信号を伝送する同軸ケーブルとファイバを使用した安価な広帯域ネットワークに置き換えるためだ。これは、**デジタルスイッチング**として知られ

2　つまり、各チップをポリモーフィックオブジェクトにしたのである。

ている。

CCU/CMU は我々の測定技術をゼロから再構築したものだった。電話会社の新しいデジタルスイッチングアーキテクチャに合わせるためだ。

さて、我々が電話会社に CCU/CMU を約束したのは数年前だった。開発には 1 人年程度かかることがわかっていた。だが、開発に着手することができなかった。

何が起きたかはわかるだろう。電話会社がデプロイを遅らせたので、我々も開発を遅らせたのだ。他にもやるべきことがあり、緊急で対応が必要なものもあった。

ある日、上司に呼び出された。そして、すでにデジタルスイッチを導入した顧客のことを忘れていたと言われた。その顧客は、当初の約束どおり、翌月に CCU/CMU が納品されることを期待していたのである。

つまり、1 人年かかるソフトウェアを 1 か月足らずで開発することになった。

上司には不可能だと言った。完全に動作する CCU/CMU を 1 か月で開発する方法などなかった。

上司はニヤリとして、抜け道があると言った。

その顧客は非常に小さな顧客だった。デジタルスイッチの構成は最小限のものだった。また、偶然にも CCU/CMU の複雑な部分がすべて必要なかった。

結論を言うと、この顧客のためだけのカスタムユニットを 2 週間で稼働させることができた。我々はこれを pCCU と呼んだ。

教訓

2 つのストーリーは、見積りの範囲の広さを示している。最初のストーリーでは、チップのベクター化を 6 分の 1 に見積もっていた。次のストーリーでは、CCU/CMU のソリューションを 20 分の 1 の時間で見つけることができた。

ここで正直であることが重要になる。物事がうまくいかなかったとき、さらにうまくいかなくなるからだ。物事がうまくいったとき、さらにうまくいくようになるからだ。

このようなことが、見積りを非常に難しくしている。

正確度

プロジェクトの見積りが**日付にならない**ことは明らかになったはずだ。6 倍や 20 倍になるプロセスでは、単一の日付は精度が高すぎる。

見積りは日付ではない。見積りは範囲だ。見積りは**確率分布**である。

確率分布には平均値と幅（**標準偏差**や**シグマ**とも呼ぶ）がある。見積りは平均値とシグマの

両方で表現する必要がある。

まずは、平均値を見てみよう。

複雑なタスクの完了時間の期待平均値を求めるには、すべてのサブタスクの完了時間の期待平均値を合計する。もちろんこれは再帰的なので、サブタスクの見積りは、すべてのサブサブタスクの時間を合計する。こうしてタスクのツリーが作成される。作業分解図（WBS: work breakdown structure）と呼ばれるものだ。

基本的にはこれだけでいい。だが、すべてのサブタスク、サブサブタスク、サブサブタスクの特定は難しい。通常は見逃してしまうものがある。たぶん、半分くらい。

したがって、合計に 2 を掛けることでこれを補正する。場合によっては、3 でもいいだろう。もっと多くてもいいかもしれない。

カーク：再出動までの日数は？
スコッティ：8 週間。ですが、2 週間に縮めます。
カーク：修理時間をいつも水増しして報告するのか？
スコッティ：当然です。だから皆が早業だと驚く。[3]

2 倍、3 倍、4 倍の水増しはチートのように思える。もちろんチートだ。だが、見積りとはそういうものだ。

何かにかかる時間を決定できる唯一の方法がある。それは、実際にやってみることだ。その他はすべてチートだ。

だから、我々はチートをする。WBS に F を掛ける。F は自信と生産性によって違うが、2〜4 である。そうすれば、平均完了時間がわかる。

マネージャーはどうやって見積もったのかと聞いてくるだろう。水増しについて説明すると、そんなことをせずに完璧な WBS の作成に時間をかけろと言ってくるはずだ。

もっともな意見に聞こえる。あなたも従いそうになる。だが、完璧な WBS を作成するコストは、タスクを実行するコストと同程度だと警告すべきだ。完璧な WBS ができる頃には、プロジェクトは終わっている。すべてのタスクを列挙する唯一の方法は、残りのタスクを見つけるために既知のタスクを実行することだからだ。再帰的に。

見積りにはあまり時間をかけないようにしよう。そして、水増しをやめるほうが、コストがかかることをマネージャーに知らせよう。

WBS ツリーのサブタスクを見積もる手法はいくつかある。ファンクションポイント法などの複雑な手法を使うこともできる。だが、直感で見積もったほうが正確だ。

私はすでに完了したタスクと比較している。完了したタスクの 2 倍難しいと思ったら、見積

3　*Star Trek III: The Search for Spock,* directed by Leonard Nimoy (Paramount Pictures, 1984).（邦題『スタートレック III ミスター・スポックを探せ!』）

りの時間を 2 倍にするのである。

　サブタスクをすべて見積もったら、ツリー全体を合計して、プロジェクトの平均値を求める。

　依存関係については深く考える必要はない。ソフトウェアはおもしろい素材だ。A が B に依存していても、B を A より先に作る必要はない。たとえば，ログインの前にログアウトを実装することも可能だ。

精度

　すべての見積りは間違っている。だから「見積り」なのだ。正しい見積りは見積りではない。それは事実である。

　だが、見積りが間違っていても、すべてが間違っているわけではない。見積りの作業には、見積りがどれだけ間違っているかを見積もることも含まれる。

　見積りがどれだけ間違っているかを見積もるために、3 つの数字を見積もるのが私の好みだ。最良ケース、最悪ケース、最有力ケースである。

　最有力ケースは、間違いが平均的だった場合にタスクにかかる時間だ。つまり、**普通**に進んだ場合である。最有力ケースは、直感で現実的に考えたときの見積りだ。

　最有力ケースの見積りは、50%の確率で短かったり長かったりする。言い換えれば、見積りの半分が間違うということである。

　最悪ケースの見積りは、マーフィーの法則の見積りである。うまくいかないことはうまくいかないと想定する。かなり悲観的だ。最悪ケースの見積りは、95%の確率である。言い換えれば、見積りが間違うのは 20 回に 1 回だけだ。

　最良ケースの見積りは、すべてがうまくいくときである。朝食にシリアルを食べ、会社に行くとみんなが礼儀正しくて友好的で、現場に問題はなく、ミーティングもなく、電話もなく、注意散漫にするものが何もない。

　最良ケースが発生する確率は、5%だ。20 回に 1 回である。

　3 つの数字が得られた。成功確率 5%の最良のケース、50%の最有力ケース、95%の最悪ケースだ。これは正規分布になる。あなたの見積りは確率分布なのだ。

　これは日付ではない。日付はわからない。いつ終わるかはわからない。わかっているのは、確率だけである。

　確かな知識がないのであれば、論理的に見積もる方法は確率だけだ。

　見積りが日付であれば、見積りをしているのではない。それは確約しているのである。確約するのであれば、**成功しなければならない**。

　時には確約しなければならないこともあるだろう。だが、確約するからには、絶対に成功させなければならない。できるかどうかわからないのに日付を約束してはならない。それはウソ

をついていることになる。

　特定の日付がわからなければ、日付で見積りをしてはならない。その代わりに日付の範囲を提供しよう。日付の範囲と確率を提供するほうが、はるかに正直である。

集約

　最良、最有力、最悪のケースで見積もったタスクからなるプロジェクトがあるとしよう。これらを単一の見積りにするには、どのように集約すべきだろうか？

　各タスクの確率を標準的な統計手法で累積すればいい。

　まずは、各タスクの期待する完了時間と標準偏差を表したい。

　6 標準偏差（平均値の片側に 3 標準偏差ずつ）が 99% の確率に相当する。ここでは、標準偏差（シグマ）を以下のように考えよう。

シグマ ＝ (最良 － 最悪) / 6

　期待完了時間（平均値）は少し注意が必要だ。最有力ケースは中央値（**最良 － 最悪**）ではない。プロジェクトは思っていたよりも時間がかかることが多いため、中央値は最有力ケースよりも大きいはずだ。平均するとタスクはいつ完了するだろうか？　**期待完了時間**はどれくらいだろうか？

　加重平均を使うといいだろう。

平均値 ＝ (2 × 最有力 ＋ (最良 ＋ 最悪) / 2) / 3

　これでタスクの平均値とシグマが計算できた。プロジェクトの期待完了時間は、すべての平均値を合計したものである。プロジェクトのシグマは、すべてのシグマの二乗和の平方根である。

　基本的な統計学の話だ。

　これは、1950 年代後半にポラリス艦隊弾道ミサイルプログラムを管理するために発明された見積り手法である。それ以来、数千ものプロジェクトで使用されてきた。

　PERT（プログラムの評価とレビューの手法）と呼ばれる手法だ。

正直

　この話は正直の話から始まった。正確度、精度について話したので、再び正直の話に戻そう。

　ここで説明している見積りは、本質的に正直なものである。不確実性のレベルを知りたい人たちに伝える方法である。

本当に不確実なのだからウソはない。一方、プロジェクトを管理する責任者たちは、リスクを管理するために取るべきリスクを認識する必要がある。

人々は不確実性を嫌う。顧客やマネージャーたちは、確実性を高めるようにプレッシャーをかけてくるだろう。

確実性を高めるコストのことはすでに説明した。確実性を高める唯一の方法は、実際にやってみることだ。確実性を完璧にするには、プロジェクト全体を実行するしかない。顧客やマネージャーに伝えるべきことは、確実性を高めるコストについてである。

さらに上のほうから確実性を高めろと言われることもあるだろう。さらには、確約を求められることもあるだろう。

あなたは真相を見極める必要がある。彼らはリスクをあなたに押し付けることで、リスクを管理しようとしているのではないだろうか。あなたに確約を求めることで、彼らが管理すべきリスクを引き受けさせようとしているのではないだろうか。

マネージャーにはその権利がある。何も問題はない。あなたが従うべき状況も多いだろう。強調しておきたいのだが、それはあなたが**従うことができる**ときだけである。

上司から金曜日までに仕事を依頼されたら、可能かどうかをよく考える必要がある。それが可能であれば、心から「イエス」と答えよう！

確信が持てないときは「イエス」と答えるべきではない。

よくわからないときは、約束できないことを伝えてから、前述のように不確実性を説明しよう。あるいは「金曜日は約束できません。水曜日までかかるかもしれません」と言うこともできるだろう。

確信が持てないことを約束するべきではない。あなたが約束してしまうと、あなた、上司、その他多くの人に、ドミノ倒しのように迷惑をかけてしまう。あなたに期待していた人たちをがっかりさせてしまう。

約束を求められ、それが可能であれば、「イエス」と答えよう。だが、それが不可能であれば、「ノー」と答えてから不確実性を説明しよう。

他の選択肢や回避策については積極的に議論しよう。一緒に「イエス」と答えられる方法を模索するのである。何でも「ノー」と答えるべきではない。だが、「ノー」と答えることを恐れるべきではない。

あなたは「ノー」を答える能力で雇われている。「イエス」は誰にでも言える。だが、いつどのように「ノー」と言うべきかを知っているのは、スキルと知識を持った人だけである。

あなたが会社に貢献できる重要な価値は、「ノー」と答えるべきときを知っている能力である。あなたが「ノー」と言うことによって、会社は莫大な悲劇とお金を節約することができる。

最後に言っておくが、マネージャーは何とかしてあなたに確約させようとする（「イエス」と答えさせようとする）だろう。気を付けてほしい。

　それを拒否すると、マネージャーは「あなたはチームプレーヤーではない」とか「他の人は確約してくれている」とか言ってくるかもしれない。そうしたゲームに騙されてはならない。

　解決策を見つけることには協力すべきだろう。だが、やるべきではないとわかっていることに対して「イエス」と答えてはならない。

「やってみる」という言葉にも気を付けよう。上司は「まあ、とにかくやってみてくれない？」のように言ってくるかもしれない。

　そんなときは以下のように答えよう。

　私はすでにやっています。私がやっていないと思っているんですか？　私は一生懸命、頑張っています。さらに頑張ることはできません。奇跡を起こす魔法の豆なんか持っていません。

　この言葉をそのまま使う必要はない。実際に何を言うかは自分で考えてほしい。

　これは覚えておいてほしい。あなたが「やってみます」と言ったら、それはウソをついている。うまくいく方法がわからないからだ。行動を変える計画を持っていないからだ。マネージャーから逃れるために「イエス」と言っただけだ。正直ではない。

尊重

　約束9：私は、仲間のプログラマーの倫理、基準、規律、スキルを尊重する。その他の属性や特性を尊重の要因にすることはしない。

　我々ソフトウェアのプロは重責を担っている。さまざまな性別、性的指向、人種、政治的傾向、宗教の人がいる。我々は人間であり、人間にはさまざまな形態や種類がある。我々は相互に尊重するコミュニティである。

　コミュニティに参加して、コミュニティのメンバーから受け入れてもらい、尊重されるためには、プロとしてのスキル、規律、基準、倫理が必要である。人間の属性を考慮に入れてはならない。いかなる差別も許されない。

　これ以上、言う必要はないだろう。

学習をやめない

約束 10：私は、私の技術の学習と向上を怠らない。

プログラマーは学習をやめてはならない。

毎年新しい言語を覚えるべきと言われているのを聞いたことがあるだろう。そうすべきである。優れたプログラマーは 10 個以上の言語を知っている。

同じ種類の言語が 10 個以上ではない。つまり、C、C++、Java、C#だけではなく、他の種類の言語も知るべきだ。

Java や C#のような静的型付け言語を知る必要がある。C や Pascal のような手続き型言語を知る必要がある。Prolog のような論理型言語を知る必要がある。Forth のようなスタック指向の言語を知る必要がある。Ruby のような動的型付け言語を知る必要がある。Clojure や Haskell のような関数型言語を知る必要がある。

また、いくつかのフレームワーク、設計手法、開発プロセスについても知る必要がある。各分野の専門家レベルになる必要はないが、素人レベルよりは精通しておく必要がある。

学ぶべき領域は事実上無限だ。我々の業界は過去何十年かけて急速に変化している。これからもその変化はしばらく続くだろう。あなたはそれに追いつく必要がある。

つまり、学習を続ける必要がある。書籍やブログを読み続けよう。ビデオを観続けよう。カンファレンスやユーザーグループに参加し続けよう。研修に行き続けよう。学習を続けよう。

過去の偉大な作品に注目しよう。1960 年代、1970 年代、1980 年代に書かれた書籍には、素晴らしい洞察と情報があふれている。古いものがすべて時代遅れだと思ってはならない。我々の業界では、本当に時代遅れになるものはそう多くない。先人たちの努力と成果を尊重し、彼らのアドバイスや結論に耳を傾けよう。

トレーニングは会社がやるべきだと思わないでほしい。**あなたのキャリア**である。あなたが責任を持たなければならない。学習はあなたの仕事だ。何を学ぶかを決めるのもあなたの仕事だ。

会社が書籍を買ってくれたり、カンファレンスや研修に行かせてくれたりするなら、その機会を最大限に活用してほしい。そうでなければ、書籍、カンファレンス、研修の費用を自分で支払おう。

また、これらに費やす時間を計画しよう。時間を確保するのだ。週に 35〜40 時間は雇用主のために使い、週に 10〜20 時間は自分のキャリアのために使おう。

そうするのがプロである。プロは自分のキャリアを維持するために時間をかけている。つまり、合計で 50〜60 時間は働く必要があるということだ。そのほとんどは職場になるが、自宅でもやれることはたくさんある。

訳者あとがき

本書は、"Robert C. Martin. *Clean Craftsmanship: Disciplines, Standards, and Ethics.* Addison-Wesley Professional, 2021. 978-0136915713"の全訳である。著者の「クリーン」シリーズとしては、『Clean Code』『Clean Coder』『Clean Architecture』『Clean Agile』に続く5作目となる。ちなみに『Clean Agile』の翻訳版を出版したときに共訳者が著者に質問したところ、「クリーン」というのは傲慢で偉そうな言葉だと思っていたが、年齢を重ねて「十分に偉そう」になったので使用した、と答えていた。

さて、本書のテーマは「クラフトマンシップ」である。直訳すれば「職人気質」になるだろう。ソフトウェア開発者は職人であり、自らの技術を高めながら、作品としてのソフトウェアを生み出すべきだ、という考え方だ。「職人」という言葉が好みでなければ、「プロ意識」と置き換えてもいいだろう。本書の言葉を借りれば、「仕事に誇りを持ち、仕事に対する尊厳とプロ意識を持って行動できると信頼されている人」が「クラフトマン」である。

ソフトウェアクラフトマンの歴史

『Clean Agile』にも寄稿している Sandro Mancuso が著書『The Software Craftsman』(Pearson)で「ソフトウェアクラフトマンの歴史」に触れている。そちらを参考にしながら、ソフトウェアクラフトマンの歴史についてまとめてみたい。

1992年、Jack W. Reeves が『C++ジャーナル』に「What is Software Design?(ソフトウェアの設計とは何か?)」という記事を書いた。C++が普及したのは「ソフトウェアの設計とプログラミングが同時にできるようになったから」であり、ソフトウェアの設計とプログラミングが同じものであると考えれば、ソフトウェア開発は「エンジニアリングよりも工芸技術(クラフト)に近い」と結論づけている。

時系列で見ればこの記事が発端になるのだが、Sandro Mancuso は『達人プログラマー』こそが歴史の始まりであるとしている。1999年、Dave Thomas と Andy Hunt の「達人」たちが書いた『達人プログラマー』(ピアソンエデュケーション)の原著が発売された。サブタイトルである「システム開発の職人から名匠への道」が示すように、クラフトマンシップを意識した内容になっている。その後、2001年に『ソフトウェア職人気質』(ピアソンエデュケーション)の原著が発売され、本格的にソフトウェアクラフトマンシップのムーブメントが生まれて

いくことになる。

2002 年には「Software Apprenticeship Summit」と呼ばれるカンファレンスが開催された。主催者は『XP エクストリーム・プログラミング適用編』（ピアソンエデュケーション）の著者のひとりでもある Ken Auer。ソフトウェア開発には職人と同じような徒弟制度が必要であり、各企業はもっと「見習い（Apprenticeship）」を受け入れてほしいと呼びかけるものだった。このカンファレンスにゲストとして招待されていたのが、本書の著者アンクル・ボブである。アンクル・ボブはその呼びかけに応じ、自身が経営する Object Mentor 社で見習いを受け入れるようになった。

当時のアンクル・ボブは「アジャイル」の中心人物であり、アジャイルとクラフトマンシップの融合を検討していたようだ。2008 年にはアジャイルの 5 番目の価値として「実行よりもクラフトマンシップを[1]」を提唱している。

だが、現実にはアジャイルのほうがうまくいかなくなってしまった。アジャイルを牽引していたエクストリームプログラミング（XP）の人気が低迷し、技術的側面が忘れられ、マネジメントの手法としてのアジャイルばかりが注目されるようになった。

2009 年、そのことに危機感を抱いた者たちが集まり、議論を重ねながら「ソフトウェアクラフトマンシップ宣言」を公開した（下記参照）。もちろんこれは「アジャイルソフトウェア開発宣言」になぞらえたものである。

> 私たちは意欲的なソフトウェアクラフトマンとして、ソフトウェアクラフトマンシップの実践あるいは専門技術の学習の手助けをする活動を通じて、プロとしてのソフトウェア開発の水準を引き上げようとしている。この活動を通して、私たちは以下の価値に至った。
> 　動くソフトウェアだけでなく、**精巧に作られたソフトウェア**も
> 　変化への対応だけでなく、**着実な価値の付加**も
> 　個人との対話だけでなく、**専門家のコミュニティ**も
> 　顧客との協調だけでなく、**生産的なパートナーシップ**も
> すなわち、左記のことがらを追求するなかで、右記のことがらも不可欠であることがわかった。

歴史が前後するが、アンクル・ボブは 2008 年に『Clean Code』を執筆している。また、2011 年に『The Clean Coder』を執筆している。Sandro Mancuso はこれらを「ソフトウェアクラフトマンシップにおける最も影響力のある 2 冊」としており、2010 年前後を境にして、ソフトウェアクラフトマンシップの流れが確立されていくことになる。

1　https://www.infoq.com/news/2008/08/manifesto-fifth-craftsmanship/

クリーンクラフトマンシップ

だが、アジャイルと同様、ソフトウェアクラフトマンシップもうまくはいかなかったようだ。欧米では過去十数年間でコミュニティが盛んになり、ロンドンでは毎年のように「Software Craftsmanship Conference」が開催されているが、それ以上に「駆け出しエンジニア」の人数が増えているため、啓蒙が追いついていないのである。

そのような状況とは対照的に、2011 年の Marc Andreessen による「ソフトウェアが世界を飲み込んでいる」以降、世界的にソフトウェアの重要性がますます高まり、我々はもはやソフトウェアなしでは生活できなくなっている。それに伴いソフトウェア開発者の社会的責任も問われるようになってきている。

これに対する本書の解決策はシンプルだ。伝えるべきことはすでに決まっているため、過去の著作のエッセンスをまとめ、その内容を繰り返すというものである。これまでのアンクル・ボブの著書を読んできた方は「またこの話か」と思われたかもしれない。私も翻訳しながら「これ見たことある」と何度も思った。もちろん表現は変わっている。エピソードも追加されている。おなじみのボウリングゲームのコードが短くなっていたり、TDD の「変換の優先順位説」が紹介されていたり、「プログラマーの誓い」が登場したりするなど、新しい部分もある。だが、基本的には同じことの繰り返しだ。

好意的に解釈すれば、こうした当たり前のことが守られていない現実があるのだろう。また、過去の著作から大事なことが抜粋されてまとめられているため、大変お得なパッケージにもなっている。総集編のような気持ちで読むのがちょうどいい。

それでも「またこの話か」と思われた方は、おそらく「十分に偉そう」になっているのだろう。隣にいる「見習い」に本書を渡してあげてほしい。また、そのときに自分の経験や教訓についても語ってあげるといいだろう。このように業界全体として「見習い」を受け入れ、教育と啓蒙を続けていけば、社会的責任を果たせるソフトウェア開発者が育っていくだろう。そうなることを願っている。

訳者紹介

角 征典（かど まさのり）

ワイクル株式会社 代表取締役。東京工業大学 環境・社会理工学院 特任講師。アジャイル開発やリーンスタートアップに関する書籍の翻訳を数多く担当し、それらの手法のコンサルティングに従事。主な訳書に『リーダブルコード』『Running Lean』『Team Geek』（オライリー・ジャパン）、『エクストリームプログラミング』『アジャイルレトロスペクティブズ』（オーム社）、共著書に『エンジニアのためのデザイン思考入門』（翔泳社）がある。

索 引

331

● 本書に対するお問い合わせは、電子メール (info@asciidwango.jp) にてお願いいたします。但し、本書の記述内容を越えるご質問にはお答えできませんので、ご了承ください。

クリーンクラフトマンシップ
Clean Craftsmanship
規律、基準、倫理

2022 年 8 月 31 日　初版発行

著　者　ロバート　マーチン
　　　　Robert C. Martin
訳　者　かど まさのり
　　　　角 征典

発行者　夏野 剛
発　行　株式会社ドワンゴ
　　　　〒104-0061
　　　　東京都中央区銀座 4-12-15 歌舞伎座タワー
　　　　編集　03-3549-6153
　　　　電子メール　info@asciidwango.jp
　　　　https://asciidwango.jp/

発　売　株式会社 KADOKAWA
　　　　〒102-8177
　　　　東京都千代田区富士見 2-13-3
　　　　KADOKAWA 購入窓口　0570-002-008（ナビダイヤル）
　　　　https://www.kadokawa.co.jp/

印刷・製本　株式会社リーブルテック

Printed in Japan

ISBN978-4-04-893107-6　C3004

アスキードワンゴ編集部
編　集　鈴木嘉平